本书为教育部人文社会科学研究项目（20YJA760006）成果

本书获江汉大学学术著作出版资助

本书获湖北省人文社科重点研究基地武汉语言文化研究中心资助

Research on Cultural Relics
Image Narrative in the
Context of Mobile New Media

移动新媒体视域下
文物影像叙事研究

陈小娟 著

中国社会科学出版社

图书在版编目(CIP)数据

移动新媒体视域下文物影像叙事研究/陈小娟著. —北京：中国社会科学出版社，2022.11
ISBN 978 – 7 – 5203 – 9663 – 9

Ⅰ.①移… Ⅱ.①陈… Ⅲ.①影视艺术—叙述学—应用—文物工作—研究 Ⅳ.①K87

中国版本图书馆 CIP 数据核字(2022)第 152940 号

出 版 人	赵剑英	
责任编辑	刘 芳	
责任校对	季 静	
责任印制	李寡寡	

出　版	中国社会科学出版社
社　址	北京鼓楼西大街甲 158 号
邮　编	100720
网　址	http://www.csspw.cn
发 行 部	010 – 84083685
门 市 部	010 – 84029450
经　销	新华书店及其他书店
印　刷	北京明恒达印务有限公司
装　订	廊坊市广阳区广增装订厂
版　次	2022 年 11 月第 1 版
印　次	2022 年 11 月第 1 次印刷
开　本	710×1000　1/16
印　张	15
插　页	2
字　数	213 千字
定　价	85.00 元

凡购买中国社会科学出版社图书，如有质量问题请与本社营销中心联系调换
电话：010 – 84083683
版权所有　侵权必究

目　录

绪论 …………………………………………………………（1）

第一章　中国文物传播现状透视 ……………………………（20）
　　第一节　早期电视媒体的文物传播 ………………………（22）
　　第二节　新媒体背景下的文物传播 ………………………（28）

第二章　传统媒体的文物影像传播：故事化叙事 ……………（35）
　　第一节　故事化叙事 ………………………………………（38）
　　第二节　纪录片《我在故宫修文物》的故事化叙事 ……（46）
　　第三节　文化类综艺节目《国家宝藏》的故事化叙事 …（55）

第三章　移动新媒体视域下文物影像叙事文本解读 ………（65）
　　第一节　文物微纪录片：后现代叙事 ……………………（67）
　　第二节　文物"云展览"：直播叙事 ………………………（83）
　　第三节　文物 VR 影像：沉浸式叙事 ……………………（95）
　　第四节　文物类电子游戏：互动叙事与空间叙事 ………（111）
　　第五节　文物移动短视频：多模态叙事 …………………（131）

第四章　移动新媒体时代文物影像叙事的话语体系建构……（151）
第一节　文物影像叙事的事实层次……………………（152）
第二节　文物影像叙事的逻辑层次……………………（159）
第三节　文物影像叙事的价值层次……………………（167）
第四节　文物影像叙事的表达层次……………………（174）

第五章　移动新媒体时代文物影像叙事策略……………（187）
第一节　文物影像叙事主体的整合策略………………（188）
第二节　文物影像叙事模式的优化策略………………（194）
第三节　文物影像叙事内容的延展策略………………（201）
第四节　基于文物IP的跨媒介叙事策略………………（207）

参考文献……………………………………………………（219）

绪　　论

一　研究背景与研究意义

（一）问题的提出

文物是人类在社会活动中遗留下来的具有历史、艺术、科学价值的遗物和遗迹。文物是人类最宝贵的历史文化遗产，人类在不同的历史时期所进行的社会活动，由此产生的社会关系，建构的意识形态都在文物上得到充分的体现。人类在长期的生产生活过程中对自然的利用、适应和改造，以及各种风俗习惯、审美观念等也都可以在文物这个介质中找到印记。我国古代文物作为重要的文化资源，对当代中国的现代化发展具有重要意义。从文物中挖掘中华民族的生存智慧、源远流长的传统文化和凝聚人心的民族精神，并与当下中国的现实对接，是目前迫切需要解决的问题。① 习近平同志高度重视文物的重要作用，2014年3月27日他在联合国教科文组织总部发表演讲时指出，"让收藏在博物馆里的文物、陈列在广阔大地上的遗产、书写在古籍里的文字都活起来"②。自此以来，"让文物活起来"成为新时代文物工作的重大历史使命，也成为新闻传播学、艺术学等领域的重要学术议题。

---

① 陆建松：《如何讲好中国文物的故事——论中国文物故事传播体系建设》，《东南文化》2018年第6期。
② 习近平：《出席第三届核安全峰会并访问欧洲四国和联合国教科文组织总部、欧盟总部时的演讲》，人民出版社2014年版，第17页。

一直以来，由于各方面的条件限制，我国文物存在着以保护为主、利用为辅，学术研究成果丰厚而文物传播反响尴尬等现象，文物的开发、利用和传承都还没有"活起来"，文物的作用发挥还有很大的空间。国家文物局《2012文博事业白皮书》指出，政府和公众要形成合力，完善文物参与机制。也就是说，除了文物部门和相关政府职能部门外，其他个人、团体、协会、基金会等都应该积极参与文物的传承与保护。当今文物保护大环境正在发生巨大变化，主要表现为有形文化遗产数量的急剧增长，无形文化遗产的传承遇到很大难题，单靠政府部门的力量很难妥善解决这些问题，社会力量需要发挥重要作用，而大众传媒更是其中不可或缺的生力军。早期我国的文物传播大多采用政府宣传模式，文化遗产保护作为政府的一项"工作"，多采用先入为主或者立场先行等叙事模式，往往带有很大的强制性。[①]

近年来，世界遗产申报在我国各级地方政府的推动下不断掀起高潮，媒体传播也与之积极呼应。从中央电视台到各省市级电视台相继推出各种文物类节目，除了对一些考古发掘现场采取现场直播或追踪报道，还推出了一系列现象级的文博节目，对当下的社会文化建设产生了积极的推动作用。之前收费的博物馆开始对公众免费开放，围绕文物设置的"国际博物馆日"和国家"文化遗产日"等一系列文化遗产宣传保护活动持续开展，文物的保护与传承理念已经潜移默化地进入老百姓的日常生活，成为普通民众普遍知晓和关注的话题。[②]

我国媒体融合大致经历了报纸（广电）上网阶段、网络报纸（广电）阶段、全媒体阶段（后期全媒体与融媒体概念并行使用）及移动新媒体等多个阶段，[③] 总的来看，顺应5G时代和互联网传播移动化、社交

---

① 陈汝东：《论国家价值传播——视觉叙事范式》，《安徽师范大学学报》（人文社会科学版）2015年第4期。
② 高晓芳：《物质文化遗产的电视传播研究》，博士学位论文，吉林大学，2012年，第1页。
③ 栾轶玫、杨宏生：《从全媒体到融媒体：媒介融合理念嬗变研究》，《新闻爱好者》2017年第9期。

化、视频化等趋势，积极运用大数据、云计算等新技术，以及移动客户端等新媒体平台，增强文物传播的时代性特征，赋予其崭新的时代内涵，已成为大势所趋。目前国内外关于文物传播的相关研究已有不少，但是关于新媒体视域下文物传播的基础理论方面仍存在局限。

（二）研究的意义

1. 理论意义

第一，当前的相关研究主要集中于传统媒体时代的文物影像叙事，本书则聚焦于移动新媒体视域下中国文物影像传播的文本，建构移动新媒体视域下文物影像叙事的理论体系，为推进文物影像叙事传播研究的深入发展、规范前行奠定学理基础、廓清研究框架，形成具有前瞻性的、处理现实传播问题的基础理论研究成果。第二，理论价值还在于以文物为研究对象，以文物影视叙事为研究视角，从叙事学和传播学的视角来研究中国文物故事，为叙事学提供"中国话语"。将宏观理论体系的建构与个案研究有机结合，通过对移动新媒体视域下文物影像叙事发展的具体实践的梳理、概括和总结，并将其与传统媒体文物传播的特点进行比较，提炼和归纳出新的信息技术下文物影像叙事的内在逻辑、传播机理和价值功能，进而建构起新的文物影像叙事话语体系。

2. 现实意义

第一，为提升文物类新媒体内容生产的质量提供切实可行的，具有现实性、针对性和较强决策参考价值的对策建议；第二，对于媒介"讲好文物故事""让文物活起来"等实践提供有力的参考，有利于促进文化创意产业的发展；第三，习近平同志多次就新媒体如何讲好中国故事指出，要强化互联网思维，主动借助新媒体的传播优势，探寻"新概念、新范畴、新表述"。本书也希望为中国优秀传统文化的国际传播和海外传播提供具有新意的路径，加深人们对民族文化的记忆，增强人们的民族文化自信。

二 概念界定

（一）文物

"文物"主要指有形文化遗留物，作为汉语的专有词汇，在国际上还缺乏与之准确对应的词汇。日本的"有形文化"概念内涵和中国的文物有一定相似之处；17世纪以来，在英文和法文中"文物"对应的是"Antigue"一词；南京国民政府颁布《古物保存法》，将"文物"称为"古物"，认为其包括"与考古学、生物学、历史学及其他文化有关之一切古物"。关于"文物"到目前为止并无统一明确的定义，其内涵和外延在各个国家都不尽相同。

国际上通用的关于文物及相关内容的概念通常使用"文化遗产"一词，联合国教科文组织发布系列相关文件中一般使用这个词。2005年12月22中国政府颁发《国务院关于加强文化遗产保护的通知》，这份文件第一次用"文化遗产"这个词取代了"文物古迹"等概念，同时还对物质文化遗产与非物质文化遗产进行了明确清晰的界定。文化遗产主要被分为"有形文化遗产"和"无形文化遗产"，也被分为"物质文化遗产"和"非物质文化遗产"。其中物质文化遗产包括古遗址、古墓葬、古建筑、石窟寺、石刻、壁画、近代现代重要史迹及代表性建筑等不可移动文物，历史上各时代的重要实物、艺术品、文献、手稿、图书资料等可移动文物，以及在建筑式样、分布均匀或与环境景色结合方面具有突出普遍价值的历史文化名城（街区、村镇）。① 本书研究的"文物"主要指物质文化遗产，包括历史古物、历史建筑、人类文化遗址等。

作为具有一定艺术、人文、历史或科技价值的不可多得的文化遗产，文物具有自身的特点，大致可以归纳为共有性、时代性、传承性和艺术性。第一，共有性。文物是全社会的共有财富，广大民众是文物的

---

① 国务院关于加强文化遗产保护的通知，国发〔2005〕42号，http://www.gov.cn/gongbao/content/2006/content_ 185117. htm，2005年12月22日。

创造者，也是共同的传承者。① 第二，时代性。每一件文物都携带明晰或潜藏的时代烙印，对文物的研究需要通过表象或现象进一步挖掘当时的时代特征与相关内涵。文物的稀缺性、脆弱性和不可再生性决定了时代性是文物最有研究价值的内涵。② 第三，传承性。文物给后人留下的不仅是具有时代性的文化遗产，还有其背后深厚的历史文化信息，因此文物的传承性体现为对实体文物的保护性传承和文化讯息的精神传承两方面，对文物的开发、利用与传承要以公共利益为导向，要以是否有利于弘扬主旋律、引领良好的社会风尚为准则。③ 第四，艺术性。文物是通过物化的方式来表达一定时期人们的审美体验和审美意识，每一个文物都由不同类别的优秀艺术作品组成，是独一无二的综合性艺术成就。④ 以央视大型文博探索节目《国家宝藏》第一季为例，其中被选中参与国宝特展的文物有石鼓、《万岁通天帖》、云梦睡虎地秦简、皿方罍、云纹铜禁、玉琮、大克鼎、大报恩寺琉璃塔拱门等，这些文物至少都具有以下艺术特征：强烈的审美感染力；典型、明确的识别特征；独特、稀有、不可复制的特质；符合较高品位的艺术审美综合质素；能够赋予深刻的文化内涵。可以说，艺术性不同程度地存在于文物之中，它是文物内涵中普遍存在的属性。

（二）文物影像传播

文物影像资料包括以文物为表现对象的电视片、电影、照片、幻灯片等。广播、报纸、电视、网络等大众传媒通过录音、录像、文字等多种方式，为公众了解文物保护现状，参与文物传承与管理提供了良好的途径。传统媒体特别是电视以视听兼备、深入浅出，寓教于乐等特点和丰富的影像形态，为文物影像传播发挥了积极作用，诞生过一批很有影响力的作

---

① 单霁翔：《从功能城市走向文化城市》，天津大学出版社2007年版，第43页。
② 刘炳元：《文化遗产内涵的本质属性探究》，《中国文物科学研究》2010年第1期。
③ 励小捷：《深入学习贯彻习近平总书记关于传统文化和文物保护重要论述精神　努力做好文物工作》，《时事报告》（党委中心组学习）2015年第2期。
④ 高晓芳：《物质文化遗产的电视传播研究》，博士学位论文，吉林大学，2012年，第12页。

品，如《国家宝藏》《我在故宫修文物》《如果国宝会说话》等，这些文博类节目目前仍是学者关注和研究的对象。移动新媒体是以移动App、社交应用、融媒体平台等为代表的、通过移动互联网进行信息传播的新兴媒体，其传播形态除了文图等传统样式，还包括秒拍、第五代超文本标记语言（H5）、动图、动画、微视频、移动直播、虚拟现实技术（VR）、增强现实技术（AR）作品等。目前国内关于传统媒体时代文物影像叙事形态的研究比较丰富，但是对移动新媒体背景下文物影像叙事的研究却不多见。本书研究的文物影像传播主要指以移动新媒体的传播形态进行文物的普及和推广，最终实现公众对文物文化的参与和共享。主要包括以《如果国宝会说话》《此画怎讲》《文博奇遇记》等为代表的文物微纪录片，以故宫博物院"云直播"等为代表的移动直播，以《绘真·妙笔千山》为代表的文物类电子游戏，以《世界遗产看中国·峨眉山》等为代表的文物VR影像和以"带你看故宫"为代表的文物抖音短视频等。

（三）叙事传播

近年来关于"叙事+传播""叙事传播"或"传播叙事"的研究比较多，而且对这个概念的研究取向及对符号、话语等核心概念的运用具有同一性，以至大多数研究者在研究中并未对这个概念进行专门辨析。叙事范式的创建者费希尔在《传播即叙事》一书中指出传播过程即叙事过程，并从理性、价值和行为等层面探讨叙事与传播的紧密一致性。[①]国内也有学者认为叙事和传播之间的界限在"符号与信息、传递与交流、意义与理解"的阐释中消解了。叙事传播被视为一个既有概念，把叙事与传播结合进行传播学、文学、社会学等多学科交叉研究的路径被广泛接受。中国台湾政治大学的臧国仁、蔡琰是少有的专门对叙事传播进行研究的学者，他们在《叙事传播：元理论思路和研究架构》一文不仅对叙事传播的概念作了界定，还提出了叙事传播理论的研究架构，对

[①] ［美］理查德·韦斯特、林恩·日·特纳：《传播理论导引：分析与应用》，刘海龙译，中国人民大学出版社2007年版，第7页。

建构叙事传播理论体系进行了很有价值的探索。

移动新媒体指所有具有移动便携特性的新兴媒体,它的"新"体现在媒体互动的新方式、媒体技术的新融合上,体现在对于传统传播形态及传播方式的颠覆上。本书所指的移动新媒体背景下的叙事传播主要是从叙事学特别是数字叙事学角度探讨文物影像传播,因此"叙事传播"这一概念为本书界定了主要的理论依据、研究的切入视角和方法路径。

三 文献综述

早在15—16世纪,西欧就诞生了博物馆的早期形态,主要用于文物私藏,满足人们"炫耀性消费"和展示的愿望。到18世纪后期,欧洲民主运动兴起,倡导平等观念,博物馆也被迫面对大众开放,承担起公共教育的责任,并在随后的工业化和城市化进程中得到飞速发展。此后,伴随人口流动的浪潮,博物馆逐渐演变为仪式性场所。国际博物馆协会于1946年在法国巴黎成立,致力于更好地发挥博物馆的社会功能;20世纪60年代新博物馆运动兴起,博物馆开始参与社区发展,完成了"神庙"到"公共论坛"的功能蜕变。当前博物馆作为大众媒介,承担传播讯息、培养文化惯习的责任,进入数字媒体时代后,数字技术的运用增强了博物馆的信息传播能力,文物传播方式不断被重构。

中国文物的早期研究主要分为两大部分,第一部分集中体现于对文物文献的研究和整理,第二部分主要包括基于各种文物的搜集、整理与收藏展开的研究。"金石学"在汉代开始出现,之后不断得到发展,20世纪70年代我国根据文物保护的需求日益凸显的形势,陆续建立起以古书画、古器物等在内的各类文物为研究对象的学科,专门的文物学由此诞生。起源于欧美的考古学、人类学、博物馆学、民俗学等与文物有着相关性的学科,在传入中国后也受到重视并获得长足发展。[1] 20世纪

---

[1] 都江:《基于交互关系的馆藏文物信息传播研究》,博士学位论文,武汉理工大学,2016年,第2页。

80年代以来，全国各地高校院所陆续成立了各类文化遗产研究保护机构，如北京大学、南京大学、中国美术学院等，都成立了各自专门的相关机构，研究内容涵盖了文化遗产的各个领域，其中比较重要的主要集中在文化遗产本身，以及与之相关的传承、保护、规划等，但是在传播领域对文化遗产的研究并不系统、规范和深入。[①]

（一）关于国内外文物传播本体的研究概况

国际遗产学界深刻认识到文物传播的重要性，在许多文献中进行了论述。国际遗产保护委员会（ICOMOS）于2008年通过的《文化遗产地阐释与展示宪章》，就是以遗产地信息的公众传播为目标的重要宪章。国外的文化遗产保护经过多年在文物保护领域的经验积累，建立了普通民众积极参与文物保护与传承的良好基础，而且经过多年的培育，公众的文化遗产素养也比较高，因此学界对于文物传播在公众领域的普及问题也有相当的关注。传统的文物传播将参观者看作"应声而倒的靶子"，认为文物知识信息的传递主要是从专家向受众的单向转移；20世纪80年代之后，"新博物馆学"提出文物传播科学范式的转变，将文物传播看作一个多元主体互动的系统，研究其从对公民科学启蒙到培养公众思考习惯的功能转变，从粗疏的大众传播到细腻丰富的消费体验转向的传播策略等。[②] 进入21世纪，博物馆数字化成为博物馆研究的热点，由于它大大提升了参观者的参与度，"参与式博物馆"一度成为研究的热点，衍生了关于多媒体运用的"度"，数字博物馆究竟是良好的辅助还是阻力，文物藏品的异化等相关议题。[③] 关于文物展品与社交媒体的互动也成为重要的研究课题。学者们普遍认同，线上"世界"和"移动空间"已经成为博物馆非常重要的、新兴的操作空间。有研究者指出，博物馆

[①] 高晓芳：《物质文化遗产的电视传播研究》，博士学位论文，吉林大学，2012年，第3页。

[②] Navas-lannini, A. M., Pedretti, E., "Preventing Youth Pregnancy: Dialogue and Deliberation in a Science Museum Exhibit", *Canadian Journal of Science, Mathematics and Technology Education*, Vol. 17, No. 1, April 2017, pp. 271–287.

[③] Tallis, I. and Mytilinaiou, S., "New Technology in Modern Museum Policy", World Summit on Knowledge Society, Springer, Berlin, Heidelberg, 2008, pp. 624–634.

开设的官方账号,使参观者获得了一种"协商式解读",强化了文物传播的效果和权威性。也有学者以照片墙(Instgram)等社交媒体为例研究指出,博物馆并没有很好利用这些社交媒体,在培育科学素养、促进公众参与和教育方面作用有限,并未达到"行进中的科学传播实践"的目的。① 还有研究者从参观者数量、用户参与创作内容和病毒式传播三个方面,研究社交媒体视域下文物传播的用户参与度,认为带有情绪性、竞赛性和游戏性质的发帖更受欢迎。②

2009年以来国内关于文物传播的相关研究呈现出不断增长的趋势。2009年国家文物局主办、中国文物信息咨询中心承办的"文化遗产与传播"论坛拉开了以"文化遗产"为主题的学术活动的序幕。从这次论坛开始,关于文化遗产的传播在相当长时间内都是在文物部门的主导下进行的,这充分说明国家对这一问题的重视。这次论坛首次明确提出"文化遗产与传播"的问题,并从"媒体的供给与传播策划""我眼中的文化遗产传播""文化遗产传播的思考""文化遗产保护机构如何面对传播时代"四个方面,对我国文化遗产的现状,文化遗产传播的有效性及模式进行了初步探讨。学者黄秀芳认为,媒体传播的着力点在于捕捉亮点,制造事件效应,寻找最有效的传播方式,时刻关注受众的注意点和关注点。学者喻国明则对传播模式的创新问题进行研究,他指出随着传媒生态的改变,传统自上而下的宣教模式已经不能适应时代发展和受众变迁,为此需要搭建有力的平台,集中社会与民众的力量,使民众兼具传播的受众、文物传播的参与者和管理者等多重身份,从而使文化遗产传播获得可持续发展。不过,这次论坛虽然提出了文化遗产传播的概念,但从发言内容来看,实质上仍然围绕文化遗产保护宣传展开,尚缺

---

① Brown, J. P., Dahmen, N. S. and Jones, E., "Instagram and the Science Museum: A Missed Opportunity for Public Engagement", *Journal of Science Communication*, Vol. 18, No. 2, 2019, pp. 1–22.

② Camarero, C., Garrido, M. J. and San Jose, R., "What Works in Facebook Content Versus Relational Communication: A Study of Their Effectiveness in the Context of Museums", *International Journal of Human Computer Interaction*, Vol. 34, No. 12, 2018, pp. 1119–1134.

少传播学内涵。①

之后文化遗产传播的研究陆续分流，比如"大众媒体媒介在非遗文化传播中的作用与功能""非遗传承与传播"等相关研究不断引起学者的关注，其研究视域不断拓宽，但是关于文物传播的研究仍然不系统、规范和深入。有学者以2006年为界，分析了文化遗产由被动传播到主动传播的曲线变化规律，指出随着大众传播工具属性的加强，文化遗产传播的转向存在着复杂性等问题；② 有学者指出"让文物活起来"的关键是要讲好文物故事，从挖掘文物背后的历史文化，做好文物历史文化故事的策划编剧以及开拓平台等方面提出了完整的文物故事传播体系；③ 还有学者研究了文化遗产价值传播的"时空联系"与公众参与体系，认为文化遗产传播呈现真实、持续、互动、平等四大特点。④

（二）关于传统媒体时代文物影像传播的研究

1. 国外相关研究

国外文博类电视节目主要分为纪录片和综艺娱乐节目两大类。英国诞生了国外最早的文博类电视节目，1969年英国广播公司（BBC）推出了以文物为主题的纪录片《文明的轨迹》（*Civilisation*），这部作品以文物为主线探讨西欧文明，并以此为标准来界定人类文明的各个重要阶段。但是在2005年之前BBC的文物题材纪录片并不多见，主要是以博物馆展览、藏品为主题的单集纪录片。2005年之后文物成为BBC纪录片每年都会涉及的题材，涌现了一批兼具深度和广度的多集专题系列纪录片，其中比较有影响力的包括《大英博物馆今昔》（*British Museum*

---

① 丛桂芹：《价值建构与阐释》，博士学位论文，清华大学，2013年，第17页。
② 刘琼：《中国文化遗产传播曲线变化：由被动传播到主动传播》，《艺术评论》2012年第8期。
③ 陆建松：《如何讲好中国文物的故事——论中国文物故事传播体系建设》，《东南文化》2018年第6期。
④ 齐欣：《文化遗产价值传播的"时空联系"与公众参与体系》，《建筑创作》2018年第2期。

Stolen Goods National Treasures，2005)、《生命博物馆》(*Museum of Life*，2010)、《博物馆的秘密》(*Museum Secrets*，2011) 等。从 2016 年开始，BBC 关于文物题材纪录片的数量大增，分为以博物馆和美术馆为主题、以博物馆展览为主题、以藏品文物为主题、以博物馆人物为主题及其他相关工作为主题的纪录片类别。这些作品更倾向于以独立视角展示文化遗产、建构民族身份、传递社会责任与底层关怀，不仅传达对细节的关照，也体现对问题的层层深入和整体性思考，同时纪实影像在技术美学风格上也有进一步提升，散发出独特的人文气质和艺术魅力，收获了忠实的高端观众群体。西方其他国家也很重视对文物的传播，法国、意大利、美国等国家也都不断推出以文物为主题和内容的纪录片或专题片，而且在形式上推陈出新，注重主持人抵达现场参与拍摄，在叙事手法上注重将电影叙事和其他叙事方法融合到节目制作之中，一般都会对文物进行创意性处理，比如法国的《卢浮宫之旅》(*Une Visite au Louvre*，2009)，意大利《梵蒂冈博物馆 3D》(*The Vatican Museums 3D*，2014)，日本的《你所不知道的大英博物馆》(*The British Museum*，2012) 等。

除了纪录片，国外关于文物的其他类型电视节目也呈现出丰富多彩的面貌。有的节目长盛不衰，拥有很强的生命力，比如英国 1977 年开播《鉴宝路秀》(*Antiques Roadshow*) 节目播出 40 多年，很受欢迎。英国的文博类娱乐节目包括表演类综艺文博节目、真人秀类文博节目、拍卖型文博节目、竞赛型文博节目及文化体验类、旅游类文博节目等多种类型。[①] 其中比较知名的有《古董大师赛》(*Antiques Master*，2010，BBC2)、《法国淘宝》(*French Collection*，2014，Channel 4)、《非凡之作》(*Masterpiece*，2016，ITV) 等。关于这些节目的研究也成为西方学者关注的重要议题。学者们认为这些节目具有以下特点：第一，通过模式混搭推动形态的创新。BBC 曾于 1956 年至 1977 年期间播出过《非常便宜》(*Going For A Song*) 节目，这档节目采用益智竞赛和文博类节目相结合

---

① 聂艳梅：《深化文博类电视节目创新与品牌建设》，《中国广播电视学刊》2018 年第 10 期。

的模式，引起了很大反响。1979年BBC推出的《古董巡回秀》是寻宝类节目，就是通过纪录片似的"寻"来获得素材，然后在"鉴"的环节设置悬念，这是采用嫁接的方式来建构节目。第二，注重巧设悬念，当然这些悬念一定是以文物为核心形成的，围绕悬念，节目设置规定情境，建构故事模型，形成富有冲突和戏剧性的故事传播，节目的吸引力正是由此而来。值得注意的是，不管这些节目模式与风格如何变化，故事性原则作为其中的核心理念一直被坚守。第三，注重地域元素的注入，这和文物本身具备地域性有一定的关联。地域元素的运用使受众产生一定的接近性和亲近感，能够最大限度地拉近和受众的距离，也能更好地抓住他们的兴趣点，当然，地域元素的融入也使节目内容具有独特性与差异性，在区域历史、文化旅游资源的传播与开发等方面起到积极的推动作用。①

2. 国内研究

1972年湖南长沙马王堆出土了西汉长沙国辛追夫人的墓葬，当时中央电视台向观众展示了这一盛况，这应该算是我国文博类电视节目的最早起源。随着电视栏目制作的逐步推广，中国电视开始以栏目的形式展开社会教育。央视《走近科学》栏目于1998年6月开播，这档栏目通过解疑释惑的方式分析生活中的种种科学现象，其中文博类知识大约占了播出总量的21%，这是第一次采用深度挖掘的纪录片方式传递文物等内容和信息，呈现出和以往文物传播主要依赖传统新闻报道及资讯播报等不同的面貌。2001年7月中央电视台推出《探索·发现》栏目，栏目中文博类的相关内容约占69%，② 这档栏目第一次确立了典型的中国纪录片式文博节目形态。2003年10月我国诞生了第一个鉴宝类文博节目——央视《鉴宝》，这个节目主要征集普通大众的文物收藏品，采用现场品鉴和比赛的方式传播文物知识，富有趣味性和故事性。之后央视

---

① 杨荣誉、王东昇：《英国文博类电视节目的创作启示》，《中国电视》2018年第11期。
② 王晓晖：《文化遗产保护视域下文博类电视节目研究——以河南〈文物宝库频道〉为例》，硕士学位论文，郑州大学，2014年，第14页。

又于2004年10月推出了首个讲述式的文博类节目，也是专题式文博节目《国宝档案》。我国文博类电视节目早期主要是新闻报道式和纪录片式，之后类型不断丰富，内容和形式不断创新，呈现出丰富多彩的格局。学者们普遍认为，这一时期的文博类电视节目从早期的纪录片为主发展到与综艺、真人秀等多种样态并存的格局，[①] 这些节目还兼顾趣味性和娱乐性，不断地进行内容和形式上的创新。[②]

当电视媒体进入新媒体阶段后，我国电视台又推出了一批新型文博类节目，这些节目不仅将视角对准文物，挖掘文物背后的故事，而且大多在叙事方式上有新探索，掀起了一波波收视热潮，文博类节目成为新媒体时代备受关注的节目类型。[③] 从2005年大型纪录片《故宫》到近年来热播的《国家宝藏》《我在故宫修文物》《如果国宝会说话》等节目，不断引发社会强烈反响，纷纷获得口碑与收视的双赢，成为与文物有关的现象级电视产品。[④] 学者们对这一时期电视媒体文物影像传播的研究主要集中在对这些文博类节目的创新传播策略、文化记忆与认同、传播效果等的研究。[⑤] 文物是一种特殊的文化载体，相关的影像实践一直处于蓬勃发展的态势，也带动了理论研究的不断深入。

值得关注的是，有学者对1999—2020年有关博物馆传播和文物传播的期刊论文进行分析发现，排在首位的英文期刊《信息专家》（*The Information Professional*）和中文期刊《东南文化》分别属于信息管理学科和考古刊物，这在某种程度上说明新闻传播学科、艺术学科并未给予

[①] 聂艳梅：《深化文博类电视节目创新与品牌建设》，《中国广播电视学刊》2018年第10期。

[②] 但午剑、焦道利：《移动互联网时代人文纪录片的创新与发展——以〈如果国宝会说话〉为例》，《中国电视》2019年第3期。

[③] 王文心：《文博类节目的创新性表达——以〈博物馆里的海洋〉为例》，《中国广播电视学刊》2019年第6期。

[④] 夏语檬：《历史、记忆与认同——仪式传播视角下的〈国家宝藏〉解读》，《新闻爱好者》2018年第4期。

[⑤] 赵琳、柴如瑾：《文化类综艺节目的创作意识与策划路径——以〈国家宝藏〉为例》，《电视研究》2019年第3期；吴静：《〈国家宝藏〉：基于媒介的新故事化策略》，《艺术评论》2018年第5期。

文物传播足够的关注。在国外的文物传播研究中，科学传播比重较大。在中文期刊中，电视领域的专业期刊如《电视研究》《中国广播电视学刊》等刊载量比较大，说明国内文物传播研究较长时间内主要集中在电视节目方面，而这与《国家宝藏》《我在故宫修文物》等电视类节目的兴盛不无关系。①

（三）关于移动新媒体背景下文物影像叙事研究

国外学者对文物的新媒体传播非常关注。有学者指出，技术与数字化创举是文物传播的创新之道；② 有学者认为，一系列新媒体影像技术如移动 App、眼动追踪仪、全息投影、符号解码软件、虚拟现实技术（VR）、增强现实技术（AR）、人工智能等，为文物数字化传播开辟了一个新的领域；③ 有学者提出一种与新媒介设备结合的故事陈述应用，在交互的过程中通过借助移动设备满足用户在访问文化遗产时对特定知识的需求；④ 还有学者分析了基于视觉的沉浸式虚拟环境的技术，以及在实现文化遗产数字化教学中的应用。⑤

国内学者一方面对移动新媒体背景下的影像叙事展开研究。有学者对移动新媒体时代虚拟现实影像叙事的主要特征进行研究，认为其具有沉浸感、交互性、构想性和智能性等重要特点；⑥ 有学者对从 Cinema 3.0 到 VR 时代的影像叙事理论进行了梳理，认为其变化主要体现在对影像叙事"修复"功能的挖掘、互动叙事及参与性叙事等方面；⑦ 还有

---

① 周夏宇：《传播学视域下的博物馆研究——基于 CiteSpace 的数据挖掘与对比分析》，《新闻与传播评论》2021 年第 3 期。

② [美] 朱莉·德克尔编：《技术与数字化创举：博物馆的创新之道》，余征译，上海科技教育出版社 2016 年版，第 67 页。

③ Griffiths, A., "Media Technology and Museum Display: A Century of Accommodation and Connect", *Paper presented at the MIT Communications Forum*, 2018.

④ Vincenzo, L. and Rossana, D., "Storytelling on Mobile Devices for Cultural Heritage", *New Review of Hypermedia and Multimedias*, Vol. 18, 2012.

⑤ Brain, M. and Zak, M., "Caroline Amaba, Utilizing Explorable Visual Environments for Experiential Application", *Procedia Computer Science*, Vol. 16, 2012.

⑥ 翁冬冬：《虚拟现实叙事影像的概念及挑战》，《电影艺术》2016 年第 5 期。

⑦ 徐立虹：《从 Cinema 3.0 到 VR 时代的影像叙事理论》，《北京电影学院学报》2017 年第 5 期。

学者从 VR、AR 等技术对文物影像的沉浸式叙事着手进行研究。① 另一方面则聚焦新媒体时代的媒介生态演变对文物传播的影响。学者们研究了利用微博、微信等新媒体平台进行公众文物传播的现状,② 分析了融媒体背景下传统文博节目嫁接新媒体技术的焕新之道,③ 以新浪微博为例研究移动社交媒体讲好中国文物故事的对策。④ 中外学者紧紧围绕新的技术背景下文物传播的新现象新趋势,进行了多层次、多角度的研究,但是和传统媒体时代文物影像传播的研究相比,移动新媒体时代的文物影像传播显然还缺少更丰富的理论视角和更系统深入的研究。

(四) 关于叙事传播理论的研究

叙事理论起源于文学与语言学研究,之后在漫长的发展过程中逐渐突破文学的学囿,向文化学、人类学、社会学、政治学、地理学及人工智能和数字媒介等学科领域不断开拓,⑤ 形成蔚为壮观的"泛叙事学"研究。伴随媒体演进,叙事传播理论也在不断演化,因此可以从媒体演变的视角梳理叙事传播理论的路径与走向。

第一,传统媒体时代的叙事传播理论研究。叙事学(narratology)也称叙述学,是研究叙事的理论,20 世纪 60 年代在法国结构主义、俄国形式主义的影响下诞生,可分为"经典"与"后经典"两个不同派别。经典叙事学在 20 世纪 70—80 年代获得长足发展,代表人物包括托多罗夫、热奈特、普林斯及查特曼等。经典叙事学的目的是建构叙事语法或诗学,主要从"故事"(表达对象)和"话语"(表达形式)两个层面进行分析,⑥ 研究的主要内容包括叙事作品的构成、内部结构、运

---

① 王红、刘素仁:《沉浸与叙事:新媒体影像技术下的博物馆文化沉浸式体验设计研究》,《艺术百家》2018 年第 4 期。
② 崔俊俊:《新媒体与公众考古传播》,《大众考古》2015 年第 4 期。
③ 孙杨:《融媒体背景下传统文化节目的焕新之道——以〈上新了,故宫〉为例》,《传媒》2019 年第 8 期。
④ 田卉:《移动社交媒体讲好中国文物故事研究:以新浪微博为例》,《现代传播(中国传媒大学学报)》2019 年第 5 期。
⑤ 申丹、王丽亚:《西方叙事学:经典与后经典》,北京大学出版社 2010 年版,第 3 页。
⑥ Tzvetan Todorov, *The Poetics of Prose*, New York and London: Ithaca, 1977, p.45.

作方式和规律等。① 20 世纪 80 年代中后期以来在西方产生了女性主义叙事学、修辞叙事学、认知叙事学以及电影等非文字媒介叙事学，这些跨学科流派被统称为后经典叙事学。经典和后经典叙事学的区别在于前者以文本为中心，将叙事作品视为独立的体系，隔断了其与社会、历史、文化的关联；后经典叙事学将眼光从文本结构中摆脱出来，更聚焦于内容与受众诠释的作用规律，也更注重研究文本与语境的相互作用。②

第二，数字媒体时代的叙事传播理论研究。随着数字媒体时代的到来，媒介形态发生改变，网络成为重要的媒体传递方式，基于数字技术和叙事结合的"数字叙事"（Digital narrative）理论受到普遍关注。数字叙事最早由布伦达·劳雷尔博士于 1986 年提出，主要用来指依托计算机和互联网等数字技术的叙事，属于后经典叙事学的范畴。其早期理论研究主要集中于对数字文本的研究，目前被公认的早期四大奠基性论著分别是《作为剧场的计算机》（*Brenda Laurel*，1991）③、《超文本：当代批评理论与技术的融合》（*George Landow*，1992）④、《全息甲板上的哈姆雷特：赛博空间中的叙事未来》（*Janet H. Murray*，1997）⑤、《赛博文本：透视遍历文学》（*Espen J. Aarseth*，1997）⑥。这些论著或者将传统诗学理论和计算机语境下的人机交互设计相结合，建立数字环境下的"互动形式的诗学"；或者聚焦于数字叙事中的超文本，研究其融合趋势；或者对"全息甲板"的概念特征及数字叙事的远景进行阐述；或者梳理各类文本媒介隐含的功能性异同，为赛博文本确立理论框架。

---

① Fisher, W. R., *Human Communication as Narration: Toward a Philosophy of Reason, Value and Action*, Columbia: University of South California Press, 1987, p. 5.
② 申丹、王丽亚：《西方叙事学：经典与后经典》，北京大学出版社 2010 年版，第 3 页。
③ Brenda Laurel, *Computer as Theatre*, Boston: Addison-Wesley, 2014.
④ George Landow, *Hypertext 2.0: The Convergence of Contemporary Critical Theory and Technology*, Baltimore: Johns Hopkins University Press, 1997.
⑤ Murray, J. H., *Hamlet on the Holodeck: The Future of Narrative in Cyberspace*, New York: The Free Press, 1997.
⑥ Espen J. Aarseth, *Cybertext: Perspectiveson Ergodic Literature*, Baltimore and London: The Johns Hopking University Press, 1997.

20世纪90年代中期后，以引证20世纪西方文论分析数字文本的模式受到质疑，特别是游戏学领域的研究者提出"叙事"和"互动"的对立关系，对此，美国著名学者玛丽-劳尔·瑞安（Marie-Laure Rya）提出以"文本架构"和"互动模式"等方法调和矛盾，并建立跨媒体叙事框架[①]。在此基础上，哈特穆特·霍伊尼采（Hartmut Koenitz）提出了"系统""过程""产出"数字叙事IDN理论模型，以及"原故事""叙事设计"与"叙事向量"等关键概念，为理解数字叙事提供了一种可能性框架。[②] 这也说明数字叙事理论已经从"文本分析"进入到"过程研究"的视野。

总的来看，顺应5G时代和互联网传播移动化、社交化、视频化等趋势，积极运用大数据、云计算等新技术，以及移动客户端等新媒体平台，增强文物传播的时代性特征，赋予其崭新的时代内涵，已成为趋势。目前国外的相关研究已有不少，但主要集中在产品开发、新媒体商业模式等方面。国内现有的研究则存在以下问题：国内研究依据当前的传播现状主要集中于对电视媒体文物传播的研究，对移动新媒体视域下的文物影像叙事研究已经展开，但尚缺乏系统的研究；对如何适应移动新媒体时代快速变迁的语境并建构与其相适应的文物传播模式与体系，还缺乏较为综合全面的研究；现有研究多以单学科研究为主，跨学科研究不足，另外研究理论分析较多，实证研究较少，缺乏利用新媒体手段和大数据技术对国际学术研究趋势的呼应。基于此，本书深入探讨移动新媒体视域下文物影像叙事传播的实践现状、结构体系及传播策略等，具有较强的理论意义和现实价值。

四 研究思路与研究方法

本书基于移动新媒体生态演变与技术革新的背景，从影像叙事传播

---

① ［美］玛丽-劳尔·瑞安：《故事的变身》，张新军译，译林出版社2014年版，第96页。
② Hartmut Koenitz, "Towards a Specific Theory of Interactive Digital Narrative", in Hartmut Koenitz, Gabriele Ferri, eds., *Interactive Digital Narrative: Theory and Practice*, New York and London: Routlege, 2015, p.33.

的视角出发，探讨文物传播的新理念和新对策。

(一) 基本思路

首先，对传统媒体和移动新媒体视域下文物影像叙事的发展变迁进行全面考察与研究；选取移动新媒体背景下传统主流媒体生产的文物影像，纪录片《我在故宫修文物》、文化类综艺节目《国家宝藏》两档栏目的故事化叙事进行剖析。

其次，对文物影像叙事的移动新媒体传播形态进行分类，从中挑选出具有代表性的类型：文物微纪录片、移动直播、电子游戏影像、VR影像及移动短视频，分别从后现代叙事、互动叙事、空间叙事及沉浸式叙事等视角进行叙事手法剖析。

再次，基于移动新媒体背景下文物影像叙事传播的变迁图景和典型文本，从事实层次、逻辑层次、价值层次和表达层次四个层次提炼"中国模式"的文物"话语体系"。

最后，对研究结果进行总结，探讨移动新媒体背景下文物影像叙事传播的影响因素，并为提升传播效果和今后的发展提出建议与对策。

(二) 研究方法

1. 多模态话语分析法

多模态话语分析的主要理论基础是以 Halliday 为代表的语言学家所创立的系统功能语言学，把文字语言与图像、声音、动作等非语言符号结合起来，从整体的角度分析各类符号所组成的表义系统和话语意义，以更好地解释人类传播中交际和互动的话语分析方法。多模态话语包括但不限于文字、图像、声音、视频、动画、图表和色彩等，涵括视觉、听觉、触觉等几大感官模态。多模态话语分析的理论模型及其对文物影像叙事研究具有方法论意义。

2. 多案例研究法

多案例研究法是在单案例的研究基础上，对多个案例进行统一的抽象、归纳和对比研究，进而得出更精辟的描述和更有力的解释，也更能提高案例研究效度的方法。本书选择文物微纪录片、移动短视频、移动直播、文物电游和文物 VR 等不同类型产品的多个案例，进行影像叙事的文本分析。

3. 文本分析法

文本分析法是对特定文本深读或者在不同文本之间建立联系，从而挖掘出理论意义的研究方法。本书中的文本属于广义的文本，包括文字、图画和视频等多种类型。罗兰·巴尔特的文本分析理论提出了三个描述层的范畴，即功能层（主要情节的组成方式）、行动层（故事中主要人物的行为、人物形象和性格的塑造等）和叙述层（采用的各种叙述手段）。本书对文物影像文本的研究主要基于这一分析理论。

第一章 中国文物传播现状透视

文物传播有广义与狭义之分。广义的文物传播包括与文物有关的一切信息流动过程及活动。狭义的文物传播是以大众传播媒介为渠道，以保护与传承文化遗产为目的，由政府、市场、组织机构及社会公众广泛参与的信息流动活动。本书研究的主要是狭义文物传播，指运用大众传播方式对文物进行普及与推广，最终提高大众对文物文化的参与度和共享意识。[1]

"文物"一词最早见于战国时期的《左传》，其中有"夫德，俭而有度，登降有数，文物以纪之，声明以发之"的记载，但这时的"文物"主要是指礼乐典章制度；到了唐代，诗人杜牧有诗"六朝文物草连天，天淡云闲今古同"，其中"文物"概念和现代已经非常接近，约指前朝遗物；从宋代开始，与之对应的概念被称为"古器物"或"古物"；到明清初期以"古董"或"骨董"指代，清代乾隆年间则有"古玩"一词。[2] 从这以后，中国文物鉴赏与传承呈现"古玩—文物—遗产"的递进发展之路。早期文物被称作"古玩"，因为彼时人们主要基于把玩和个人喜好收藏文物，有"玩"的成分在里面。清末民初政府认识到古物古迹的重要性，开始实行统一管理，这时候古玩成为文物，其

---

[1] 李梦瑜：《文化遗产传播现状及有效性研究》，硕士学位论文，厦门大学，2014年。
[2] 单霁翔：《我国文化遗产保护的发展历程》，《城市与区域规划研究》2008年第3期。

含义也得到极大扩展,包括所有具有历史、艺术和科学价值的古代遗存。1946年10月,由上海市立博物馆主编的《文物周刊》正式刊出,刊物主要记录20世纪40年代中后期我国文物遗产的发现、保护、实践活动及报纸对文物的传播等内容,① 是当时文物保护与传承的重要阵地,"文物"一词在这一时期也得到基本认可和普及。此前1930年《古物保存法》出台,这是由国民政府颁布的第一部文物法规,1982年在这部法规的基础上诞生了中华人民共和国《文物保护法》。

1972年由联合国教科文组织颁布的《保护世界文化与自然遗产公约》对文化遗产进行了初步界定。② 在同年10月17日召开的第17届联合国教科文组织大会上,与会者提出人类文化遗产遭到破坏的问题。除自然腐蚀、外来入侵等现象,经济的发展、对文物保护的无知、人为破坏等现象致使文化遗产现状极度令人担忧。会议提出,遗产保护应该成为全世界的共同责任。同年11月16日大会通过《保护世界文化和自然遗产公约》,《公约》指出,世界文化遗产的属性包括具有突出的普遍性价值,具有充分的法律基础、悠久的历史和良好的保存现状等。1985年中国加入《公约》并开始申报世界遗产,文化遗产的概念很快流行起来。2003年国务院将每年第二个星期六定为中国文化遗产日,这以后中国进入一个全民关注、参与和传承文化遗产事业的新时代。从古玩、文物到文化遗产的演进更替,不但文物的内涵得到了拓展,文物与人的互动关系也得到延展。人们认识到,文物不但具有历史、科学和艺术三大价值,还是人类社会可持续发展的宝贵资源,需要开发其经济、社会及文化等其他价值。

从加入《公约》、有意识地申报世界遗产,到设立专门的中国文化遗产日,从1985年到2003年,中国的文物保护走过了漫长的觉醒期。习近平同志提出的"让文物活起来"和"用起来","让文物会说话"

---

① 乔梁、王乐乐:《相关指代"文物"概念词汇的出现与变化试析》,《文物春秋》2011年第2期。
② 孙力达等:《中东四国历史文化名城建设保护情况及启示》,《城市地理》2012年第S1期。

则让文物事业迎来了新的契机,并由此进入了快速发展期。在这个新阶段,文物发展主体发生巨大变化,过去单纯依靠政府、职能部门和专家的思路已经远远不能适应时代发展,全社会的共同参与,特别是普通民众的深度参与才是文物真正能获得长足发展的原动力。为了与现阶段文物发展的需求相适应,有必要探讨全球化、数字化和新媒体时代背景下,更系统更全面的文化遗产理论和方法体系,建构多方力量参与、多层次和多元化的文物保护和传播模式,形成具有时代性的文物实践体系。从文物传播的角度来思考,文物传播经历了怎样的发展变迁?在移动新媒体背景下文物传播面临哪些机遇和挑战?这些都值得深入研究。

第一节　早期电视媒体的文物传播

　　文物传播与各类媒体息息相关,文物传播类型的划分也往往以媒体类型为依据。根据传播介质的不同,媒体大致可以分为书籍、杂志和报纸等印刷媒体,电视和广播等广播媒体,互联网和手机等数字媒体(新媒体),电影、唱片及游戏等娱乐媒体。[1] 文物传播在不同阶段对四类媒体的关注度和利用度不尽相同。本书主要对文物影像的发展变迁进行梳理。

　　我国影视传媒从1957年开启文物传播的征途。当时中央新闻电影制片厂拍摄了第一部中国文物纪录片《地下宫殿》,这部片长20分钟的纪录片主要记录明代定陵的考古过程及定陵文物,与当时新华社的同期报道形成呼应,在国内外产生很大反响。20世纪60年代,中国文物纪录片难见踪影;直到1971年,借国家文物局和故宫博物院联合举办"全国文化大革命期间出土文物展"的契机,文物纪录片的拍摄才重新启动。这一时期的纪录片主要有《2100年前的古墓发掘记》(1971年)、《考古新

---

[1] 郭云菁:《公众考古传播研究》,硕士学位论文,复旦大学,2012年,第15页。

发现——长沙马王堆一号汉墓》（1972年）、《上海市出土文物展览》（1973年）、《满城汉墓》（1975年）、《西汉古尸研究》（1976年）、《陕西文物》《江陵汉墓》等。①

此后到20世纪80年代，以中央新闻电影制片厂和北京科教电影制片厂（以下简称"北科影"）为主要制作力量，各电影制片厂共制作了约40部文物纪录片。其中，由北京科教电影制片厂制作、讲述马王堆汉墓发掘的文物《2100年前的古墓发掘记》引起很大关注，被美国纪录片史学家埃里克·巴尔诺誉为"同时期这类纪录片的最高成就"②。此外，由考古学家苏秉琦指导、北科影拍摄的《中国文明曙光》首次以专题片的形式取代以往新闻片的方式，从考古的视角形象地呈现中华五千年文明，同样引起强烈反响。之后的十多年，北科影和各地考古学者合作陆续拍摄了11部反映考古学重大发现与研究成就的文物科教类专题片，力求以通俗易懂的方式展开文物的普及工作。这一时期文物专题片的创作已经注意到要在制作风格创新化、传播方式故事化、拍摄手段多样化上下功夫。③

20世纪90年代初，随着中国电视的普及和电影体制变革，以上两大纪录片厂陆续归属于中央电视台，分别成立新影制作中心和科教节目制作中心。1995年以后，《中华文明之光》《走遍中国》《探索·发现》等栏目陆续开播，文物纪录片、专题片作为栏目的主要播出内容产生了越来越广泛的影响。当然这一时期其他类型的电视文物类节目并不少见，大致可分为专题栏目类、鉴宝综艺类、考古直播类、纪录片类等四种类型。

一 专题栏目类

文物题材的专题栏目类节目主要传播与文物、博物馆等相关的知

---

① 单万里：《中国纪录电影史》，中国电影出版社2005年版，第29、268、270、278页。
② ［美］埃里克·巴尔诺：《世界纪录电影史》，张德魁等译，中国电影出版社1992年版，第197页。
③ 王沛、高蒙河：《中国考古纪录片的发展过程》，《东南文化》2016年第1期。

识,传播方式主要是记录和讲述,风格比较严肃正统,一般分为文物介绍类和文化艺术类两大类型。文物介绍式栏目以介绍和展示为主,往往围绕某件具体的文物,条分缕析地剖析其来龙去脉、工艺水平、创作特色、文物价值乃至典故传说等,在运用大量解说词的同时也穿插相关人员的同期声采访。这类节目作为文化类专题栏目呈现在电视屏幕,短的只有几分钟,长的也不过十几分钟,但都是浓缩的精品力作。文物介绍式栏目的佼佼者当属《国宝档案》,由央视国际频道2004年推出,虽然每集只有15分钟的时长,但是却运用了情景再现、三维动画、动态展示等多种手段,呈现了一个个精雕细刻、生趣盎然又鲜活厚重的文物形象。[①] 中央电视台于2001年推出的《探索·发现》栏目则是文化艺术类栏目的代表,也是至今仍然活跃在电视荧屏的文物专题片栏目。这档栏目在题材上注重挖掘文物与历史事件背后鲜为人知的细节和人物命运,呈现出不同时期被热议的重大考古发现和发掘情况,在艺术手法上引入"娱乐化"手法,通过设置引人入胜的悬念,运用生动的电视声画手段讲述精彩的文物故事,体现了一定的文化品位和知识内涵,以极高的艺术性再现了中国文物文化的博大精深,在社会上引起强烈反响。

二 鉴宝综艺类

21世纪初,随着人们生活水平的提高,中国艺术品收藏市场复苏并不断升温,鉴宝类综艺节目也走入人们的视野。在将近10年的高速发展中,全国各大卫视和地方频道几乎有各自版本的"鉴宝"栏目,其中比较热门的鉴宝收藏节目有央视二套《鉴宝》,凤凰卫视《投资收藏》,北京卫视《天下收藏》,吉林卫视《找你》,河南卫视《华豫之门》等。这类栏目可以分为文物的鉴定和鉴赏两大类。文物鉴定类栏目以"鉴定真伪"和"市场估值"为核心内容,文物藏品一般来自民间,持宝人带

---

① 乔梁、王乐乐:《相关指代"文物"概念词汇的出现与变化试析》,《文物春秋》2011年第2期。

来自己的藏品和故事，通过现场专家观察考证即能给出一定的结论。文物鉴赏类栏目形式比较丰富，有问答环节、竞赛抢答环节及专家访谈环节等，辅之与现场观众的频繁互动，对文物的知识传递和传统文化传播多以娱乐方式完成。

电视鉴宝类节目在寓教于乐中将小众的文物收藏活动进行大众化传播，对增强民众保护文物热情、提升民众文物保护意识具有现实意义。但是部分节目在后期出现很多问题，如基于对收视率和节目回报的考虑，过多将重点放在"真假"问题和经济价值的讨论上，忽略了对文物自身价值的挖掘；过于追求制造悬念、带给观众视觉或心理刺激，由此带来观众敏感度的下降，以及升级加码刺激后的审美疲劳；还有的节目检测方法简单粗暴，专家水平真伪难辨，严重扰乱收藏市场。2012年国家广电总局与国家文物局联合发出通知，要求整顿文物鉴定类节目，一部分鉴宝类节目由此退出历史舞台。

三 考古直播类

考古直播并非兴起于网络时代，电视考古直播有着更为成熟的探索与模式。2000年8月20日和2001年6月3日上午，中央电视台新闻综合频道《东方时空》特别节目，先后对北京老山西汉墓葬遗址和云南澄江县抚仙湖水下古建筑遗址的考古发掘工作，进行了现场直播。两次直播分别开创了我国广播电视实践活动的新纪录：前者是第一次陆上考古发掘直播，后者则是首次水下考古发掘直播。两次直播均产生了强烈的社会反响，也让电视直播成为考古的常态之一。此后的敦煌考古、曹操墓考古、南海一号发掘，现场直播都成为贯穿全程的重要环节。①

考古直播具有现场感、零时差、参与性和动态性等特性，各种精心策划也让考古直播变得更生动、活泼。考古现场、文物知识、古代文化

---

① 回振岩：《直播时代的考古》，每日新报，http://www.kaogu.cn/cn/gonggongkaogu/2017/0118/56870.html，2017年1月18日。

与现场访谈、短片、模型、电脑特效等电视手段相结合,直播"快餐"变成"文化大餐",专业考古活动转换为文化传播活动,多次产生轰动效应。21世纪10年代,中央电视台曾多次开展考古现场直播活动,虽然每一次都投入巨大,但收获也很可观。文物考古现场直播的一度崛起,更多取决于核心竞争力建构的需要。

表1-1　　　　　中央电视台考古现场直播节目一览①

直播时间	播出时长	直播对象
2000年8月20日	2小时	老山汉墓开启
2001年6月3日	2小时48分	云南抚仙湖水下考古
2002年9月17日	3小时30分	埃及金字塔考古活动
2004年10月22日	连续3天每天2小时	敦煌考古
2005年9月16日	连续6天每天1小时	福建东海"碗礁一号"沉船考古
2006年8月26日	3小时	恐龙化石发掘(新疆昌吉、宁夏灵武)
2007年6月9日	4小时	陕西梁带村两周墓地、广州南越遗址和四川金沙遗址考古发掘
2009年6月13日	4小时	秦兵马俑第三次发掘
2010年5月18日	2小时	汕头"南澳1号"水下考古
2010年6月12日	3小时30分	曹操高陵考古发掘实况
2010年8月29日	3小时	恐龙化石发掘(山东诸城)

考古发掘工作往往要经历很长的阶段,要求细致和严谨、不能急于求成;考古活动也有相当严格的发掘程序和操作规则,具有高度的专业性,考古发掘一般不会轻易得出结论。但是电视直播更加看重文物的观赏价值,讲求即时性、现场感,追求轰动效应,这样就形成一种悖论,即电视媒体希望在直播活动中考古人员迅速根据各种现场信息做出判断,解答疑问,积极互动;考古人员基于科学性与严谨性不可能也不愿随意做出判断;另外现场直播的介入可能会干扰正常的考古工作,大量直播设备的进入可能会对脆弱文物产生影响等,这些都导致考古直播往

---

① 高晓芳:《物质文化遗产的电视传播研究》,博士学位论文,吉林大学,2012年,第31页。

往呈现割裂式、献宝式和浮光掠影式的状态。只有遵循考古工作的客观规律和传媒业的基本法则，互相倾听、充分沟通、深入结合，考古直播才能实现可持续的有效传播。

四 纪录片类

纪录片是一种常见的电视表现形式，它将镜头对准真人真事，通过记录真实生活并进行艺术加工，引发人们的思考。[①] 进入21世纪后，配合经济发展与城市建设的基建考古项目增多，文物工作的内容也从发现和研究为主向保护、利用与传承拓展，同时伴随着互联网平台的发展，文物传播也向多元化方向发展。文物类纪录片也从之前的宣教式或科教式的专题片风格，发展为生动有趣、更具纪录片特质的艺术作品。这一时期诞生了一批优秀的文物纪录片，如《考古中国》（2004年）、《大明宫》（2009年）、《洋海古墓》（2010年）、《丛棺疑云》（2011年）、《滔滔小河》（2012年）等。其中比较有代表性的是中央电视台播出的《故宫》。

《故宫》于2005年10月播出，共12集，作为一部"国家级"纪录片，它创造了同类型节目少见的收视高潮，它的播出受到文博界、传媒界乃至全社会的关注，成为当年一个重要的媒介现象和文化现象。《故宫》的成功首先体现在对新技术的创新使用，作品不但首次大规模使用高清电视设备，还大量运用延时摄影、定点摄影、3G动画制作等在当时领先的技术手法，呈现出非凡的视觉效果；其次作品大胆借鉴了电影和戏剧的叙事方法，运用大量"情景再现"手法，起到了生动还原历史场景、历史与现实完美交织的作用。[②] 虽然其对情景再现手法的使用一度引起争议，但《故宫》在叙事语言、表述手段上进行的富有成效的开拓、尝试和创新受到了充分肯定，也为后期纪录片创作提供了颇有借鉴意义的样本。

---

① 任远：《电视纪录片的界定和创作》，《中国广播电视学刊》1991年第5期。
② 周兵：《创新、实验、传承——〈故宫〉创作构想和反思》，《现代传播（中国传媒大学学报）》2006年第1期。

第二节　新媒体背景下的文物传播

在互联网快速发展时期，大众传播领域格局发生巨大变化，移动互联网焕发勃勃生机，以手机微博、微信等为代表的移动新媒体逐渐占据信息传播与沟通的重要地位。文物传播也积极融入时代潮流，一方面传统媒体的文物传播主动与新媒体融合，进行多元转型；另一方面各大博物馆等相关机构自身也迅速反应，在移动新媒体领域开疆拓土，纷纷开通官方微博、微信账号等进行文物传播。

一　文物类电视节目

2016 年纪录片《我在故宫修文物》横空出世，让人耳目一新。严格说来，这部纪录片并不是以文物为主题，而是聚焦于文物修复人，展现他们的高超技艺和日常状态。但是这部作品由央视播出后反响平平，在哔哩哔哩网站（bilibili，又称 B 站）却迅速走红，获得很高的人气，豆瓣评分高达 9.4 分，成为年度最具影响力的纪录片。其成功的原因主要可以从两方面来分析。首先是创作特色鲜明。表面看这是一部题材严肃的小众且充满主旋律的传统纪录片，但其实质却超越了传统主旋律纪录片的宏大叙事框架，将执着专注的工匠精神、宁静淡泊的温情、浅近有味的哲理浓缩于细腻的镜头，散发出人文关怀的温度，使处在多元文化的冲突与碰撞中的年轻人得到心灵的慰藉，产生情感认同。其次是社交媒体传播方式的恰当运用。创作者将这部作品上传 B 站后，一些"90后"用户积极在弹幕上发表观点，经过回复、评论及转发等一系列行为，对这部作品欣赏和赞美的情绪和观点呈"病毒式传播"，导致粉丝"井喷式"出现；与此同时传统媒体迅速跟进，央视分别在当年 5 月和 7 月进行了两轮重播，这次反向传播的加持亦使作品收获更多主流媒体的受众。最终这部作品凭借优质的内容，线上线下的双传播通道，收获了良好的口碑、极高的关注度和影响力。

2017年以来，文博类节目不断推陈出新，创新之势愈演愈烈。这一年央视《国家宝藏》开播，不同于曾经红火的鉴赏类综艺，节目组邀请明星和普通人共同登台，演绎国宝的前世今生，塑造了有温度、有内涵、极具时代感的国家宝藏形象，也打造了以文化为内核、综艺为外壳、记录为语言的综艺新形态；[1] 节目组还创新传播渠道，传统媒体与社交媒体联动、视频媒体与音频媒体合作等举措都成为节目火爆的重要推手。除了在中央电视台播放，节目还在爱奇艺、B站、优酷等视频网站的PC端和移动端同步播出，吸引了更多年轻用户。为给《国家宝藏》播出造势，节目组专门开通B站"央视综艺官方"的账号，鼓励用户群用弹幕与节目组沟通，引导用户对历史文物的情感认识；节目在B站播出后每期弹幕都超出网页的最高条数，创作者通过分析弹幕内容、评论了解用户诉求，以调整视频后期制作方案或细节，甚至找到优质选题；B站用户也通过自己的社交渠道对节目组进行推荐，由此形成"发酵式"传播，进一步扩大节目影响力。节目组还利用官方微博发起征集广告语、征集表情包、为最喜爱的国宝投票等活动，利用官方微信推出"全景探秘《国家宝藏》"H5页面，在音频媒体喜马拉雅投放主题曲《一眼千年》等，真正做到了媒体融合传播。《国家宝藏》为新媒体时代文化类电视综艺节目的转型提供了典范。

大量的文物类真人秀节目也受到关注。《上新了，故宫》是北京卫视联合故宫博物院推出的文创真人秀节目，这档节目首次将一些尚未开放的区域呈现在观众面前，通过明星嘉宾和故宫专家一起进宫识宝，探寻故宫历史文化，同时顶尖跨界设计师和高校设计专业的学生联手，开发文化创意衍生品，也引发观众热议和"跨圈层"的讨论。从2000年至今，文物类电视节目从节目类型、节目内容、节目风格到价值体系建

---

[1] 朱杰：《如何让文物活起来？——央视〈国家宝藏〉节目成功要素分析》，《当代电视》2019年第1期。

构都发生了巨大的变化。纪录片与综艺、真人秀等多种形态并存取代了从前单一的专题片、纪录片形式；综合展现文物和与文物相关的故事取代了单纯的文物介绍；多种文化元素的创造性运用取代端庄严肃的单一风格；文化传承、价值引领和文创开发的齐头并进取代了对中国传统文化的简单弘扬。文物类电视节目迎来了蓬勃发展的时期。

二 文物类微博

新媒体时代下除了传统媒体精心策划、投身媒体深度融合，打造了一批很有口碑的文物节目，视频平台也主动运作，开发了一批文物类网络视频节目，对传统文化的传播起到积极作用；同时各大博物馆等相关机构也积极拥抱新媒体，搭建新媒体矩阵，布局文博新空间。以微博为例，《2019文博新媒体论坛》发布，截至2019年10月，政府文化类文博蓝V账号（即机构认证账号）共计2179个，从规模来看，微博账号、粉丝、互动量等均有明显增长，比如粉丝数在一年时间内增长1875万。[①] 截至2021年8月，故宫博物院和国家博物馆官微粉丝量已分别达1017万和508万，这是传统媒体时代无法比拟的用户量。上述数据还表明二、三线城市更加重视文博微博的发展，特别是三线城市文博机构开设的微博账号数量最多，占比33%。以获得"2020年度文博十大影响力官微"的甘肃省博物馆官方微博为例，自2019年起，甘肃省博物馆和甘肃新媒体集团·掌上兰州强强联合，由掌上兰州代运营维护甘肃省博物馆"双微"，此后省博"双微"阅读量、粉丝数均实现突破性增长；甘肃省博物馆微博两度登上全国政务微博文化榜榜首位置；双方携手推出一系列通过文物讲好甘肃故事的精品融媒体产品；2019年共同推出的文物表情包成为甘肃首个阅读量过亿的融媒产品；荣获由国家文物局主办的中华文物全媒体传播精品（新媒体）推介全国十佳大奖；2020

---

① 徐利兰、肖月：《新媒体助力下的博物馆传播：内容与渠道分析》，《四川省社会主义学院学报》2020年第1期。

年甘肃省博物馆官方微博共发布微博 2900 条，单条推文最高阅读量为 145 万，阅读总量超过 3200 万。①

三　文物类微信公众号

微信公众号也成为很多博物馆的标配。有学者分析中国国家博物馆、上海电影博物馆、北京汽车博物馆等五家博物馆的微信公众号发现，这些微信公众号都有结构层次简单清晰，图文、音视频传达资讯，小程序推送讲解资源，目标用户指向性明确等特点，已经成为文物传播的重要渠道。而且这些微信号通过各种举措实现了让博物馆"动起来"的功能，如北京汽车博物馆微信公众号开辟"科普天地"栏目，介绍汽车设计中的科学原理，使教育成果得到利用；中国国家博物馆微信公众号设有"国博馆刊"，使学术成果得到传播；文创产品也通过微信公众号"导航"到天猫旗舰店，成为文物资源变现的重要推手；故宫博物院微信公众号"微故宫"上线 VR 产品《全景故宫》，将故宫实貌与 VR 技术巧妙结合，实现了博物馆游览的便利性、沉浸性体验，使用户足不出户即可游览故宫。

四　文物类微纪录片和短视频

除了电视媒体制作的文物类节目，各大新媒体平台也推出一系列文物类微纪录片、文物类网络节目、与各大短视频平台合作推出各类文物短视频等。《历史那些事》是 B 站推出的历史文化纪录片，但这档纪录片已经和传统的纪录片大相径庭，它一改传统纪录片的严肃深重，将大量流行文化符号、二次元文化标志以及脱口秀、侦探剧、MV、热门综艺等元素渗透进去，只为应合年轻受众群体。还有网络媒体推出的由文博名咖解读文物故事的微纪录片《文博奇遇记》、由腾讯视频出品的国

---

① 《省博官微荣登全国文博十大影响力榜单》，每日甘肃，https：//baijiahao.baidu.com/s?id=1690365649898366976&wfr=spider&for=pc，2021 年 1 月 31 日。

内首部名画真人番微纪录片《此画怎讲》、以《博物奇妙夜》为代表的文博类谈话节目、以《局部》为代表的文博类脱口秀节目等，这些文物类节目共同展现出以文物书写文化的多种可能，不仅让文物"活"起来，也为文化注入了生机。

博物馆还与各短视频平台联手开通文博账号，特别是与抖音、快手的合作使各大博物馆机构进入"两微一抖"的矩阵时代。2018年5月16日，国家博物馆、湖南省博物馆、南京博物院、陕西历史博物馆、浙江省博物馆、山西博物院、广东省博物馆七大国家一级博物馆集体入驻抖音，并于5月18日第四十二届国际博物馆日上线了"第一届文物戏精大赛"H5和挑战赛。上线初期，这一活动迅速在各大社交媒体平台持续刷屏，在短短四天内，H5页内视频累计播放量达到1.18亿、话题总播放量4.27亿，七大国家一级博物馆账号得以迅速圈粉，其中国家博物馆涨粉量达到25.2万，而且国家博物馆发布三条抖音视频的总点赞量就超过84万。① 短视频平台与文物传播的结合，不仅拓展了博物馆新媒体渠道，也极大地丰富了平台创作生态。

五 文物类App及小程序

作为新媒体传播方式，App或小程序具有各自的优势，App除了信息推送功能，还有其他衍生服务；小程序则在提供服务的便捷度上更有优势。国外如美国洛杉矶的保罗·盖蒂博物馆、阿姆斯特丹州立博物馆以及巴黎奥赛博物馆等8家全球顶级博物馆都推出了自己的艺术App，让用户不仅可以享受闻名遐迩画作的视觉盛宴，还可以通过广泛的渠道获得博物馆永久收藏和定时展览藏品的相关信息。② 目前国内博物馆在这两种方式上都积极涉猎。如上海自然博物馆、陕西历史博物馆等推出的App不但提供馆藏信息、公告资讯，也将线上预约、智能导览等服务

---

① 《博物馆+短视频：似乎火了，但迟迟不见爆款》，https://www.sohu.com/a/478202402_121106869，2021年7月18日。

② 陈述侃：《浅谈如何运用新媒体强化博物馆宣传工作》，《大众文艺》2020年第18期。

一并上线。故宫博物院不但推出了故宫展览、故宫陶瓷馆、故宫社区、胤禛美人图等多个专业 App，每个 App 都体现了区分度。比如"每日故宫"App 的界面十分有亮点，将藏品按照日历的方式排布，每天都展示一件藏品且附有解说，用户可以将藏品以日历的形式分享出去，独具特色。上海博物馆为举办"心灵的风景：泰特不列颠美术馆珍藏展（1700—1980）"特展，还专门配套开发《风景与艺术》专项 App。故宫展览、掌上深博 App 可以提供 360 度高清全景展览，力图达到人在现场的观览效果；国宝微展示 App 以提供文物详尽的讲解演示模型为特色，是普及文物知识的有效渠道；每日故宫、苏州博物馆 App 以主题鲜明、文笔精妙见长；故宫明信片 App 以上朝游宫集卡为形式讲述故宫故事。腾讯推出"国宝全球数字博物馆"微信小程序，采用了腾讯自主研发的"高清拼接"和"三维全景"的数字技术，收录近 300 件馆藏中国文物，除了文物珍品数字化"合体"在虚拟 3D 空间，画卷中还设置有春节祝福、趣味知识等动画彩蛋和"文物云拜年"创新玩法。

文物也成为网络电台等主播青睐的选题和内容，喜马拉雅 FM、荔枝 FM 等平台生产的"手铲 FM"节目，也与考古资讯小站合作推出多期节目，其内容既专业又丰富，既有文物常识的普及，又有最新资讯发布，还会关注文博热点话题。文物与游戏市场的跨界合作也在积极探索之中，不论是文物元素的独立游戏，还是文物元素嵌套模式游戏都已经涌现出一些成功的案例，比如故宫博物院与网易游戏合作推出的电子游戏《绘真·妙笔千山》等，既游戏娱乐，又"寓教于乐"，呈现出良好的发展势头。[①] 2020 年新冠肺炎疫情掀起全民"云生活"的浪潮，"云展览""云直播"也成为博物馆创新文化传播、为公众服务的新方式，有效实现了线上和线下传播效果的叠加。从微博、微信公众号、网络电台、文物电游到文物类 App 开发，都是新媒体时代文物传播的新形态，

---

① 邢丽霞：《对国内博物馆移动端游戏的探究与认识》，《科学教育与博物馆》2021 年第 3 期。

都是文博机构不断创新传播方式的探索与拓展，都在服务用户的实践中取得了积极成效。

梳理文物类影像的发展轨迹可以发现，从 2000 年到现在，从文物类电视节目一家独大到文物类影像在不同形态的媒介百花齐放、融合共存，文物的叙事策略不断拓展和延伸。这种延伸也引发一系列连锁效应，如生产与消费的流程再造，采编技能的全能与专精等，当然对传播主体、传播对象及传播介质本身也提出了更高的要求。[①] 目前来看，文物传播的数字化技术应用也存在泛数字化思维和简单相加两类主要问题，前者指对数字技术的过度使用，后者指二者呈现融合性不高的简单物理组合特征。[②] 如何优化移动新媒体视域下的文物影像叙事与传播，还需要从分析当前文物传播的典型案例入手。

[①] 尚策：《融媒体的构建原则与模式分析》，《出版广角》2015 年第 14 期。
[②] 周夏宇：《传播学视域下的博物馆研究——基于 CiteSpace 的数据挖掘与对比分析》，《新闻与传播评论》2021 年第 3 期。

第二章　传统媒体的文物影像传播：故事化叙事

从 2000 年至今，传统主流媒体的文物类节目从节目类型、节目内容、节目风格到价值体系建构都发生了巨大变化。纪录片与综艺、真人秀等多种形态并存取代了从前单一的专题、纪录片形式；综合展现文物和与文物相关的故事形式取代了单纯的文物介绍；多种文化元素的灵活运用取代了端庄严肃的单一风格；文化传承、价值引领和文创开发的齐头并进取代了对中国传统文化的简单弘扬。文物类电视节目迎来了发展的最佳时期，但是一些基本理念却始终被创作团队坚守着，在这些理念中最核心的就是故事性原则。[①] 从早期的《国宝档案》《考古中国》等纪录片、《鉴宝》等综艺节目、考古直播类节目到近些年的《故宫》《我在故宫修文物》《国家宝藏》《如果国宝会说话》《上新了，故宫》等节目，大多数文物节目都注重戏剧性元素的引入，搭配有辨识度的选题、紧凑的情节、令人难忘的细节、契洽的节奏，以及跌宕起伏的悬念等，故事化叙事的倾向在这一时期的文物传播中表现得尤为明显。

美国社会学家欧文·戈夫曼提出了"框架"概念，他认为"框架"是"解释的基模"[②]，人们在社会生活中会使用特定的诠释框架来理解日

[①] 杨荣誉、王东昇：《英国文博类电视节目的创作启示》，《中国电视》2018 年第 11 期。
[②] Goffman, E., *Frame Analysis, An Essay on the Organization of Experience*, Boston: Northeastern University Press, 1986, p. 2.

常生活。如在参与社会活动的过程中，人们首先是认识这些活动框架，并进行结构化，之后再通过框架"分辨、认知、察觉和体验"事物，[①]这是人们了解参与社会活动的基本规律。此后"框架"理论被拓展至大众传播等多个学科领域，并诞生了"媒介框架"和"新闻框架"等学术概念，成为20世纪90年代以来备受关注的研究领域。盖伊·塔奇曼发展了戈夫曼的框架理论，她认为新闻就是一种框架，诸如新闻源、内容和意义的叙述方式等也是生产环节中的框架。[②]吉特林则从戈夫曼的框架概念出发提出"媒介框架是关于认知、阐释和表达这些问题上进行选择、强调和排除的持续统一的模式，经由这些模式符号操控着惯常的管理话语"[③]。国内学者黄旦则认为框架理论的中心问题是媒介生产，即媒介怎样反映现实并规范人们的理解，[④]因此文本建构、诠释或话语生产分析是框架理论的重点。

在传播活动中，框架首先进行议程设置，选择特定的议题和信息，再通过各种传播活动不断增强其显著性，因此其中两个重要的议题分别是选择和凸显，即强化某些内容，并相应地弱化另一些内容，努力将受众注意力引向力图突出的部分。传播框架体现了对事实再生产的干预，它通过某些认知定势，形成结构化的传播文本，完成对事件和价值的表达，其影响具体体现在对传播主题的选择、报道角度的运用、内容素材的取舍以及图片的搭配、文字的组织等很多方面。文物故事化传播就是通过设定故事化主导框架，通过媒体对文物传播方式的"选择、强调和排除"[⑤]，实现对文物文化的建构与传播。

[①] 张淑芳：《社会主义核心价值观仪式化传播研究》，博士学位论文，兰州大学，2014年，第120页。

[②] ［美］盖伊·塔奇曼：《做新闻》，麻争旗等译，华夏出版社2008年版，第183页。

[③] Gitlin, T., *The Whole World is Watching: Mass Media in the Making and Unmaking of the New Left*, Berkeley: University of California Press, 1980, p.7.

[④] 黄旦：《传者图像：新闻专业主义的建构与消解》，复旦大学出版社2005年版，第231—233页。

[⑤] 张淑芳：《社会主义核心价值观仪式化传播研究》，博士学位论文，兰州大学，2014年，第120页。

第二章 传统媒体的文物影像传播:故事化叙事

文物故事化传播作为一种更能提升受众体验的传播方式早已有之,何以在2000年以来的这一时期更为兴盛?从改革开放至今,中国整体传播话语范式经历从宣传取向、专业取向到文学取向的发展轨迹。宣传取向表现为传播服从于党和国家政治诉求的话语范式;专业取向范式表现为随着社会的发展,公共性增强,传播更多倾向于满足社会主体利益的诉求;文学取向范式是以文化的日常性逻辑为特征,表现为注重叙事的审美性等。这些话语范式并不是此消彼长的关系,而是共同存在,彼此影响。互联网技术发展和普及引发媒体转型,社交媒体的崛起,让话语权不再掌握在传统新闻业的手中。社交媒体平台化发展带来的海量信息和知识膨胀,使以事实为共识基础的原则被极大削弱。新传播技术的普及,使信息生产、消费和分配不同以往,其赋权效应更使信息传播个性化和弥散化。在这种背景下,传统的把关人机制开始失灵,大数据和"算法"规则成为新的技术标准。媒介域在转换,传播话语的碎片化和后现代倾向越来越清晰,传统传播的话语形态与新的个性消费模式严重不匹配。

文物故事化传播在主流传统媒体的适用性可以从三个方面来考量。首先,理性叙事模式随着媒介形态的变化被强势驱逐,当下的主导逻辑是碎片化、非线性和反理性,正对应着网络移动终端的媒介生态。作为问题意识、严肃理性及深度报道等叙事模式对非理性的对抗,强调故事性的非虚构产品走上前台,成为主流倾向。其次,在非虚构的叙事实践中,故事化传播既能支撑宏大主题,亦能把握日常审美叙事,获得碎片化时代受众的广泛认同。最后,在传播权力的扩散与转移过程中,因为可视性的保证和叙事审美价值的稳定,故事化作品理所当然受到新媒体资本的追逐。因此,文物故事化传播的兴起,故事化叙事在文物传播中的普遍运用,是新技术驱动的媒介传播生态、政治和话语转型,以及新媒体平台资本化趋势的共同产物。[1]

---

[1] 黄典林:《话语范式转型:非虚构新闻叙事兴起的中国语境》,《新闻记者》2018年第5期。

第一节　故事化叙事

故事化传播到目前并没有权威的定义,"故事化"是由"故事"演化而来,呈现故事的一种趋势或动态形式。《新华汉语词典》中"化"有两种解释,一是指事物的形态或性质发生变化,二是一种后缀,表示向某种状态或性质进行转化,通常放在名词或形容词后面。由此可以认为,"故事化"就是以"故事"所具备的特征、元素来描述、阐述或组织事件,也可以说运用某些方式而使事件具备故事的特征。"讲故事"作为一种风格,强调对事件的故事性转换,使其具有故事的特征,这样更为生动有效,也更富戏剧性,从而也容易被人们所接受和喜爱。"故事化"已广泛应用于各种媒介产品中,成为稳定收视的重要手段,对传播信息、舆论引导和娱乐教育起着重要的作用。

故事化将各种复杂信息融入节目中,以生动有趣的方式精彩地传达节目内容,不仅使信息简单有效,而且缩短了与观众之间的距离。在故事化的传播过程中,故事是整个叙事过程的核心,而"悬疑""最精彩的部分""矛盾与冲突""人物与场景"等则成为叙事的主要形式,因此,故事化传播可以概括为事件的开端,矛盾的进展,危机和对抗,高潮及结局的戏剧性结构传播。故事化传播的源头可以追溯到新闻传播的"信息模式"和"故事模式",并经历了20世纪中叶西方新新闻主义和非虚构小说等发展阶段,到2010年非虚构叙事进入中国人的视野,之后故事化叙事在国内的流行程度越来越高。

一　"故事模式"和"信息模式"

"信息模式"和"故事模式"在西方新闻业诞生之时就已经出现,在《挖掘新闻:美国报纸的社会史》一书中,美国新闻史学家迈克尔·舒德森(Michael Schudson)提出了这两种"模式"的概念。他认为,以讲故事为主的报道方式形成了"故事模式",比如当时西方新闻界的重要新闻通常被称为 headline story;另一种提供"纯信息"的报道方式则被归为"信息模式"①。舒德森还指出,从 19 世纪 90 年代起,现代新闻报道开始具有娱乐性和真实性两大趋向。这两大趋向和媒体的两大基本功能密切相关,信息提供需要真实性,而故事讲述侧重娱乐性。不同的报纸选择不同的趋向,如《纽约时报》采用以真实性为主的信息模式,《世界报》和《新闻报》则选择了娱乐倾向的故事讲述模式。关于信息模式与故事模式之间的区别,有学者根据舒德森《挖掘新闻》一书的内容进行了整理。

表 2–1　　　　　　　**信息模式与故事模式的区别**②

	故事模式	信息模式
报道内容	地方新闻、法庭新闻、插画、评论、女性专版、休闲生活等	政治新闻、财经新闻等
主要功能	娱乐或"用报"	呈现真实与信息
读者阶层	新政治参与者、新城市居民、新移民	中上阶层如知识分子、工商人士等
文化趣味	大众文化	精英文化
报纸风格	自我宣扬或煽情主义	冷静、正派、高贵、保守

也有学者研究指出,虽然信息模式和故事模式之间存在这样的差异,但是迈克尔·舒德森的分析也有其偏颇之处,即他过多将分析集中在两者的差异而忽略了共同特征。比如信息模式难道就完全不"讲故事"吗?在 19 世纪 90 年代,《纽约时报》与《世界报》都强调报纸的社会功能认知,也都体现了报道事实的准确性,即在标榜其故事模式的同时也体现出鲜明的信息模式,只是它在对新闻信息的报道中更偏向于煽情而不是客观严谨。这也从一定程度上说明,在传统的新闻报道中,美学风格和信息风格并没有严格的界限,只是更接近和趋向其中某一种

---

① Schudson, M., *Discovering the News*, New York: Basic Books, 1978, p.5.
② 张健、沈荟:《信息模式与故事模式背后的异同分析——对迈克尔·舒德森"新闻客观性"解释的再解释》,《新闻大学》2013 年第 6 期。

模式而已。

除了起源于西方的信息模式和故事模式外，宣传模式在中国的新闻传播中一直起着主导作用。黎明洁教授曾对1976年以来不同年份的"新闻模式""宣传模式"和"故事模式"的比例进行了分析。[①] 她书中提到的新闻模式就是西方的信息模式。她认为，宣传模式在1984年前是我国新闻的主流模式，约占80%。当然这种在特定历史条件下被采用的模式有其局限性，之后在实践中也不断呈现下降趋势，之后新闻模式逐渐趋于主流并延续至今。故事模式自问世以来，一直处于边缘地位，之后在实践中受到越来越多的关注。即使在今天，故事模式也没有完全取代严肃新闻模式。"故事化"是人们普遍使用的词汇，即指一种趋势，一种倾向，这说明"故事化"至少是一种与传统创作模式不同的新路径。

二　新新闻主义

"新新闻"（new journalism）是指"新的新闻写作或报道方式"，诞生于20世纪50年代的美国。当时一些记者出于对僵化的新闻专业主义和写作技巧的不满，决定以"文学化"的方式报道新闻，这种报道方式大致上"强调文学风格及现场描述气氛，运用情节、对话与独白等小说笔法，融合作家的创造力和主观的想象力来报道和铺排新闻故事"。[②] 此外，随着电视的普及和媒体的发展，人们对世界的认识不断深化，大量新事物的出现，也让人们不再满足于过去的新闻采访和写作模式，再加上各大媒体之间的竞争不断加剧，这些都促进了新新闻主义的蓬勃发展。[③] 美国记者汤姆·沃尔夫被认为是新新闻主义的创始人，他的著

---

① 黎明洁：《新闻写作与新闻叙述：视角·主体·结构》，复旦大学出版社2008年版，第193页。

② 彭家发：《新闻文学点·线·面》，台湾业强出版社2001年版，第10页；参见黄也平、周大勇《"超媒介传播时代"与正在"走回文学的新闻"——一个关于新闻命运的"盛世危言"》，《文艺评论》2012年第7期。

③ 孙珉等：《浸入式体验：用非虚构叙事讲好中国故事》，《当代传播》2018年第6期。

作《刺激酷爱迷幻考验》于 1968 年完成，这本书记录了作者与嬉皮士朋友的旅程，带给读者文学作品般阅读体验，被认为是这类报道的代表性作品。①

美国马里兰大学的新闻学者查尔斯·哈维（Charles Harvey）提出了新新闻主义的四个特点：运用场景和画面组合展现事件、由亲历者传达现场的所见所闻和感受、穿插被采访者的对话；运用具有象征性特质的细节。新新闻主义代表人物梅勒多次践行这种理念，比如在新闻报道中使用第一人称"我"，让读者共同感受事件现场，具有很强的亲和力。新新闻主义的另一代表人物卡波则提出在新闻报道中采用第三人称写作方法，他使用类似于蒙太奇的平行叙事方法，将视听结合的感受用于新闻撰写。② 新新闻主义开创了一种颇为独特的叙事方式，呈现了新闻传播的新视角。③ 在欧洲和美国，新新闻主义在 20 世纪 60 年代达到了顶峰，此后，杜鲁门·卡伯特（Truman Cabot）、迈克尔·黑尔（Michael Hale）、琼·迪恩（Joan Dean）等学者在《纽约客》《滚石》《时尚先生》等杂志也发表了大量相关作品。④

三 非虚构叙事

20 世纪 70 年代，西方新新闻主义渐渐式微，出现了一批"非虚构小说"⑤文学化新闻作品，也被称作"叙事新闻"或"艺术新闻"，它体现的是一种新闻与文学的融合态势。"非虚构小说"一般为发表在报纸或杂志上的纪实性文章，文学新闻研究者托马斯·康纳利（Thomas

---

① 阿勺、罗布君：《"新新闻主义之父"逝世，我们整理了他的写作心得及主要作品》，新京报传媒研究，https://baijiahao.baidu.com/s?id=1600686438647453450&wfr=spider&for=pc，2018 年 5 月 17 日。
② ［美］梅尔文·门彻：《新闻报道与写作》，展江译，华夏出版社 2003 年版，第 326 页。
③ 李法宝：《试论虚构性叙事与非虚构性叙事的差异性》，《华南师范大学学报》（社会科学版）2007 年第 3 期。
④ 周逵、顾小雨《非虚构写作的新闻实践与叙事特点》，《新闻与写作》2016 年第 12 期。
⑤ 关于"非虚构小说"的提法，在《新大不列颠百科词典》有明确定义："非虚构小说是一种取材于真实事件并用小说的戏剧化技巧讲述的故事。"

Connery）将其定义为："用散文文体来描述真实的和当下的事件。它与传统报刊的新闻报道在文体、功能、主题和认识论上都有所不同。"① 墨菲（James E. Murphy）也在《新新闻主义：一个批判的视野》中提到文学新闻有三个基本特征：戏剧化的文学技巧、深度报道及一定主体性。文学新闻除了报道事实真相，还表现为文学性的写作手法、沉浸式采访、全方位的深入记录。②

此后，非虚构叙事作为一种新的表达形式进入新闻领域，但是其内涵和外延尚不明确。有学者认为非虚构文学除了和虚构文学相对，其自身也可以分为完全非虚构类（包括报告文学、传记和口述史等）和不完全非虚构类（包含非虚构小说、纪录片和电视剧等）。③ 还有学者将非虚构叙事分为广义和狭义两大类，认为广义的非虚构叙事是包括所有纪实文学、新闻特写、电影等符合非虚构哲学精神的创作形式，而狭义的非虚构叙事则主要指纪实风格的叙事。④ 今天的非虚构已经从写作转向叙事，它抛开时空的束缚，通过对各类事件细致入微的描述和抽丝剥茧般的剖析，将受众带入具象的日常生活，呈现出社会现实最真实而丰富的层面，特别是很多被忽略或无力解决的社会实质问题，⑤ 加深受众对现实社会的认知、了解和感悟，体现了当代人敢于面对和反思历史的勇气，最大限度地达到了以史为鉴的目的。媒介作为信息交流的载体，决定了信息的传播速度、表现形式和内涵。新媒体的发展也使非虚构叙事从纯文本过渡到文本、声音和视频交叉融合的形态，比如2012年《纽约时报》上发布的多媒体新闻《雪崩》就被认为是典型的多媒体非虚构叙事作品。⑥ 在互联网和人工智能等技术的推动下，将多媒体手段和数

---

① Thomas Connery, *A Sourcebook of American Literary Journalism: Representing Writers in an Emerging Genre*, New York: Glenwood Press, 1992, p.4.
② 王莉:《美国文学新闻发展史考述》,《社会科学论坛》2012年第2期。
③ 王晖:《"非虚构"的内涵和意义》,《文艺报》2011年3月21日第5版。
④ 孙珉等:《浸入式体验：用非虚构叙事讲好中国故事》,《当代传播》2018年第6期。
⑤ 哈建军:《"非虚构"的人类学观察》,《当代文坛》2017年第4期。
⑥ 韩士皓、彭兰:《融合新闻里程碑之作——普利策新闻奖作品〈雪崩〉解析》,《新闻界》2014年第3期。

据可视化技术等应用于大众传播已经势不可挡,在此基础上为构建真实多样化的场景提供了身临其境的体验,这种体验对新媒体时代的新闻报道来说弥足珍贵。

四 故事化叙事的本质探析

在传播史上,故事化叙事早有端倪。从早期的信息模式和故事模式,到新新闻主义、非虚构叙事等的发展演变,故事模式的内涵与表现形式都得到了丰富与充实,但是要准确理解故事化叙事的本质内涵,不能仅流于故事模式的表现含义与理论源流,我们需要回到故事本身,去探索为何故事模式会脱颖而出,并和信息模式分庭抗礼。

(一)故事的内涵与思想探源

"故事"被解释为旧事、先例和典故,是对过去发生的事情的描绘。[①] 罗伯特·麦基则认为:"故事能够以人类交流的任何方式来表达。戏剧、散文、电影、歌剧、诗歌、舞蹈都是故事仪式的辉煌形式。……十六世纪扮演了这一角色的是戏剧,十九世纪是小说,二十世纪则是电影——所有艺术形式的宏伟融合。"[②]《人类简史》的作者尤瓦尔·赫拉利认为,世间一切尽是故事,任何被叙述的或者说被想象的现实都是故事。[③] 西蒙斯认为故事是一种描述或记录,这个事件有真实也有虚构。[④] 因此,故事可以被理解为一个虚构或者非虚构的事件,这个事件包含着一定的时间顺序和因果关系,存在着产生、冲突及解决等过程;同时,它也是一种表达模式,建立在人们已有的经验基础之上,是人们了解社会生活的工具。[⑤]

---

① 许基南、余可发:《基于扎根理论的旅游景区故事营销理论建构研究》,《当代财经》2014年第10期。
② [美]罗伯特·麦基:《故事》,周铁东译,天津人民出版社2014年版,第22页。
③ [以色列]尤瓦尔·赫拉利:《人类简史》,林俊宏,中信出版集团2017年版,第30页。
④ [美]安妮特·西蒙斯:《说故事的力量:激励、影响与说服的最佳工具》,吕国燕译,化学工业出版社2009年版,第47页。
⑤ 汪涛等:《讲故事 塑品牌:建构和传播故事的品牌叙事理论——基于达芙妮品牌的案例研究》,《管理世界》2011年第3期。

故事的要素包括故事主题、故事内容、故事情节、故事人物及故事风格等。第一，故事主题，这是故事的灵魂和主宰，好的故事主题需要考虑两个方面：故事主题需要传达一种普世价值观，故事的主题要符合积极的意义。[①] 第二，故事内容，好的故事内容要具备真实具体、达成共识、传递情感及解决问题等特点。[②] 第三，故事情节，需要蕴含一系列冲突和问题，引发观众思考。第四，故事人物，具有原型特点的故事人物体现对某一类人格特征的归纳、提炼与总结，更容易被受众接受。[③] 第五，故事风格，选取独特的切入视角，进行巧妙的结构安排，设置富有魅力的人物形象，选择恰当的时空背景，运用令人耳目一新的修辞手法等都直接关系受众对故事的接受程度。

(二) 故事化叙事流行的成因

故事化叙事是自古以来就盛行于人类社会的传播形式。Hart 认为，一个好的故事可以通过故事所探索的人类场景，将媒体与受众联系起来，使受众的生活更有意义；他认为故事是生命深度的体现，亦是人们思考和再现世界的出发点。心理学家霍华德（Howard）指出：故事是我们的栖息地，我们生活在故事中，生活在由故事组成的世界中。[④] 为什么讲故事可以增强受众体验，成为一种重要的媒体传播形式？基于叙事传输理论和原型理论我们可以对故事化叙事提升受众体验的原因进行探讨。

第一，专注于故事有利于提升受众的愉悦感。叙事传输理论认为，这种精神相对集中的专注状态也被称为叙事传输状态，聚焦于某个故事会使人们暂时逃离周围的环境和客观世界，融入故事世界，由内生发出

[①] Denning, S., "Telling Tales", *Harvard Business Review*, No. 6, 2004, p. 5.

[②] 彭传新：《品牌叙事理论研究：品牌故事的建构和传播》，博士学位论文，武汉大学，2011年，第19页。

[③] Escalas, J. E., Stern, B. B., "Sympathy and Empathy: Emotional Responses to Advertising Dramas", *Journal of Consumer Research*, No. 2, 2003, pp. 566–578.

[④] 罗以澄、胡亚平：《挑战现实理性 构建浪漫真实——解读新新闻主义的价值观及其叙事结构》，《现代传播（中国传媒大学学报）》2004年第2期。

快乐感,并导致认知、态度及行为方式的改变。首先,当人们关注故事时,他们需要大量的能量和注意力来激活和保持这种心理状态,并减少用来分析和进行批判性思维的认知资源,这种聚焦和专注会让受众积极感受和投入;其次,识别、了解进而认同故事中的人物,可以满足受众对自我认同和社会归属的需求,也使情感体验更加丰富;最后,受众有娱乐性体验和改善日常生活体验的愿望,强烈的情感反应恰好可以满足这种愿望,而专注感带来的体验是观众渴望且努力寻求的心理状态。

第二,故事中的原型有利于唤起人们的深层次情感。"原型"研究具有多样性特点,其拓展在三个领域尤其引人注目,分别是哲学、心理学和文学领域。在哲学领域,柏拉图论述原型就是理念;在心理学领域,荣格将原型归为深层心理结构即"集体无意识",认为原型是经由遗传而承继下来的先天倾向,是人类潜意识的产物,是一种最古老最常见的人类集体经验;在文学领域,弗莱将原型具体化为诸如反复出现的意象、象征和母题等,此后对原型的研究更多地集中在文学领域。艾布拉姆斯在《文学术语手册》将原型定义为"反复出现的叙事结构、行动方式、性格类型、主题和形象"。在当今社会,人们对于英雄人物的崇拜与追求,其实就是古老的神祇故事中人们表现出的对神的敬畏与渴望,这些神祇就是现在文学作品中英雄人物的原型。为什么几千年前的文学作品在经历巨大的时空转换后,还能引起现代人的共鸣?因为在故事化叙事的作品中,那些运用原型创造出的富有魅力的人物或有吸引力的情节,往往会唤醒人们的深层次情感,从而对故事产生良好的体验。其次,原型可以引导人积极主动地追求幸福,并在这个过程中引导他们寻找解决生活困境的方向和方式。集体潜意识影响着人们对自我的认知,很多人心目中的原型人物正是他们想成为的人。心理学家马克指出,每个人的人生旅程从最深层的本质来讲是相同的,只是细节上会有一些出入。当人们关注到一个原型,他会有意无意地学习这个人物原型,在这个过程中寻找内心熟悉的感觉和体验,因为这是之前不曾得到满足的内心欲望。① 与原型这种久别重逢的满足感正是受众一直真正想要的体验。

第二节　纪录片《我在故宫修文物》的故事化叙事

由中央电视台出品，三集文物修复类纪录片《我在故宫修文物》2016年1月7日正式亮相央视纪录频道，当时注意到这部纪录片的人并不多，但这部"生于央视"的纪录片播出一个月后，却意外走红于B站，新生代的90后、00后用户还贡献了6万多条弹幕，以及高达9.4分的豆瓣评分来表达对"国家宝藏"的喜爱，好评度甚至超过当年同样备受关注的纪录片《舌尖上的中国》。《我在故宫修文物》的播出引发年轻人对故宫的极大兴趣，特别是多年来默默无闻的故宫文物修缮部突然之间成了"网红"，形成了关注国宝新模式，随着《我在故宫修文物》的热播，当故宫招录修复师时，一夜之间竟有两万人报名去故宫当志愿者。

学者们对这部纪录片的走红进行了多方面解析。有学者认为，纪录片《我在故宫修文物》摆脱传统文博类纪录片宏大叙事的桎梏，将平民视角、以人为本真正引入文物叙事，通过厚今薄古、微末叙事做到让年轻人接触传统文化，了解文物艺术品背后的精神价值；② 也有学者指出当今社会大力弘扬"工匠精神"，需要全社会关注传统技艺继承、传统工艺保护，而该片通过文物修复者"择一事，终一生"的态度来展现我国"工匠精神"的传承与延续；③ 还有一些学者对这部纪录片进行了充

---

① McKee, R., "Storytelling that Moves People: A Conversation with Screenwriting Coach Robert McKee", *Harvard Business Review*, Vol. 81, 2003.
② 刘蒙之：《从宏大叙事到微末叙事——纪录片〈我在故宫修文物〉的创作理念创新》，《现代传播（中国传媒大学学报）》2016年第9期。
③ 邱海云：《传承的现实尴尬与"工匠精神"》，《人民之友》2016年第8期。

分肯定，认为其从传统文化的当代呈现和日常生活化的叙事策略等角度有了新的拓展。其中张慧瑜的《〈我在故宫修文物〉为何走红?》指出，《我在故宫修文物》主要有两个层面的深层探索，一是"用父亲的目光"来审视改革开放以来新体制新困境及各种社会问题，二是赋予"平凡的工作以美学的、诗意的价值"①。

从纪录片发展史来看，一直以来不乏以故宫为题材的佳作，2005年的《故宫》，2012年的《故宫100》，都全方位展示了故宫的厚重历史，既铺陈了宏阔的宫廷建筑艺术、眼花缭乱的馆藏文物，也再现了神秘沧桑的宫廷生活和真实鲜活的人物命运。② 但这些作品都未能像《我在故宫修文物》引起现象级的广大热议，特别是引发年轻观众的关注与好评。为什么在二次元聚集地B站里火热，在传统主流媒体却遭遇平淡? 从主流文化与弹幕文化相得益彰的大的时代语境出发，《我在故宫修文物》的故事化叙事呈现出日常生活叙事、弱情节叙事和参与式叙事等三大特征。

一 日常生活叙事特征

艺术传播的本质始终离不开"人"，纪录片人文主义取向的终极要求是传递人性温情、展现人性光辉。20世纪90年代，中国纪录片开始将镜头对准社会中的"人"，每个普通人的命运都可能成为关注的焦点。1993年2月上海电视台纪录片编辑室推出了我国第一档以讲述城市平民生活为主要内容的栏目，作品一经播出就引起广泛关注。③ 这些纪录片一反常态，舍弃了惯用的宏大叙事，让日常生活叙事成为主流，个体成为作品的主要表现对象。但是，观照个性的创作导向主要体现在现实生活题材领域，宏大叙事的传统依然在历史文化纪录片占主导地位。2005年推出的大型纪录片《故宫》，紧跟其后的《故宫100》《当卢浮宫遇见

---

① 张慧瑜:《〈我在故宫修文物〉为何走红?》,《南风窗》2016年第10期。
② 张成军:《〈故宫〉展示历史真实与艺术再现的平衡》,《传媒观察》2008年第8期。
③ 纪录片编辑室栏目组:《目击纪录片编辑室:告诉你真实的故事》,东方出版中心2001年版,第119页。

紫禁城》等都体现出高端的拍摄技术、宏大的视听效果、精美的制作等创作风格。具体表现为大量运用抒情、情景再现、虚构扮演、动画等手段，体现文物的珍贵与丰厚、弘扬文物承载的历史文化、阐明中西文明与文化相通的核心，因而这类纪录片也被称为史诗纪录片、剧情纪录片。① 文物最重要的属性之一是其历史价值，以及由此产生的"纪念性共鸣"，因此人文历史题材纪录片创作选择气势磅礴的美学风格具有久远的传统，至今仍然产生着全球性的影响力。但是在新的媒介语境下，在宏阔铺陈礼赞的同时出现来自微观视角的补充，更能带给观众心灵的激荡。

《我在故宫修文物》正是运用日常生活叙事建构了陌生化的视角，完成了我们对历史文物认识框架的转换。除了分组修缮文物的主线，片中呈现的都是修复师们的日常细节，如集体打杏子的趣味、工作结束理直气壮跑出宫抽烟的傲娇、不厌其烦潜心缂丝的忍耐、发现前人修复漏洞时的嘚瑟、让旁人寻找藏品修复痕迹时可爱的炫耀、观音像被搬走时师傅们的不舍以及细致琐碎讲割漆故事时的专心等。② 这些对日常状态的细密描摹也建构了"双重悖反"，一是时空悖反，简略粗陋的胡同式办公地点和人们印象中奢华富丽的皇家宫殿似乎有些格格不入；二是来自文物修复工作本身的矛盾性，极力掩盖修复的痕迹，修旧如旧与彰显自我价值的现代社会品格存在矛盾，③ 但是也正因为这种视觉悖反使朴素、规整的表象纪实语言下暗藏着戏剧的张力，完成一种故事性的建构。如果说早期的宏大纪录片是"帝王"视角，那么《我在故宫修文物》就是一个别出心裁的微观视角，以"个体叙事为主，集体叙事为辅"④ 的

---

① 周文、周兰：《纪实美学纪录片二十年：辉煌、失落与未来——从〈望长城〉到〈舌尖上的中国〉》，《当代电影》2014年第9期。
② 刘蒙之：《从宏大叙事到微末叙事——纪录片〈我在故宫修文物〉的创作理念创新》，《现代传播（中国传媒大学学报）》2016年第9期。
③ 陈黛曦：《故宫里的工匠，修补了多少浮躁的人心》，《文汇报》2016年3月28日第8版。
④ 郭张彦：《用日常承载厚重——纪录片〈我在故宫修文物〉的叙事表达》，《中国电视》2016年第9期。

思路开拓出对于历史的个体想象,每一个个体呈现与故宫有血有肉的故事性关联,并最终形成集体特质的表达。这样的叙事特质不仅让人更有贴近感,也体现出人文社会科学对于文化传播的新观点,特别是"现代性的重要内容之一是对于世俗性和日常生活的再发现与重新肯定"[①]。

二 弱情节叙事特征

纪录片故事化的概念,强调"化"这个词,指称的是一种创作发展倾向。故事化倾向是一种用以丰富纪录片的表现形式、增强纪录片感染力的叙事手段,而纪录片必须建立在客观真实的基础上,决不能主观虚构与臆造。纪录片的精髓关键就在于它的"真实",这是与剧情片最大的不同。在具体的创作实践中,情节化叙事成为纪录片故事化最重要的表现特征。但纪录片里的"故事"不会像剧情片那样拟定"剧本",它是对现实生活进行艺术化加工,探寻真实故事里的真理。生活本身就如一把双刃剑,存在许多的矛盾和冲突,纪录片的情节化叙事就是将这些冲突和矛盾加以选择和概括,使之形成客观又完整的情节内容。[②]《我在故宫修文物》一反文博类纪录片使用的强情节宏大叙事手法,从日常生活入手,采用弱情节叙事手法,波澜不惊地讲述一群平凡人的职业生涯。

强情节与弱情节叙事的区别首先要从"情节"这个基本概念入手进行分析。"每个叙事作品都是情节元素与非情节元素的统一,作品情节性或叙事性的强弱被非情节元素所占比重直接影响。"[③] 因此情节元素主要包括能制造或消除矛盾的反应动作、安排、曲折、因果,[④] 而那些没有因果、无法引起矛盾和反应的不完整动作,如空镜头、简单的日常行

---

① 梁君健:《物质性与个体化:网络热播纪录片中传统文化的话语机制及当代转化》,《南京社会科学》2019年第11期。
② 付春苗、李超:《浅析电视纪录片叙事艺术的"故事化"理念》,《新闻界》2010年第1期。
③ 李胜利:《电视剧叙事情节》,中国广播电视出版社2006年版,第50页。
④ 冉欲达:《论情节》,新华出版社1982年版,第155页。

为和议论说明部分等都属于非情节性元素,当非情节性元素成为纪录片主导时,我们就称其为弱情节叙事。有学者对强情节和弱情节叙事的表现进行了对比分析,见表2-2。

表2-2　　　　　　　　　强弱情节叙事对比分析[1]

序号	比较项目	强情节	弱情节
1	人物	中心式 主动主人公	群像式 被动主人公
2	场境	多变	单调
3	冲突	外部冲突	内部冲突
4	结构	线性结构	时空错乱式结构
5	结尾	封闭式	开放式
6	细节	动态细节（核心、催化单元）	静态细节（信息指示体）

表中列出的关于强情节与弱情节的对比是相对意义上的。比如,弱情节作品也可以采用中心式主人公,但强情节作品却不一定或一般不采用群像式主人公。另外,就情节的强弱来说总是相对的,没有绝对之分,有些作品可以很容易被划分,有些作品的情节则强弱交织,难以明确归类,重要的是通过厘清各种情节强度的类型,全面探究各类情节的创作特点以及接受效果等问题,更好地促进叙事。

《我在故宫修文物》的弱情节叙事呈现以下特点。第一,单一的情境设置。情境是"人物生活的外部环境之和"[2],《我在故宫修文物》拍摄的大部分场景都发生在故宫文物修缮的办公地点,场景的交代与铺设也缺少强烈的冲突性,如凌乱而老旧的办公室、零零落落种植的瓜果花朵、闲暇时养的鸟逗的猫、下班骑着自行车走过的水洼,以及谈不上浓密的绿树和不经意间走过的爬满南瓜花的架子,宫墙之内的"从前慢"和宫墙之外的车水马龙似乎是两个世界。节目就在这平平淡淡几乎一成不变的真实情境中缓慢上演着文物修复这唯一的主题。第二,交叉的低

---

[1] 李胜利:《论电视剧的情节强度》,《当代电影》2006年第2期。
[2] 谭霈生:《电影美学基础》,江苏人民出版社1984年版,第145页。

频率叙事。修复文物,是一门特殊的职业,耗时费力,不断考验着修复师的耐心,比如一个钟表的修复就花了王津师傅8个月时间,一个小问题可能要花三四天解决。这样的工作特点表现在纪录片中呈现舒缓的叙事节奏,但是作品并没有刻意增加叙述频率,而是通过交叉叙事消减可能的拖沓感。[①] 不同类别的文物修复工作徐徐展开,保持着文物修复应有的状态和节奏,看似轻描淡写又有"神不散"的内在韵律。第三,有节制的纪实。如对钟表组王津师傅的记录,当他与徒弟参加钟表会议时偶遇中国台湾钟表收藏家黄嘉竹老先生,黄嘉竹先生把自己最引以为豪的钟表展现给大家,并表示:"只要我有两三件故宫没有(的钟表)的话,我就开心了。"他仿佛在和故宫比试,而王津师傅听后只是淡然一笑。又如对镶嵌组孔艳菊的记录,讲述她从来到故宫的不适应到适应的过程,她表示,从学校刚毕业的时候还想自己创作一些作品,后来因为到这儿工作必须得坐班,时间上不允许,也没那么多精力了。这些记录都运用简短平易的解说、没有过多的抒情议论,没有明显释放编导的主观情感,也没刻意凸显的崇高主题;基本没有配乐,主要运用现场音响音效;另外通过大量特写、固定镜头展现克制的叙事。虽然没有大开大合的情绪宣泄,寥寥几笔就讲完一个个气定神闲又兢兢业业的修复师故事,但却让人无限回味。

三 参与式叙事特征

以美国学者亨利·詹金斯等人为代表提出"融合文化"的概念,并围绕"媒体融合""参与文化"和"集体智慧"三个关键词,从媒介技术、文化产业和社会权力三个维度对融合文化进行了研究。詹金斯在他的《文本盗猎者:电视粉丝与参与文化》一书中用"参与文化"描述粉丝文化,他认为新媒体技术的语境中,受众不仅获得更大范围的媒介

---

① 沈毅玲:《人·技术·生活:〈我在故宫修文物〉叙事策略分析》,《电视研究》2016年第9期。

使用权,还获得"参与文化生产的主动权",从而建构了一种粉丝"自我安置和认识世界的路径"①。詹金斯还引用法国赛博空间理论家莱维提出的"集体智慧"概念,用以描述"网络社群中出现的大规模信息采集和处理活动","我们当中没有人可以无所不知;但是我们每个人都有所知;如果我们把各自的资源集中在一起,把分散于个人的技能结合在一起,我们对于世界的了解就会更加全面"。在他看来,在互联网上,人们可以为了共同目标汇聚,生产和交换知识,这种通过"集体智慧"的知识生产聚集建立的社群,不但会共享知识和娱乐体验,还能获得情感归属和社群身份认同。②以此来分析《我在故宫修文物》,除了日常生活叙事和弱情节叙事形成了新的叙述视角,给浮躁的人心以真实的慰藉,还有一个重要的影响因素是当节目上传至弹幕网站 B 站后,其中的细节和故事引起了广泛讨论,激发用户积极主动地参与文本再生产、和原作一起建构了一个统一的故事世界,并形成聚合效应。

(一)《我在故宫修文物》在 B 站的弹幕再生产

B 站受众对于《我在故宫修文物》的文本再生产主要分为两部分:弹幕再生产与视频再生产。在接受美学的代表人物沃尔夫冈和汉斯看来,读者一直都不是被动的接受者,而是实现作品价值的创造者和阐释者。用户在观看视频的过程中发送弹幕,是一个能动的理解、消化以及再创造和再阐释的过程,这个过程必定赋予作品更多的意义。《我在故宫修文物》纪录片一共三集,总长 150 分钟,B 站弹幕达 6 万条,一秒能蹦出 3 条。③ 有学者对 B 站《我在故宫修文物》弹幕进行分析,认为大致可以分为四大类:原文本衍生信息、自我表达信息、弹幕衍生信息及其他信息,其中针对原片内容的科普补充及信息衍生的弹幕数

---

① [美] 亨利·詹金斯:《融合文化:新媒体和旧媒体的冲突地带》,杜永明译,商务印书馆 2012 年版,第 30 页。
② 赵丽瑾、侯倩:《跨媒体叙事与参与式文化生产:融合文化语境下偶像明星的制造机制》,《现代传播(中国传媒大学学报)》2018 年第 12 期。
③ 《乾隆+弹幕,把〈我在故宫修文物〉推进影院》,http://cul.qq.com/a/,2016 年 12 月 14 日。

量最多；针对片中的人、事、物发表个人想法观点的弹幕次之，对其他弹幕吐槽的内容等则占比较少①，充分说明弹幕内容基本围绕纪录片展开。

基于《我在故宫修文物》的弱情节叙事，片中大多数场景都没有配备详尽的旁白和解说，在前文本的交叉断裂、留有空白以及不确定性的召唤下，B站用户通过弹幕对纪录片细节进行了大量的补充和观点表达，使这部纪录片在B站的意义呈现更为丰富。比如对隐藏的文物细节进行科普的"石青颜料当时超级贵""每个字都是丝线绣的啊""大英博物馆把一幅长卷裁剪掉了，心疼"；对人物和文物进行调侃的"谁乱动朕的钟""乡村音乐，果然是乾隆的审美""工作人员的兰花指233333（表示大笑的表情）"；表达心理感受的"别人：焕彩生辉，我：好看""海淀土著飘过表示很激动"。在B站的弹幕强大攻势下，故宫修表师傅王津被尊为男神，王师傅一出来，各种表白男神的弹幕便能铺满整个屏幕，这位被尊为"男神"的王津师傅，是一位说话细声细语、五十多岁的羞涩大叔，并不符合传统意义上对男人的坚毅、勇猛、刚强等审美标准，但就是这种90后、00后玩得转的外星球语言，配上有点"面"的大叔，成就了一段奇异的男神颂歌。因此悬浮的弹幕不但通过幽默、戏谑与调侃的参与式叙事充实了原文本的观看体验，更填充了叙事空隙，拓展了故事世界的边界。

（二）《我在故宫修文物》在B站的视频再生产

如果说弹幕再生产是用户通过发送弹幕参与创作，那么视频再生产则是用户针对原版视频精华部分的重新剪辑、对主创团队采访录像的上传、自制话题的引入以及"同人文"②的创作等。在B站中，一些具备

---

① 袁之洲：《接受美学视野下的弹幕文化分析——以Bilibili的〈我在故宫修文物〉为例》，《新闻研究导刊》2017年第2期。

② 同人文即"同人之名以为文"（The name of other's colleagues think that the text），在原作的基础上，把某部甚至某些作品里的人物放在新环境里，加入作者自己的想法从而展现作者对于原作不同的观念。同人文，https://baike.baidu.com/item/%E5%90%8C%E4%BA%BA%E6%96%87/11036565? fr=aladdin。

视频剪辑技术的用户会对原片进行再加工，通过剪辑改变原文本从而创造出新的意义。如 up 主①"一个可丽饼"上传的视频"［文艺 rap］版我在故宫修文物"，画面重新剪辑、选择和串联了片中人物故事，声音则替换为具有 rap 风格的音乐以及重新撰写的旁白，呈现风趣诙谐的非主流喜感风格。还有用户创作的视频是将原片打乱顺序重新剪辑，便利观众搜索特定的人物与情节；科普类 up 主则针对某些领域的内容上传相关文物科普衍生视频；音乐类 up 主也会上传经过改编再创作的纪录片主题曲。②这些视频再生产的内容汇集了用户的"集体智慧"，基于他们共享的知识和视野，围绕着纪录片的元故事展开叙事，并且沿着统一的价值观延展、演绎和创生，最终建构起统一的故事世界。

在 B 站备受关注的《我在故宫修文物》可以看作一次参与式文化生产的范例：当大多数人对新生代的刻板印象还停留在自我、个性与张扬的时候，他们已经走过浮躁与喧嚣，对执着专注、臻于极致的工匠精神、技艺超群又温文尔雅的工匠气质以及"择一事，终一生"的精神品格产生了浓厚兴趣，相比心浮气躁，浅薄虚飘，这份饱含岁月积淀与宁静致远之美的意蕴更能抚慰人心，满足他们对高雅艺术及专业、精通、工匠等人文精神的渴望。因此，当《我在故宫修文物》依赖本身良好的品质、主流社交媒体积累的口碑，通过"弹幕"等参与式叙事超越时空限制，与用户建构起集体的仪式化观影氛围和惯性收视，最终借助 B 站强大的节点功能和传播中心地位，以特有的方式发挥舆论发酵功能，几何形状的辐射效应，从而引起了更为广泛的关注。从这一点上来说，虽然《我在故宫修文物》是主流传统媒体生产的文物影像，但它的成功"出圈"很大程度上基于其移动新媒体媒介产品的特质。

---

① up 是一个简称词，即 upload，意思为"上传"，是一种网络用语，在国内 ACGN 视频网站经常被使用。up 主指在视频网站、论坛、ftp 站点上传视频音频文件的人，有时简称为 up，或被戏称为"阿婆主"。

② 张斌、马梦迪：《当传统撞上二次元——〈我在故宫修文物〉的文本再生产》，《电视研究》2018 年第 7 期。

第三节　文化类综艺节目《国家宝藏》的故事化叙事

《国家宝藏》是中央电视台与故宫博物院、上海博物馆、南京博物院等全国九大国家级重点博物馆合作的大型文博探索节目，于2017年12月在中央电视台综艺频道首播，至2021年2月17日已播出三季。每期以一个博物馆为主题，推选出馆藏的三件国宝级收藏品，由影视明星演绎的"前世传奇"和纪实的"今生故事"串联起收藏品的前世今生，展示在历史长河中不朽的艺术与文化，解读中华文明的精神寄托，启迪观众的文化自信。《国家宝藏》自播出即引发了各类观众的热议和好评，被称作综艺界的"清流"之作，获得收视与口碑双丰收，成为继《我在故宫修文物》后又一文物类现象级作品。[1]《国家宝藏》第一二季均斩获豆瓣评分9.1分，第三季于2020年12月6日播出后，在豆瓣获得9.5分的高分，连续三周位列国内综艺榜第一；B站则给出了9.9分的评分，弹幕超过40万条；节目播出一月有余，累计登上微博热搜25次，全平台热搜40余次。[2]

伴随电视综艺节目近二十年的发展繁荣，"泛剧情化"倾向也成为一种普遍趋势，或者剧情贯穿节目首尾，或者剧情占据节目相当篇章，总之，"讲故事"已经成为综艺节目的普遍特征并正在重构节目的娱乐特质。毕竟，在多种社会思潮荡漾的转型期，打造有意义、有魅力的故事不仅易于被大众倾听与分享，也更易于激发情感共鸣、传递价值关怀、沉淀集体记忆以及引发话题热点。当下的电视综艺节目包含了众多

---

[1] 夏语檬：《历史、记忆与认同——仪式传播视角下的〈国家宝藏〉解读》，《新闻爱好者》2018年第4期。
[2] 李夏至：《国家宝藏3》超高口碑再"出圈儿"，光明网，http://media.people.com.cn/n1/2021/0121/c40606-32006791.html，2021年1月21日。

亚类型，其中最受关注的有剧情式综艺和文化类综艺，《国家宝藏》作为典型的文化类综艺，其鲜明的故事化叙事特征主要包括以下几点。

一 《国家宝藏》故事讲述类型建构

《国家宝藏》对文物故事的讲述分为"前世传奇"和"今生故事"两部分，"前世传奇"主要针对文物在诞生和流转中的故事，基于历史事实进行合理虚构，然后经过艺术化的包装，以"微型舞台历史剧"的形式在演播室呈现，这一部分充分体现了文物故事的戏剧性。"今生故事"则以记录访谈的方式让文物与当下的人和事产生关联，从而让与文物相关的信息，如制作工艺、使用材质、创作因缘及时代风貌等得到立体化、多角度的呈现，这一部分展现文物故事的真实性；整体以新颖、感性、趣味盎然的"讲故事"方式呈现出来，为观众展示了文物历史的另一视角。①

（一）"前世传奇"的故事类型建构

基于"前世传奇"的戏剧化定位设置，这一环节汲取了舞台剧、音乐剧、喜剧小品等艺术形式的精粹，设计成长度为6—10分钟"微型舞台历史剧"，每个短剧都"以电视剧和纪录片再现戏剧的场景变化作为舞台背景"，由明星扮演主要角色对合理虚构的故事进行演绎。剧目虽然简短，但同样呈现戏剧冲突，展现戏剧张力。"前世传奇"的故事演绎分为以下四类。第一，文物本体故事，即与文物直接相关的人和历史记录，如《千里江山图》这一集剧场故事讲述的是王希孟创作画卷的背景趣闻，因为关于王希孟的史料记载颇受质疑，这一故事将重心放在宋徽宗和蔡京两个真实人物身上，用民间耳熟能详的传闻串联起三段剧情，呈现出爱才惜才的宋徽宗、善妒褊狭的蔡京以及才华稀世、让人感叹的王希孟三个个性鲜明的人物形象。第二，借用古代相关名人及其故事编撰，如《石鼓》这一集，与十面石鼓相关的历史人物不可

---

① 吴静：《〈国家宝藏〉：基于媒介的新故事化策略》，《艺术评论》2018年第5期。

胜数，最终决定借用司马光砸缸的故事引入其父亲和寻找石鼓的故事，这段故事并未有史实依据，但其故事逻辑的合理性、辨别真假石鼓的曲折性以及背后传达的守护中华文脉的精神内核都给人留下深刻印象。第三，构建基于现代语境的事件，如《云梦睡虎地秦简》这一集，与文物直接相关的史实基本缺失，因此节目设计了知识抢答的故事结构框架，用一种现代的形式拉近节目和观众的距离，同时也暗合了现代社会对政府官员素质的要求。第四，情境推演虚构故事，如《贾湖骨笛》这一集，基于对贾湖骨笛的文物功能尚未有定论，节目干脆另辟蹊径，结合时代语境，由骨笛延伸出古人与自然和谐共处的主题。① 总之，"前世传奇"一直围绕故事化叙事做文章，展现了一个个人物鲜明、节奏紧凑、情节生动的传奇故事，探索出主流文化与大众文化有效结合的实践形态。

（二）"今生故事"的访谈模式建构

《国家宝藏》里的"今生故事"主要通过访谈的方式讲述现代人和宝贵文物之间的故事，他们中有的是对色彩执迷的画家，有的是长年义务讲解文物的志愿者，有的是连续五代的故宫文物管理工作者，还有兢兢业业修复壁画的年轻团队。他们来自不同的领域，但都热爱文物、热爱中国传统文化，与文物有着切身关联。② 叙事学理论认为，故事叙事由人物、事件、叙事方式三个要素组成。访谈类节目的故事叙事通常以人物、事件或没有中心点的反故事类型等三种方式来建构。③ 通过对《国家宝藏》节目的分析可以看到，其中关于文物的"今生故事"多采用以事件为中心建构故事的访谈。所谓"事件""既包括激发叙述者创造性思维的原始故事材料，也包括一些叙述者根据材料引发的原始思维。④"

---

① 汤浩：《寓教于乐的艺术表达——〈国家宝藏〉栏目历史题材戏剧的创意策划》，《电视研究》2018 年第 2 期。
② 胡奇军：《〈国家宝藏〉：传统文化的现代性表达》，《电影评介》2018 年第 1 期。
③ 夏颖：《论叙事类电视谈话节目的故事建构》，硕士学位论文，华中科技大学，2004 年，第 10 页。
④ 宋家玲编著：《影视叙事学》，中国传媒大学出版社 2007 年版，第 192 页。

因此，在电视叙事理论中，"情节"通过"叙述"事件构成了"故事。"①"今生故事"正是通过核心事件"统首尾"、联结性要素"定节奏"等方式来结构故事访谈。

第一，核心事件"统首尾"。古典文艺理论认为，在组成情节的事件之间，既包括横向及水平的联系，也包括纵向与垂直的关系。法国叙事学家巴尔特据此把意义重大的功能性事件称为"核心"事件，其他称为"卫星"事件。"功能性"事件对故事发展进程起到决定性作用。比如讲述《法王洞文成公主像》的"今生故事"中，核心事件是被誉为"当代文成公主"张廷芳和丈夫次旺俊美的故事，选择的主题和本期节目"前世传奇"中"文成公主像"及故事紧密相连。因为讲述的是张廷芳伉俪相遇、相知、相守的人生，所以采用顺叙的手法娓娓道来。而在《四部医典》的"今生故事"中则是邀请了三位藏医，按照并列的关系分别阐述医典的内容。因此，"今生故事"讲述的结构取决于内容，根据核心事件的需求，或者采取顺叙的方式，或者将故事事件的时序打乱重新编排，或者重新建构叙事的逻辑性。

第二，通过连接性要素"定节奏"。肯尼斯·伯克的观点是"艺术的实质是节奏"，在访谈环节中，节奏占据重要位置，决定了叙事情节能否张弛有度、扣人心弦。节奏贯穿于整个节目的叙事过程，由多种元素如节目的参与者、节目中的语言形式、节目的主题内容、叙述中音乐音响等共同起作用。"今生故事"板块中，有许多用来衔接、串联故事情节的连接性要素，它们经过适当的提取和强化，共同建构节目的节奏。在"今生故事"里，每期导入片开场都是以"解说+同期声"配合相应画面，运用设问句和简短的回答设置悬念，而要得到问题具体的解答，就需要配合节目的节奏进行推进。比如《法王洞文成公主像》的"今生故事"中，主人公张廷芳讲到自己首次进藏的路线，画面配合这段讲述插入了一段动态的地图，将当时过程的曲折艰难直观地呈现出

---

① 宋家玲编著：《影视叙事学》，中国传媒大学出版社2007年版，第198页。

来；在讲到快到拉萨时则由明星嘉宾引出当时拍摄的照片及故事。在《清代布达拉宫红宫修砌图》的"今生故事"中，则通过将传感器、门帘、夯土工具搬至现场等方式展现布达拉宫的现代维修工作，嘉宾的讲述更生动鲜活，节奏也更有层次。

二 《国家宝藏》多元叙述主体配置

叙述者是叙事分析中的核心概念[①]。普林斯认为，"叙述者"是指"叙述故事的人"[②]。法国叙事学家热奈特将故事的叙述者分为"同故事叙述者""异故事叙述者"和"亚故事叙述者"[③]。不同的叙述者体现出不同的叙事角度和叙事情感，《国家宝藏》以分工明确的多元化叙事主体，尽可能生动有序地还原文物故事。

（一）同故事叙述者

热奈特认为，同故事叙述者是指在故事中出现，叙述自己的或与自己相关的故事。《国家宝藏》中"今生故事"的讲述者都与文物相关，但这个具体的关联度选择具有相当大的难度。文物都有自身能透露出来的历史信息，因此创作者在研究大量史料和考古报告后，总能通过文学创作，结合舞台表演和视觉呈现，生发出精彩的"前世传奇"故事。但是"今生故事"的讲述者必须是"实实在在的人、要有活在当下的事"，既要与国宝密切相关，又要立意新颖、表达有高度，[④] 因此同故事讲述者的选择和取舍难度非常大。以河北博物院的《长信宫灯》这一期为例，长信宫灯的前世和汉武帝、窦太后这些赫赫有名历史人物相关，前世传奇好做文章，但是这件文物和当下时代的关联要怎么讲才能超越

[①] ［荷］米克·巴尔：《叙述学》，谭君强译，北京师范大学出版社2015年版，第19页。

[②] Gerald Prince, *Dictionary of Narratology*, Lincoln & London: University of Nebraska Press, 2003, p. 66.

[③] Genette, G., *Narrative Discourse: An Essay in Method*, J. E. Levin (trans.), Ithaca: Connell University, 1980, p. 228.

[④] 侯隽：《〈国家宝藏〉，如何打破"第二季魔咒"》，中国经济周刊，https://baijiahao.baidu.com/s?id=1625618600887100455&wfr=spider&for=pc，2019年2月16日。

观众对这件文物本身的认知和期待？最终，《长信宫灯》找到文物外交的方向。从20世纪70年代初起，长信宫灯就成为新中国文物外交历程的一个重要见证者，而且在1980年"伟大的中国青铜时代展"美国展出中，荣登展览名录的"封面女郎"。[①] 这一盏灯在诞生之初照耀了大汉江山几代帝王，出土之后又见证了新中国40年外交。[②]《长信宫灯》邀请的同故事叙述者之一中国文物交流中心的外展专家，以长信宫灯引出中国文物外交的故事，衔接巧妙、契合度高，给人留下深刻印象。文物的"今生故事"不仅在于继续挖掘文物本身的珍贵，更在于找到历史故事和今世的关联，让文物散发延绵不断的生命力，最终带给观众强烈的感染力。

（二）异故事叙述者

热奈特在他的《叙事话语》中指出，异故事叙述者是指不参与故事的叙述者，但是他作为一个和故事有关联的叙述者，往往带来更客观具体的讲述体验，可以有效弥补同故事叙述者容易代入感情的缺陷。《国家宝藏》每次"今生故事"讲述前，会用一个小片段讲述故事梗概，交代故事背景及相关信息，这是一种异故事叙述形态。主持人张国立就承担着异故事叙述者的身份，他不但起着抛砖引玉、串联整个谈话走向的作用，也起着强调关键信息、控制起承转合、把握气氛等功能。他的幽默睿智和循循善诱使异故事叙述者的身份得到了很好体现。专家学者们也是重要的异故事叙述者，虽然他们对文物的历史渊源、文化价值及美学的诠释寥寥数语，传递的却是文物的深层内涵。热奈特还指出，叙述职能不是单一的，有的叙述者会同时承担两种叙述职能。明星嘉宾就往往承担这种双重叙述者的职能。比如扮演文成公主的杨紫在"今生故事"这个版块中既中和主持人和嘉宾谈话的单调，也会在其中适时地插入自己在拍摄地的感受，从而与嘉宾的谈话形成应和。《午门》中讲述

[①]《〈国家宝藏〉第二季：中山古国现千年美器》，中国新闻网，https：//baijiahao.baidu.com/s? id=1620723411637176278&wfr=spider&for=pc，2018年12月24日。
[②]《〈国家宝藏〉2，王菲不难请，国宝很难选》，新京报，https：//baijiahao.baidu.com/s? id=1622818720907565423&wfr=spider&for=pc，2019年1月16日。

者常欣则是另一类双重叙述者,她一方面以异故事叙述者的身份讲述自己父亲与故宫建筑的故事,另一方面又以同故事叙述者身份叙述父亲去世后,自己与北京城建筑的故事。双重叙述者更便于在同、异叙述之间自由切换,更有利于带给观众真实的现场感。

三 《国家宝藏》仪式化叙事

20世纪70年代,美国传播学者詹姆斯·凯瑞在《作为文化的传播》著作中,将"传播"的定义分为传播的传递观和传播的仪式观两大类,分别指向"媒介即信息"和"媒介即仪式"观念。由此,媒介本身成为"共同信仰的创造、表征与庆典"[1]。沿着凯瑞开启的文化转向和路径,其后的学者进行了更深入的研究。罗顿·布朗(W. Rothen buhler)也认为这种媒介化的庆典仪式是"最具交流效应的社会形式之一",他提出"仪式传播"的概念,并对"仪式"进行了特征总结,认为仪式具有实践的、思想的、表演的……惯例的、重复的、虚拟的和神圣的等14个特征。[2] 当然,从中外学者的研究来看,其普遍认为仪式传播和传播的仪式观是两个相互联系却不能等同或混用的概念。传播的仪式观是从仪式视角出发的一种传播观念,仪式传播则是把仪式活动本身看作一种传播形式。本部分剖析《国家宝藏》媒介仪式建构的方法与路径,以期探讨文化类综艺节目故事化叙事的传播机制。具体来说,《国家宝藏》创造性地结合了文物故事和舞台剧的形式,将严肃文化与综艺大潮相结合,通过仪式传播建构了象征符号与意义体系,营造了一个盛大神圣的仪式氛围和精神场域,使观众获得沉浸式审美体验,使文物传播成为备受关注的社会议程。[3]

---

[1] 郭讲用:《仪式传播:信仰共享与文化转换——中韩端午节仪式传播比较》,《当代传播》2011年第4期。
[2] Eric W. Rothen buhler, *Ritual Communication*: *From Everyday Conversation to Mediated Ceremony*, Thousands Oaks, CA: sage, 1998, p. 53.
[3] 张钢花:《新媒体时代重大事件的仪式传播与舆论引导》,《新闻与写作》2017年第6期。

（一）场景的仪式化

仪式传播所存在的场域，是"一种物理存在的场景或是心理的一种情境，它不仅包括了仪式传播的整个过程，还能为仪式传播的参与者创造特定的氛围"①。场景的仪式化，不但为《国家宝藏》建立了一个具有仪式感的现场氛围，也对社会关系的建构和心理情境的产生形成直接的影响。中国风独特的古典韵味与现代舞台科技结合，舞美设计中使用了LED开合车台，形成长达43米、高7米的巨大LED环幕主舞台；纱盒投影、环型巨幕等技术打造了9根可移动的大型透明冰柱，呈现"内与外""虚与实""前与后"多维、立体的舞台空间；360度全息幻影成像系统将三维画面悬浮在柜体实景中半空成像，②3D幻影立体显示特效带来强烈的视觉纵深感。《国家宝藏》第三季则充分运用虚拟现实技术，活化历史场景。如三维动画制作的敦煌虚拟守护者"九色鹿"，经由动画片《九色鹿》原配音演员丁建华时隔40年的再次配音，仿佛活了起来，③这些都使场景的仪式化具有了更丰富和更多元的层次。

（二）流程的仪式化

美国社会学家保罗·康纳顿认为，仪式是"受规则支配的象征性活动"④，它是由一定的程序和规则组成的操演，每个参与者都将遵循这些规则与程序，在一定时空维度中完成具有操演性的活动，并且在持续反复的操演中接纳某种观念或价值。到目前为止《国家宝藏》共三季，每期节目流程都包括六个主要环节：主持人开场——明星国宝守护人在博物馆观摩——前世传奇——馆长讲解——今生故事——手持印信宣读国宝守护词，仪式流程呈现相对稳固的形态，程式化设置凸显了仪式感。

---

① 张方敏：《仪式传播场域论纲——对传播仪式观研究支点的探索》，《当代传播》2015年第5期。

② 孙海龙：《文化类综艺节目热播的思考——以〈国家宝藏〉为例》，《青年记者》2018年第11期。

③ 陈礼春：《〈国家宝藏 第三季〉一堂厚重又鲜活的中华优秀传统文化课》，《广电时评》2021年第6期。

④ [美]保罗·康纳顿：《社会如何记忆》，纳日碧力戈译，上海人民出版社2000年版，第49页。

明星嘉宾的观摩提供先验信息，馆长讲解提升文物内涵，今生故事将公众想象转换为"真实的在场"，在最后环节，手握印信、虔诚严肃的宣读誓言等仪式符号与恢宏大气的背景音乐交融，更体现肃穆、威严之感，完成对公众的情绪调动。整体流程都在致力于营造强烈的庄重气氛、带给观众置身古代仪式场景的冲击感。

（三）表演的仪式化

这里的表演既指戏剧表演部分，也包括主持的仪式化呈现。召集观众共同参与体验也是"媒介仪式"的一种，《国家宝藏》这档节目实现了"一种具有象征性的过程以及行为，它让电视收视群体参与到具有共同性且重要显著的活动或者某个盛大的事件中"[1]。张国立担任节目的主持人，全程把控着节目的议程与叙事节奏，凭借富有引导性和感召性的主持语言，保证并实现预想的效果。首先运用开场词"我们是一个年轻的节目。我们有多年轻？上下五千年！"开启每一期节目，在叙事进程中不断使用"让我们一起走进前世传奇""让我们一起走进今生故事"等具有仪式感的祈使句来引导、召唤观众参与到节目中去，共同去文物的世界体验。戏剧表演的仪式化主要通过舞台设置和具体内容来呈现。古风盎然的舞台布景、求真又求美的服装道具、恢宏大气的背景音乐，结合环幕投屏等科技手段，带给观众沉浸式的观看体验。就具体内容而言，文物的"前世传奇"经过明星的演绎，建构起古今对话的仪式场景，每次剧场表演的尾声会通过总结语提炼文物的价值，完成文物故事的情感升华。如《文成公主圣像》结尾，在现场演员极富仪式感的定格镜头中出现画外音"文成公主的誓言和深情，凝固成这尊圣像，此后千年里被后世不断漆上新彩，至今明媚鲜艳，就像人们对她的思念与怀想，历久弥新"，这些场景作为仪式的突出表征元素共同建构了整个表演的仪式感。

有学者根据品牌叙事理论，从"故事塑造"与"故事原则"两个

---

[1] 张兵娟：《仪式传播文化》，《中国广播电视学刊》2007年第3期。

层次、故事主题、故事内容、一致性、差异性、简洁性、整合性6个维度及17个具体问题，对"中国故事"进行体系化建构。他认为讲好中国故事需要建立积极的故事主题、创造动人的故事内容，围绕一个核心故事原型展开叙事，遵循品牌叙事一致性，以差异化方式整合传播等。①以此分析《国家宝藏》三季故事，通过对场景的仪式化营造、逐层深入的仪式化进程以及充满仪式化的主持和表演，反复述说着数千年的担当和新时代的愿景，打造了情感共鸣和意义共享的仪式盛宴，传达了"家国天下"的博大情怀，建构了一个瑰丽、斑斓与浩瀚的中国文物故事世界。《国家宝藏》展开的是一段壮美深远的宏大叙事，其故事化叙事内在设置的选择标准也与这种宏大叙事表征和内在价值落脚点极力匹配，正如《我在故宫修文物》努力要营造的是亲近感、接地气，让国宝从圣坛走进民间，《国家宝藏》则力图让文物闪烁更绚烂耀眼的光芒，承载更厚重深沉的历史与文化，两者形构的这种差异化传播根本上在于内在价值落脚点不同，《国家宝藏》的根本价值理念是要让观众通过文物激起充分的文化自信和民族自豪感。②

互联网技术的发展催生了移动通信终端的普及，也改变了当下的媒介生态环境。以"手机+"为核心的多屏共传共享网络构筑了一个规模庞大的"屏幕生态系统"，亦成为新媒体时代社会媒介化的现实表征。《我在故宫修文物》《国家宝藏》等文物类节目都实现了电视屏幕、电脑屏幕、手机屏幕和平板屏幕的多屏合一，可以满足观众不同时间、空间、场域的特定屏幕需求。③虽然这些文物类节目诞生于传统的电视媒体，但它们都不可避免地携带着传统媒体产品的基因，汇入移动新媒体技术的滚滚洪流，进行着叙事方式的再造、升级与融合。

---

① 段淳林、林泽锟：《基于品牌叙事理论的中国故事体系建构与传播》，《新闻与传播评论》2018年第2期。
② 吴静：《〈国家宝藏〉：基于媒介的新故事化策略》，《艺术评论》2018年第5期。
③ 索燕华、杨传婷：《新媒体时代文物遗产的媒介化重现》，《华侨大学学报》（哲学社会科学版）2020年第4期。

第三章　移动新媒体视域下文物影像叙事文本解读

我国媒介融合大致经历了：报纸（广电）上网、网络报纸（广电）、全媒体（后期全媒体与融媒体概念并行使用）、移动新媒体这四个阶段。目前我国正处于移动新媒体的探索时期。具体而言，第一个阶段是报纸（广电）上网阶段（1995—2000年），在这一时期，国内报纸和广电为了迎合网络市场的发展，纷纷由传统的纸质报（广电节目）向电子版过渡，将传统报纸及广电的内容产品直接挪移到网络。尽管这一阶段不能认为是真正意义上的媒介融合，但是这一阶段为我国后来的媒介融合起到了铺垫作用。第二个阶段是网络报纸（广电）阶段（2000—2008年），这一时期新闻网站如雨后春笋一样涌现，获得较大的关注度，新闻网站被称为"新媒体"，这是和传统的报纸及广电节目相比较而言。当时的网站新闻呈现频率更新更快、传播范围更广、内容编排更合理等特点，大众更愿意选择网页浏览新闻。这一时期仍未达到真正意义上的媒介融合，但是报网（台网）互动已经进入萌芽阶段，为其后的媒体融合奠定了一定的基础，针对这一趋势相关部门还制定和出台了配套的新闻政策。第三个阶段是全媒体阶段（到后期"全媒体"与"融媒体"的提法开始并行使用，2008—2014年）。在全媒体阶段，报纸（广电）与网络已经逐渐密不可分，"两微一端"（微博、微信和客户端）成为常态，媒介融合更加适应市场需求，并走向深入。在这一阶段后期，全媒体与融媒体的概念同时并存，没有被严格区别，未被界定其异同，使用上也非常随意。学者栾轶玫于2009年分析了融媒体的概念，并提出用融媒体代替全媒体的设想和理由，但融媒体并未因此就获得广泛认可，学界和业界对全媒体和融媒体概念依然混作一体。[1]第四个阶段是移动新媒体阶段（2014年至今），2014年，中国移动新媒体进入"发展年"，这一年中国移动互联网用户规模达到8亿多，移动互联的布局成为各大门户重点关注的内容，微信平台、微博平台、各类App平台以及移动视频、手机游戏终端都在蓬勃发展。

在移动新媒体语境下，有一批文博类节目迅速涌现于大众的眼前，并脱颖而出，受到追捧，形成收视热潮。就文物传播来说，不同类型的影像叙事特征不尽相同，同一类型的节目之间也存在差异，本章选择其中较有影响力的影像文本进行研究。本部分所研究的文物影像主要指依托移动新媒体平台的微纪录片、电子游戏、文物直播、VR影像、移动短视频等传播形态，具体选择以下典型影像话语类型进行叙事分析。(1)文物微纪录片叙事：对《如果国宝会说话》《此画怎讲》《文博奇遇记》等文物微纪录片的后现代叙事特征进行分析；(2)文物移动直播叙事：以故宫博物院"云直播"等为例，对文物"云直播"的叙事新形态进行研究；(3)文物电子游戏叙事：基于互动叙事和空间叙事理论，以网易联合故宫博物院推出的电子游戏《绘真·妙笔千山》等为例，研究文物电游的影像叙事；(4)文物VR影像叙事：基于沉浸式叙事理论对文物VR影像《世界遗产看中国·峨眉山》等进行研究；(5)文物移动短视频叙事：运用多模态话语分析方法对文物抖音短视频"带你看故宫"进行叙事分析。

---

[1] 栾轶玫、杨宏生：《从全媒体到融媒体：媒介融合理念嬗变研究》，《新闻爱好者》2017年第9期。

第一节 文物微纪录片:后现代叙事

新媒体时代催生了新的艺术形态。随着互联网技术的发展和各种移动终端的广泛应用,各种"微传播"形态应运而生,微纪录片正是在移动互联网"碎片化"传播生态下出现的新形态。国内学者何苏六于2012年首次提出"微纪录片"的概念,认为微纪录片与传统纪录片的生产、传播和营销方式均有不同,但是内容精炼,以移动新媒体为主要载体,在5—10分钟内演绎、再现或记录历史以及同样需要高超的编导艺术等特点却得到共识。网易和新浪等门户网站、优酷、爱奇艺、凤凰视频等视频网站是微纪录片传播的主要平台,在移动新媒体的驱动下,微纪录片越来越受到关注。

央视于2005年推出的《故宫100》是早期备受关注的文物微纪录片,这部每集6分钟共100集的微纪录片节目,讲述故宫一百座建筑的历史、现状和未来,以既富有现代感又多样的方法,演绎了紫禁城建筑的功能、意象及美学价值,使观众产生广泛的共鸣。2018年初,央视纪录频道推出每集5分钟共100集的文物微纪录片《如果国宝会说话》,这部纪录片以短小精悍的体量、精致唯美的镜头语言、"萌"化表达形式、快节奏多维度的叙事手法和时尚活泼的文案创作开创了文物纪录片的全新形式,[①] 既富有深厚的文化内涵,又不失现代的观赏意趣,[②] 契合了移动互联网时代的碎片化传播特征与节奏,仅一个月时间在央视网的播放量就达8329万次,在新浪微博的话题阅读量超过1.1亿次。[③] 此

[①] 但午剑、焦道利:《移动互联网时代人文纪录片的创新与发展——以〈如果国宝会说话〉为例》,《中国电视》2019年第3期。

[②] 王丹谊:《文化类纪录片的现代表达与文化品牌构建——以〈如果国宝会说话〉为例》,《中国电视》2019年第7期。

[③] 《文物"微纪录"展现浩瀚中华文明》,光明网,http://www.sohu.com/a/223325754_162758,2018年2月21日。

后，一批同类型的文物微纪录片相继诞生，如《历史那些事》《文博奇遇记》《此画怎讲》等。《历史那些事》由 B 站出品，2018 年 6 月播出，作为一部"实验性"的历史文化纪录片，致力于发掘历代史料中有趣的故事，B 站评分 9.7。《文博奇遇记》通过文博名咖主讲解读有趣的文物故事，2018 年 12 月在爱奇艺等平台播出。《此画怎讲》是由腾讯视频出品的国内首部名画微纪录片节目，单集时长 5 分钟左右，2020 年 8 月首播，选材于 14 幅中国美术史上的人物画，以"古画活起来"的形式，用画中人物的口吻，为观众普及名画鉴赏知识。分析近年来这些受到普遍关注的文物微纪录片可以发现，微纪录片作为移动新媒体视域下新的艺术表现形态，在与高雅艺术、文物文化的碰撞交融中呈现出新时代的文化特质，不但满足了当下人们对获取信息和社会互动的需求，也在互联网受众的审美特点和接受需求驱使下，使严肃高冷的文物形象被解构，建构了具有后现代主义特征的文物新形象，实现了文物的现代抒写。

一 后现代叙事

20 世纪中期以来，后现代主义思潮在西方社会兴起，它起源于对理性主义、主体性等现代主义哲学范畴的批判和解构，以反传统哲学为特征，伴随着后工业社会（后现代社会、消费社会）的到来而兴起，其影响力已渗透到哲学、社会学、心理学、艺术、文学等人文社会科学的各个研究领域，成为当今世界一种普遍的社会思潮和流行的理论话语。在特性上，后现代主义强调宏大叙事的隐退与深度模式的消解、微观化的主体解构、历时向共时的迁移、日常生活的审美化等原则，[①] 以"批判""颠覆""解构"等姿态影响人们对世界的认知和判断。

后现代主义思潮对电影、电视、广告、流行音乐等大众文化产生了

[①] 王源：《后现代主义思潮与中国新时期小说》，博士学位论文，山东师范大学，2012 年，第 18 页。

深刻影响，正如美国社会学家弗雷德里克·杰姆逊（Fredric Jameson）所描绘的，"后现代主义文化已经是无所不包了，文化、工业生产和商品已经紧紧结合在一起，如电影工业，以及大批生产的录像带、录音带，等等。19世纪，文化仍然是逃避现实的一种方法。而到了后现代主义阶段，文化已经完全被大众化了，高雅文化与通俗文化，纯文学与通俗文学的距离正在消失"①。后现代主义文化更注重文化的表层形态而不是深层逻辑与意蕴，更关注人的现实处境而不是人的主体意识，倡导异质性多元话语而不是恒定单一话语等。

后现代叙事理论是叙事学理论发展到后现代的阶段性成果，而非关于后现代叙事的理论，但是该理论也适用于后现代叙事。②受后现代主义思潮的影响，叙事学从20世纪80年代末开始进入后现代叙事理论阶段。③1998年英国学者马克·柯里出版《后现代叙事理论》一书，描述了"近年来叙事学与形式主义叙事学和结构主义叙事学渐行渐远的转折过程，阐述新叙事学的原则和程序，展现它扩展后的容纳范围和它在变得更具有内涵后的继续有效性"④。他在著作中对叙事学的这一转向及重要特征进行分析，认为其呈现"多样化（叙事无处不在），解构主义（叙事结构的数量和性质是可变化的），政治化（叙事是意识形态的载体）"⑤三大特点。

柯里还对后现代叙事学研究提出了三个核心概念："加速的再语境化""时空压缩"和"小叙事"⑥。"加速的再语境化"指涉叙事与互文性的密不可分，并将反讽式重新语境化视为后现代的规定特征。比如后现代的流行歌手对过去某种风格或形象的模仿，其实就来源于对之前某

---

① [美]弗雷德里克·杰姆逊：《后现代主义与文化理论》，唐小滨译，陕西师范大学出版社1986年版，第147页；参见侯冬梅《拼贴与重构——〈蜘蛛侠：平行宇宙〉的后现代主义漫画电影美学》，《当代电影》2019年第9期。
② 索宇环：《后现代叙事理论的新视野》，《内蒙古社会科学》（汉文版）2008年第5期。
③ 曹培：《奥尔罕·帕慕克的后现代维度》，《安徽文学》（下半月）2013年第5期。
④ [英]马克·柯里：《后现代叙事理论》，宁一中译，北京大学出版社2003年版，第3页。
⑤ 索宇环：《后现代叙事理论的新视野》，《内蒙古社会科学》（汉文版）2008年第5期。
⑥ [英]马克·柯里：《后现代叙事理论》，宁一中译，北京大学出版社2003年版，第106页。

种文化形态的加速重新利用。拼贴、戏仿、带有幽默和反讽式的自我疏离感，都是后现代虚构叙事的典型技巧。"时空压缩"观认为，对于消费者或鉴赏者来说，各种文化符号体现了时间序列的丧失和地理空间的压缩，叙事消解于空间或被简化为表面的形象，[①]后现代世界里新秩序之间的竞争体现在新与旧认同过程之间的较量，在这场博弈中宏大叙事成为被批评的对象。"大叙事和小叙事"观认为，大叙事是一种标准叙事，或者说主叙事、元叙事，是关于很多叙事的叙事，小叙事则打破普遍价值观的霸权，是具体而零碎的，大小叙事的两极关系随着世界政治、经济、文化等外部环境的改变呈现博弈状态。这三个概念虽然是基于文化精神分裂症提出的相关概念，但却适用于对后现代叙事实践的阐释。

　　近十年来，国内学者也围绕"经典叙事理论"到"后经典叙事理论"的转变、解构主义、政治化以及语言向言语的转向等，对后现代叙事进行了理论层面的探讨。同时，学者们也注意到艺术作品实践中的后现代叙事倾向。在文学领域，后现代小说、诗歌、戏剧等作品的理论主张与叙事特征包括创作主体的消解、不确定性和平面化的创作原则、对传统审美规则颠覆的审美观念、多元和开放的创作方法等，在叙事上则体现为实验性的语言表达风格、各种叙事策略的灵活运用和反叛传统的文艺范式等。[②]这些特质也延伸至电影、电视、漫画、广告、流行音乐等其他艺术作品的创作，有学者认为当代电影的后现代叙事色彩表现为"题材与人物上的边缘性，观念、手法上的解构、拼贴、戏仿、反讽，情节结构上的分段式、时空错置，叙事上的非因果、非逻辑、碎片化、前后拆解"[③]，微电影广告呈现出意义浅表化、情节拼贴化、话语多元化特征[④]；

[①] 唐秋彤：《微纪录片的后现代叙事研究》，博士学位论文，华中科技大学，2019年，第31页。

[②] 王源：《后现代主义思潮与中国新时期小说》，博士学位论文，山东师范大学，2012年，第25页。

[③] 邹贤尧：《中国后现代电影美学的主体性建构》，《当代电影》2016年第1期。

[④] 肖小亮、何纯：《论后现代语境下我国微电影广告的叙事特征》，《编辑之友》2018年第10期。

还有学者对《如果国宝会说话》等微纪录片的"萌文化"特点进行分析,认为其具有反理智、反传统和"年轻态"的后现代风格。[①] 后现代文化的质素在现代互联网技术的加持下,催生了微博、微信、微电影等具有后现代主义特征的媒介形态和实践活动,对这些大众文化现象的研究无疑是必要且有意义的。

二 文物微纪录片的后现代叙事特征

随着文物微纪录片的不断推出,对其本体创作规律的考量显得尤为必要。本部分选取《如果国宝会说话》《历史那些事》《文博奇遇记》《此画怎讲》等几部比较有影响的文物微纪录片作品,分析其呈现的后现代叙事特征。《历史那些事》并非完全意义上的文物微纪录片,但其中对很多文物故事进行了具有后现代特色的呈现,与其他几部微纪录片有异曲同工的叙事效果,因此这部作品也在本章的研究范围内。

(一) 标准化与多样化并存

法国当代著名的后现代思潮理论家利奥塔认为,任何一个时代都存在某些占主导地位的叙事,这是具有合法化功能的叙事,可以被称为"大叙事"或"元叙事"。分析传统媒体时代的文物传播可以发现,从早期的《国宝档案》《探索·发现》、中期的《故宫》至近期的《我在故宫修文物》《国家宝藏》《上新了,故宫》等,这些有影响力的文物类节目都秉承着同样的叙事母题,即对中华传统文化的传承、对中华民族优秀传统美德的弘扬、对传统文化精神内核的挖掘和对主流意识形态的传播等。从某种意义上说,也正是这样的宏大叙事建构了传统主流媒体在文物传播的合法性、公信力和权威性。互联网新媒体的传播特性在使传统媒体式微的同时,也建构了多样化、差异化的叙事景观,具体到文物微纪录片,首先体现的就是标准化与多样化并存的叙事形态。

---

① 武新宏、杨雪:《〈如果国宝会说话〉:"萌"现中华文明之美》,《新闻战线》2018 年第 8 期。

1. 多样化的叙事内容

每一件文物都孕育着不同的学科和古人的智慧,每一件文物背后都有绵长的故事,因此对文物故事的呈现需要做到取材多样、同中有异。一方面,这些文物微纪录片对国宝类型的选择都兼具独特性、代表性和丰富性。《如果国宝会说话》三季节目纵贯新石器时代至明清,横跨艺术、历史、科技、考古等多个领域;《此画怎讲》选取从五代南唐到清代中后期,包括文人画、仕女图、院体画等不同类型的 14 幅中国美术史上具有巅峰地位的知名人物画;《文博奇遇记》则把眼光投向乾隆最爱的四大玩具、首都博物馆的镇馆之宝及观复博物馆最有代表性的陶瓷藏品等。另一方面,这些文物微纪录片对每件藏品的解读和呈现也做到了挖掘特色、风格各异和叙事方式的多样性。《如果国宝会说话》对每一期作品中文物的呈现都有独特的故事切入点,如第三季《立狮宝花纹锦》以现代设计师视角解构唐代丝织品工序,用现代人易于理解的"编程"思维诠释"大唐新样";《阿斯塔那俑与文书》则以剧场形式还原了一场发生于唐代的诉讼纠纷。①《此画怎讲》在普及古代文物文化相关知识的同时,将当下各种社会现象隐含或穿插其中,是以现代方式讲述历史故事的"故事新编",带给人娱乐的同时引发人们对当下生活的思考,体现文物对当下的精神观照。《历史那些事》之《我在我家偷文物》以悬疑探秘的手法讲述了关于溥仪偷卖文物以备求学的鲜为人知的故事。《文博奇遇记》在展现首都博物馆文物时打造了一趟"3000 年北京城一日游"专列,让不同文物呈现的纵向时间线在这条专列的指引下更清晰,也让古老的文物知识焕发了生命力。

2. 多元化的叙事话语

在后现代文化观念的冲击下,作为一种新的视觉文化形态,文物微纪录片的叙事话语也呈现独有的特性,逐渐冲破传统单一叙事话语的藩

---

① 《看纪录片如何讲出文物的人情味》,央广网,http://www.xinhuanet.com/ent/2020-06/22/c_1126143501.htm,2020 年 6 月 22 日。

第三章　移动新媒体视域下文物影像叙事文本解读

畴，体现出明显的多元异质性，如拟人、戏仿和拼贴等手法的运用。

第一，拟人的修辞手法。拟人是把事物人格化，把历经岁月沧桑的古代文物变成当下鲜活的个体，赋予文物以人的特征，可以有效拉近受众与文物的距离，让受众更容易理解和想象被表现的对象，以及获得情感满足和心理认同。《如果国宝会说话》之《陶鹰鼎》中，称陶鹰鼎有"胖胖腿"，看上去"萌萌哒"，惹得一众网友弹幕为其"打抱不平"："我陶鹰鼎不要面子的啊?!"《击鼓说唱俑：唱响我人生》中第一、第三人称视角交替使用，让唱俑自述自己的故事。《文博奇遇记》之《"观复猫馆长"的最爱》从博物馆里一群名为"杨家枪""戴南瓜"等猫的视角带领受众寻访文物，奠定整部作品萌态可掬的基调，作品用"爹和儿子"的拟人手法来形容"十二生肖神像"陶器和其他瓷器的区别，营造了轻松幽默的风格。拟人修辞的运用使文物具有了灵动性和生命感，使传统文物不再高冷，当然这里的拟人手法需要准确抓住本体和喻体之间的相似点，才能收到"打通物我"的效果。

第二，戏仿的修辞手法。戏仿又称戏拟、戏谑，最早是一种论辩的修辞格，在当下成为后现代影像的典型叙事策略之一。戏仿以互文性为基础，互文性强调文本本身的断裂性和不确定性。朱丽亚·克里斯蒂娃在阐释互文性时认为"任何文本都是由引语的镶嵌品构成的，都是对其他文本的吸收和转化"[1]。罗兰·巴特则认为："任何文本都是一种互文，在一个文本中，不同程度地以各种能够辨认的形式存在着其他的文本，诸如先前的文本和周围文化的文本。"[2] 在他看来，没有任何文本是真正独创和独立存在的，所有的文本都是通过戏拟、引用和拼贴等互文手法来实现的。文物微纪录片的戏仿取自"传统的故事、经典的角色、精美的场景、梦幻的镜头，以流行文化为仿制对象，用经典剧情和片段与当

---

[1] Julia Kristeva, "Word, Dialogue and Novel", in Toril Moi, ed., *The Kristeva Reader*, Oxford: Blackwell Publishers Ltd., 1986, p.36.
[2] ［法］罗兰·巴特：《文本意趣》，载［法］蒂费纳·萨莫瓦约《互文性研究》，邵炜译，天津人民出版社2003年版，第21页。

下流行文化相拼贴,以娱乐的语言解构传统影像的深度"[1]。文物微纪录片戏仿有着多重美学内涵,它通过一种表面的颠覆传统、调侃权威、消解崇高来表达作者隐含的创作姿态,即陌生化的间离效果、幽默的审美愉悦和狂欢化的审美互动,其实质是在后现代视域下对文物故事的重新诠释和建构。

　　文物微纪录片中的戏仿包括角色戏仿、言语戏仿、解说戏仿、情节戏仿、社会现实戏仿及整体戏仿等多种类型。如角色戏仿,《如果国宝会说话》之《鸮尊》中出现了形似鸮尊的动漫形象"愤怒的小鸟",配合解说词"早在三千多年前的商代,中国人就已经发明了愤怒的小鸟",两者的神似让鸮尊的形象顿时鲜活而具有辨识度。如言语戏仿,《此画怎讲》之《韩熙载夜宴图:南唐女团生存实录》将《韩熙载夜宴图》这幅古画进行现代解读,画中的南唐宫女决定参加选秀,一名宫女介绍自己"我是我们全村的希望",另一名宫女决定打造"努力人设",将自己的微博改名为"怀挺怀挺再怀挺",前者取自歌手杨超越在女团节目中的"梗",怀挺是英文"加油"的意思,两大流行语经过变形处理具有了典型的反讽意味。如解说戏仿,《国宝》之《二十八宿圆盘圭表》中"天空本没有刻度,看的人多了,便划分出二十八星宿"这段解说词,正是仿写了文学家鲁迅的名句"其实地上本没有路,走的人多了,也便成了路"。如情节戏仿,《历史那些事》之《我在我家偷文物》从名字上就戏仿了纪录片《我在故宫修文物》,主要讲述洋人侦探追查故宫失窃文物的故事,有明显戏仿《大侦探福尔摩斯》的痕迹。如对社会现实的戏仿,《此画怎讲》之《蕉阴击球图:乘风破浪的妈妈》中,古画中的女孩想玩耍,说《三字经》什么的已经背了几百年了,妈妈回答说,现在的女孩子像编程、机械、土木,什么都学,影射的是当今孩子成长过程中学习压力过大的社会问题。还有整体戏仿,《此画怎讲》之《果亲王允礼像》就整体戏仿网红在线直播的情节,果亲王直播时粉

---

[1] 严丽凰:《动画电影中的后现代主义特性浅析》,《当代电影》2018 年第 2 期。

丝留言不断滚动和送"小心心",中间根据情节发展分别穿插粉丝送"跑车"、送"火箭"的画面,当然纪录片并未忘记传达该集节目中海西画派的主要特点等具体内容,但戏仿网红直播的情节作为形式上的创新,确实能体现出别致的视角,收到狂欢化效果。

归根结底,戏仿的目的并非单纯解构,解构的目的在于建构,是在现代文化意义上对传统文物的改写和重构。文物微纪录片的戏仿产生了"再语境化"的现象,这种重新语境化与受众的前知识储备结合形成印象的狂欢、现实与虚构的结盟,增强了文物的识别度、表现力和趣味性,使传统文物文化与现代生活接壤。这种戏仿赋予了文物以更复杂多元的形象和更鲜明的艺术特色,也赋予了古老文物当代的精神内核、认知维度和情感体验,甚至赋予了文物新的生命,当然这种戏仿也是对当代流行审美泛娱乐化取向的一种迎合。

第三,拼贴的修辞手法。"拼贴"被认为是一种"种类的混杂"[1],是"一种关于观念或意识的自由流动的、碎片组成的、互不相干的大杂烩似的拼凑物,它包含了诸如新与旧之类的对应环节,它否认了整齐性、条理性或对称性;它以矛盾和混乱而沾沾自喜"[2]。后现代影像就是把各种游戏、讽刺、幽默、无厘头的影像素材和文化符号进行"非现实的重组",从而产生新的寓意和叙事,以使作品的表现更富有艺术性和个性,因此其基本特征包括影像"肌理"的多元化,非现实性重组以及反讽效果。[3] 分析文物微纪录片的"拼贴",大致可以分为视觉符号的叠印、视听元素的杂糅和流行形式的穿插等几种类型。

视觉符号的叠印。"叠印"也称"叠加",指将两个或以上的不同画面重叠印在一起,多用以表现回忆、幻想、潜意识,或交代时间流逝

---

[1] [美]伊哈布·哈桑:《后现代转向:后现代理论与文化论文集》,刘象愚译,上海人民出版社2015年版,第27页。

[2] [美]波林·罗斯诺:《后现代主义与社会科学》,张国清译,上海译文出版社1998年版,第4页。

[3] 王婧:《论纪录片影像叙事的拼贴形式与意合逻辑——以英国纪录片导演亚当·柯蒂斯的作品〈深湖〉为例》,《当代电影》2016年第5期。

及表现并列形象或重复的现象。《文博奇遇记》之《"观复猫馆长"的最爱》中，每只猫出现时脖子前会叠加一只"双手抓鱼"的猫项链卡通形象；介绍唐朝彩绘十二生肖神像时，面对这些生肖"它们为什么都揣着手"的疑问，讲解员回答"手揣着比较高档，贵族都这样"，此时博物馆中实体文物的画面上叠加了一只头戴王冠、揣着爪子的卡通猫，这种重叠与拼贴让画面中不同元素内容形成对比和关联，产生了让人印象深刻的视觉效果。《此画怎讲》之《雍正半身西服像》中雍正面对网友的质疑，认为真正能把自己的气质诠释得恰如其分的只有《雍正王朝》里的唐国强老师，此时画面左下侧拼贴出雍正装扮的唐国强肖像，同时配有字幕"奥斯卡欠我一座小金人"。

　　视听元素的杂糅。《文博奇遇记》之《乾隆最爱四大玩具》中，解说词运用拟人的手法介绍故宫收藏的外国钟表，"他是一位优雅的欧洲绅士，发型精致、衣着考究，他远渡重洋，来到中国"，音乐则配以流行歌曲《一剪梅》，暗示表现的主体如"一剪寒梅傲立雪中"。《此画怎讲》之《明代帝后半身像》中明代帝后秀恩爱，画面多次出现满屏柠檬（寓意"酸了"），同时配以电视剧《情深深雨濛濛》主题曲，隐喻两位主人公的爱情。《此画怎讲》之《文苑图》中两位诗人通过运动治颈椎病，插入的是流行歌曲"真情像草原广阔"的背景音乐，对诗人之间的友情进行反讽衬托。其他如《蕉阴击球图》中女童唱起《知否知否》，《文苑图》中墨客唱李荣浩的《李白》等现代流行歌曲的拼贴也都运用自如，尽显巧趣。

　　流行形式的穿插。《此画怎讲》之《文苑图》中四位诗人正在谈论诗歌，诗人李白正待发言，主持人插了一句，"太白史，少安毋躁，请允许我打个广告先"，随后讲述了一段超长广告，这里穿插的广告与故事内容明显不合拍不协调，但却以一种表面的随意感和内在的刻意感形成幽默性和荒诞性，也实现了对现实社会现象的讽刺。《历史那些事》之《请回答604》有一段关于《大隋新闻》的情节，出镜记者身着现代服饰，采访流落街头、衣衫褴褛的隋文帝，整个采访过程完全按照现代社会新闻话题的思路进行，传统人物的交流中运用具有现代流行形式的场景设计，具备明显的后现代主义文化的表征。

不同材质的元素拼贴一般基于某种逻辑关联性，其重叠的背后多隐藏着深层次的隐蔽性含义，如上文中提到的唐国强肖像，本来是表达对演员演技好的赞许之意，但肖像下配合的字幕"奥斯卡欠我一座小金人"又让整个画面充满了后现代的戏谑和反讽之意。同样"真情像草原广阔"的背景音乐，暗含着对诗人之间惺惺相惜表面作态的暗讽。通过零散的拼贴插入，叙事的完整性被打断，叙事严谨性被冲淡，以往被认为崇高、主流、经典与严肃等特质被世俗化和消解，"影像艺术的神圣感与崇高感也得以拆解，深度模式也受到冲击"[1]。当然这种戏剧化的处理也能巧妙控制叙事节奏，使新奇新颖的视觉刺激迭出，使作品产生多义性、多重性和多元化的影像魅力，唤起当代受众的共鸣与认同。

（二）解构与狂欢化

结构主义认为事物要在系统整体中才能获得意义，因此认识发现事物背后的结构模式是结构主义的要义。解构主义则从逻辑上否定传统的符号、语汇法则等基本原则，代之以分解、颠倒及重构现有语汇的关系，同时表现出反中心、反权威和反对固定的总体统一，表现出支离破碎和不确定感等特点。"解构"一词作为后现代主义的叙事方式，更多体现在创作者对旧作的消解与重构，特别是赋予作品全新的价值体系。[2]文物微纪录片通常以文物为主要传播内容，文物承载着"当年的历史"，体现着自身所处时代的价值理念、道德审美与思想信仰，往往是庄重、威严、皇权的象征，需要经过解构与再造，使其符合现代人的接受期待和审美意趣。当下的文物微纪录片中对文物文化的呈现既有颠覆也有传承，当然更多的是挖掘文物的现代意义，使传统文化与现代观念巧妙融

---

[1] 曾耀农：《中国近期电影后现代性批判》，华中师范大学出版社2004年版，第100页。
[2] 王蒙：《躲避崇高》，《读书》1993年第1期。

合，赋予古老文物以新鲜的血液。

1. 脱冕与加冕

《此画怎讲》就是一部全然解构古画的后现代主义微纪录片，这部作品将名画改造成了趣味小剧场，对画中人物重新进行形象建构、性格塑造，对故事内容则结合人物事迹和历史背景进行"开脑洞的"趣味解读，每幅画都有当代话题挈领。在《簪花仕女图：唐代女人"不好惹"》中，唐朝仕女们讨论最新的家暴新闻，从唐朝打杀妻子的姚文秀、老婆吃醋的房玄龄，延伸到宋代李清照的不幸婚姻，最后落脚于民国独立女性董竹君，不仅视野跨越千年，还有金句："家暴只有零次和一万次！"[①]另外，"果亲王"直播相亲、"明太祖"夫妇遭遇电信诈骗、"南唐女团"求出道、"岑参"的朋克养生、"韩熙载"玩狼人杀，都是当代人生活的热点。《此画怎讲》通过寻找古今结合的共鸣点，将传统元素用现代潮流进行重构，将古画的意蕴价值进行有条件的年轻化，让趣味性和专业性相得益彰。

这种解构也完成了一种由脱冕到加冕的过程。文物本身都具有特定的历史、艺术和科学价值，因此人们对文物的态度也保有一定的严肃性和疏远感，以往的一些文博纪录片也往往兼具专业性和沉闷之感。但是在这些文物微纪录片中，古文物被撕开神秘的面纱，进行重构与脱冕。比如《此画怎讲》之《果亲王允礼像》中的果亲王与画作中淡泊名利、操守清廉的历史形象大相径庭，显得浮夸与做作，但同时又具有和纪录片中人物"网红"定位相符的轻松、幽默、风趣等特点，反而让画中人显得更灵动和生活化。以古画 cosplay + 现代小品调侃生活，嬉笑怒骂，自成文章，开拓了名画宣讲的新形式，也使这些在中国美术史上处于巅峰地位的知名人物画中的人物具有了鲜活、丰满的个性，完成了加冕的过程，形成了陌生化效果。

[①] 谢明宏：《活捉纪录片新物种，〈此画怎讲〉为传世名画破壁》，https：//m.thepaper.cn/baijiahao_9319826，2020 年 9 月 24 日。

2. 浅表的狂欢化

20世纪60年代苏联著名文艺学家巴赫金在《陀思妥耶夫斯基的诗学问题》一书中提出了"狂欢理论",他认为该理论的内涵主要包括狂欢历史及其演变、狂欢的本质及其特征、狂欢的参与者、狂欢的广场形式、狂欢语言等。巴赫金认为狂欢就是全民都作为一种"平等自由的参与主体",狂欢精神实质是等级的颠覆、对话地位的平等和开放性。狂欢理论从最初解释特定的文学现象逐渐渗透到大众文化和社会心理层面,其内涵主要包括尊重人自身的欲望、蕴含着更新与交替的精神、蕴含着批判与反抗的精神和具有解构精神等。

文物微纪录片常常通过感性、萌化的叙事表达来消解深度和权威,达成狂欢。《国宝》之《孔子见老子画像石》中,画面从刻有"孔子和老子相见作揖"场景的画像石原型很快过渡到皮影戏造型;三星堆青铜人像被说成奥特曼,太阳神鸟金箔被形容为美瞳,伏羲和女娲"比心",王羲之的《兰亭序》被调侃为"书圣那天发的朋友圈",青州龙兴寺佛像的微微一笑被说成是"爱笑的我运气不会太差"。《国宝》之《唐代仕女俑》一开场就切入摇滚乐,紧接着上字幕"胖妹的春天",接下来的讲述配以老旧电影的风格,之后画风突变,画面变为双屏,将不同造型的仕女俑画面与西方经典电影中的画面进行对比,最后画面以一段各种造型仕女俑的快切镜头收尾,欢快的气氛与天马行空的想象,充满着强烈的后现代叙事气息。在《国宝》中,"酷炫""肌肉萌""胖胖腿"等词汇成为流行语,在《此画怎讲》中,"顶流""C位""炒作""大猪蹄子"等现代流行语也屡见不鲜。一方面说明以游戏、笑谑、狂欢的形式更能呼应观众情感的宣泄,另一方面也说明当原有的话语体系不足以精准传达时,文物微纪录片也在与时俱进,不断更新话语表达。

狂欢化表征背后,文物微纪录片的要义是通过一系列萌化、后现代的叙事完成身份转化。巴赫金认为,狂欢理论的前提是存在两个截然不同的世界。第一世界是官方严肃、充满秩序权威、等级森严的世界;第二世界则是狂欢广场式的生活和平民大众的世界,打破了第一世界中阶层、门第、财产、职位的界限，人们平等交往，尽情狂欢，而要想融入这个狂欢的世界，必须放弃自己在第一世界中的权力、地位和身份。① 文物本身带有高冷、尊贵、疏离等"第一世界"中的身份标签，传统的文物纪录片一直呈现沉稳庄重、严肃性和专业性兼备等特质，这使文物很难通过嘲讽、互怼、自贬的方式进入狂欢化场景，也因此文物微纪录片难以对"现实生活"和"等级秩序"进行彻底的解构与颠覆，但是通过萌化、戏谑的表达却可以适宜地实现"两个世界的角色转化"。文物微纪录片的"狂欢化""通过具体感性的形式、半现实半游戏的形式"②，去除了理性的说教，以隐喻的方式渗透价值观，既能够增加亲和力和亲近感，又不至于过度影响文物固有的身份标签，从技术到观念都最大化地满足了观众的视听消费，迎合人们反现代的心理需求。

（三）小叙事

宏大叙事和小叙事来自法国哲学家利奥塔（Jean-Francois Lyotard）1979年出版的《后现代状态：一项关于知识的报告》一书，他认为后现代就是对宏大叙事的一种反叛。宏大叙事的本意是一种"完整的叙事"，无所不包的叙述，具有主题性，目的性，连贯性和统一性，③ 与细节、解构、多元性、差异性、悖谬推理具有相对立的意义，隐含有使某种世界观神化、权威化、合法化的本质。④ 小叙事则是宏大叙事的对立面，强调"局部、非整体、非统一"，注重差异化和多元化，突出个体意识和价值观念的表达，是一种私人叙事、"草根"叙事、日常生活叙事等。⑤ 分析当前的媒介生态，电视媒介虽然式微，但还具备一定的话

---

① 赵子薇：《青年亚文化视角下恶搞短视频研究》，硕士学位论文，南昌大学，2020年，第39页。

② ［俄罗斯］米哈伊尔·巴赫金：《陀思妥耶夫斯基诗学问题》，刘虎译，中央编译出版社2010年版，第178页。

③ 方青：《论当代纪录片的深度追求和形式革新——〈大国崛起〉的启示》，《新闻世界》2011年第7期。

④ 李小丽：《新传媒时代的电影：从宏大叙事到小叙事》，《当代电影》2007年第2期。

⑤ 赵琳：《网络节目"小叙事"：叙事差异、话语表征与价值取向》，《电影评介》2019年第13期。

语权，宏大叙事依然有生存的空间；网络空间的开放性、隐匿性等特性使其天然成为小叙事的传播载体，文物微纪录片则成为一种结合宏大叙事与小叙事的载体，一方面传承传统文化，弘扬主旋律和主流价值观念仍然是其秉持的核心理念，另一方面对日常生活的观照、个体情感诉求与细微趣味成为叙事的表征。

1. 对日常生活的观照

和宏大叙事相比，"小叙事"脱离了标准化的"元叙事"，更侧重于具体、独特、碎片化的微观事件，更关注日常生活叙事、"草根"叙事与个体视角，文物微纪录片中呈现的对日常生活的观照和真切岁月的描摹，产生了细密、柔和的渗透功能，展现了独特的艺术感染力和媒介传播力。

从叙事内容看，文物微纪录片在表现主体文物的同时，一直在力图做到适度将文物带入日常生活的情境或与之产生关联。《国宝》之《唐代仕女俑》详细呈现了唐代女子的日常生活，如"她们梳着堕马髻，倭堕髻，双螺髻，双环望仙髻，她们贴花黄，画斜红，穿男装，骑马打球，仗剑行走，变成长安城最酷的小妞"，在画面呈现上，则通过后期制作表现仕女俑"敷铅粉、抹胭脂、画黛眉、染额黄、点面靥、描斜红、涂唇脂"等具体细节。《国宝》中还有大量作品分别展现了古人的饮食起居、衣物服饰、娱乐爱好和狩猎活动等日常生活，充分展现了开放融合的时代风貌。《此画怎讲》同样在普及艺术知识的同时，将丰富多元的日常生活和热议话题渗透其中：《捣练图》以"职场"切入，层层递进地表现古今皆同的对日常工作的抱怨；《韩熙载夜宴图》中的乐伎们则盘算着"组团出道"；《步辇图》中唐代时期的官员们讨论起如何向唐太宗请假，好似职场里的"社畜"；而在90后步入"被催婚"行列、踏入相亲局的同时，《唐人宫乐图》里的宫女们也在宴席上吐槽起了自己遇到的奇葩相亲对象。[①]《此画怎讲》一方面致力于捕捉、考据古人与今人生活中相通的细节，另一方

---

① 龙承菲：《打造破次元纪录片，〈此画怎讲〉新解国风故事》，澎湃新闻，https：//www.thepaper.cn/newsDetail_forward_9366683，2020年9月28日。

面以今人的视角审视古人真实的生存状态，做到了"古今皆然"和"借古喻今"，呈现出日常生活丰富的质地。

2. 注重个体情感的表达

文物作为人类活动的遗存，承载着重要的历史信息、艺术价值和科学价值，在某种程度上可以反映一个民族的精神内核，不同的文物也承载着个体的情感。传统的文物纪录片基于民族历史文化的厚重和意识形态的主观性，往往从宏大叙事出发，更强调家国意识、民族精神、历史观照和集体性情感的建构等，随着网络媒体时代叙事形态的更替，文物微纪录片中不仅有对文物从历史、艺术、科学价值的宏阔描摹，更在碎片化的小叙事中将实体文物与个性情感、生平遭际进行勾连，勾勒出个性鲜明的古人形象。《国宝》之《长毋相忘铭合符银带钩》中"长毋相忘"的银带钩讲述了西汉江都王刘非和妃子的爱情故事，道尽一个诸侯"百转千回的情思"和嫔妃"愿得一心人"的守候；《妇好玉凤》刻画了"坚若青铜"又"温润如玉"的巾帼英雄妇好的传奇一生；《素纱单衣》则让人不禁遥想辛追夫人当年的风华绝代和彼时"中国人自由浪漫的样子"。《此画怎讲》更是塑造了一群鲜活灵动、情感丰沛的人物群像。不论是"996"的职场打工人捣练女的吐槽，注重女权、反对家暴的簪花仕女，一门心思"鸡娃"的乘风破浪的"老母亲"，轻佻傲娇又"萌可爱"的果亲王允礼，还是"被催婚"、挑刺奇葩相亲对象的演奏乐器的贵女们，片中每个角色都设定了契合年轻受众口味的"人设"，呈现了现代的、丰富的情感世界，使传统"高悬与空阔"的宏大叙事落到每一个实实在在的人物和话题上，由此与当代年轻人产生了共情。

无论是刻意拼贴的叙事修辞，还是浅表狂欢的叙事表征，文物传播从纪录片到微纪录片叙事话语的变迁，都是为适应网络化、移动化的信息技术革新进行的努力尝试，以及在后现代语境下为对接用户的新需求展开的有益探索。它并非完全抛开系统、宏观、探索传统文化深层旨趣的元叙事观照，而是以通俗、微观和日常化叙事展开更具潜移默化效果的意义表达，有效填补和缝合了宏大历史叙事的间隙，使文物传播既承载了对传统文化整体性、严谨性与合理性叙事的艺术使命，呈现了对主流话语表达和塑形的诉求，又通过极富具象感的细腻书写再现历史文物的多样性、丰富性、个性化和温度感，唤起受众的想象与兴趣，也获得了受众的认可。

第二节 文物"云展览"：直播叙事①

新冠肺炎疫情防控期间，博物馆"云直播"成为令人瞩目的文化现象。仅 2021 年春节期间，由抖音、淘宝、腾讯、快手等大型互联网平台和包括中国国家博物馆、敦煌研究院等在内的全国多家博物馆联手举办的线上展览和"云直播"就达 2000 多项，有的场次单日观看量就超过千万，堪比法国卢浮宫一年的客流量。作为特殊时期的一类公共文化服务，"博物馆直播"不仅仅是疫情防控期间的应急举措，这些包括实景拍摄、专业讲解、即时互动、多方联播的"线上游景区"活动，正成为文博业数字化发展的新趋势。

一 文物直播的发展概况

博物馆直播在电视媒体兴盛的时代已经经历过较为成熟的探索。2000 年 8 月和 2001 年 6 月，中央电视台新闻综合频道先后进行了老山西汉墓葬遗址和抚仙湖水下古建筑遗址的考古现场直播，均产生强烈的社会反响。这以后又陆续进行过敦煌考古、曹操墓考古、南海一号发掘现场等直播，一时间文物电视直播成为文物传播的常态。虽然这一时期的直播更多着眼于文物考古，但都完成了将文物传播拓展为文化传播，使高雅文化走出"象牙塔"的转换，并形成了一种文化现象。②

随着移动智能、VR 等技术的支持，实时、互动的视频模式带来了

---

① 本章节内容作者发表于《今传媒》2021 年第 12 期，有改动。
② 回振岩：《直播时代的考古》，每日新报，http：//www.kaogu.cn/cn/gonggongkaogu/2017/0118/56870.html，2017 年 1 月 18 日。

新的用户体验，尤其是短视频、移动直播的出现成为文化产业联姻的新方式。①《2017年文博微博新媒体报告》中提到"洛阳博物馆1958：丝路音乐文物展直播""湖南省博物馆：荣耀归来——湖南省博物馆开馆直播"等多个有关文博多媒体内容优秀案例；2018年文物直播的发展势头依然迅猛，如四川博物院的直播有多达23万余人观看。这一时期的博物馆直播除了依靠微博、抖音等平台，还会配以H5等辅助宣传手段，不但让博物馆变身"网红"，也让博物馆的粉丝量暴增。又如2018年国内七大博物馆联合抖音发起的"奇妙博物馆"活动，使国家博物馆抖音账号圈粉36.6万。但是总的来说，由于资金、人力和资源的积累等诸多因素，以及国家博物馆的体制束缚，这一时期博物馆线上直播常态化的格局并未形成。

2020年初新冠肺炎疫情防控期间，受疫情影响，全国各地都掀起博物馆直播热潮，从积极新派的故宫博物院到低调神秘的布达拉宫，从尝到甜头再接再厉的苏州博物馆到小众"网红"西安碑林博物馆，都纷纷联手淘宝、抖音、快手等直播平台，兴致盎然地开展一场接一场的直播比拼，就连大英博物馆也联合快手、大都会艺术博物馆联合拼多多一试身手。虽然绝大多数博物馆都是初次进行现场直播，但效果却不容小觑，很多场次都有10万+的观看人数。这些直播被认为突破了"你听我讲"的单向传播模式，打造了充满创新的互动形式，不仅传递着文物的历史、艺术、科学价值，赋予了观众场景化的互动体验，也在知识传递的过程中，传播了文物保护的理念。

作为特殊时期为公众提供文化服务的新方式，博物馆"云直播"不仅是疫情防控期间的应急举措，也正在成为文博业数字化发展的长期举措。从当前"博物馆直播"的相关研究来看，多数研究将博物馆"云直播"作为一种既有现象，分析其具体的传播路径、优势与存在的问题；

---

① 宋雨秋：《社交媒体背景下的博物馆影像传播》，硕士学位论文，中国社会科学院研究生院，2018年，第11页。

或者从艺术与技术的角度提出"云直播"革新与优化的对策等。但是博物馆直播并非兴起自网络时代,为什么博物馆"云直播"会取代电视文物直播成为疫情防控期间的"新风尚"?博物馆"云直播"和传统的电视直播有何不同?视觉文化时代的多媒体文本尽管具有不同的表达语言,但都沿袭着一个基础性的文本生成命题——叙事学。和传统的文物直播相比,当下的博物馆"云直播"无论在叙事内容、叙事主体、受众接受还是叙事模式等构成要素方面都发生了重心转换,也产生了不同的叙事效用。

纵观新冠肺炎疫情防控期间的文物"云直播",比较受关注的有布达拉宫的直播首秀,西安碑林博物馆的"碑林名碑"脱口秀,敦煌的壁画临摹现场揭秘,良渚博物院良渚遗址探秘,山东博物馆的文物修复系列专题直播等,其中2020年4月至5月新冠肺炎疫情防控期间,故宫博物院开展的两次直播活动也很引人注目,这两次分别为"安静的故宫,春日的美好"和"重启的故宫·夏日的幽静"的网上直播在人民日报客户端和抖音等多家媒体平台同时开展,网友通过这次"云游"走进故宫,欣赏春日美景,了解建筑背后的文化,感知历史的传承。[1] 本部分将以这些文物"云直播"为例,分析其呈现的叙事新形态。

二 博物馆"云展览"文物直播的叙事新形态

(一)叙事内容:从精英文化向大众文化渗透

早期的电视文物直播主要侧重于考古现场直播,这一时期的文物直播多由电视台精心策划,以考古过程为叙事主线,以悬念为叙事动力,辅之以多种电视手段,如现场、访谈、短片、模型、电脑特效等,大大吸引了受众。当然,这一时期的文物直播更多着眼于文物考古,注重文物的科学普及和受众的文化获得感,完成了将文物传播拓展为文化传

---

[1] 《安静的故宫,春日的美好:故宫开展2020年首次网上直播》,搜狐文化,https://www.sohu.com/a/385866488_120005162,2020年4月6日。

播，使高雅文化走出"象牙塔"的转换，并形成一种文化现象。

博物馆"云直播"在新媒介的传播渠道和传播生态下，其叙事内容也有了新的变化。博物馆"云直播"一方面以知识性为主，着力挖掘文物出土的背景资料、文物的挖掘及收藏过程、文物鲜明的特征，以及文物背后的故事；每次"云直播"中，各大博物馆或多或少都要拿出重量级的镇馆国宝，或者以前从未亮相的珍藏文物作为卖点吸引受众。比如布达拉宫直播首秀展示了一些极少开放的区域，以往游客去不了的金顶，在直播中可以近距离看到；甘肃省博物馆的云直播特意拿出此前极少亮相的铜奔马"马踏飞燕"真品来讲解；敦煌研究院则采用科普方式，展现了一个游客日常看不到的敦煌莫高窟；西安碑林博物馆选择了馆内保存至今最早最完整的唐代"开成石经""玄秘塔碑""大秦景教流行中国碑"等文物进行讲解，这些都是在中国书法史及石刻艺术史长河中留下浓墨重彩的碑石瑰宝；故宫"云直播"中，则将视线聚焦于平时游客逛故宫时容易忽略的小细节、小知识和文物背后蕴藏的小故事，比如在直播中出现的乌鸦叫声等，让观众对这座独一无二的紫禁城有了新的认识。从主办方来说，这依然是文博领域的精英文化面向大众进行广泛传播的机会，透露出强烈的国家叙事倾向，表达了专业知识分子的审美意趣、价值取向，具有普及知识、传承文化的重要功能。另一方面，除了讲解文物和艺术品，"云直播"内容中占比不多但很重要的一环是直播带货、销售文创产品。文物直播带货并非一种简单的商业行为，文创产品将文物的文化底蕴和流行时尚元素相结合，让文物焕发了青春，使文物用另一种方式走进现实生活，提供了一种更加轻松、有趣地解读中国传统文化内涵的方式；文化创意借助现代科技手段对文化资源和文化用品进行创造提升，真正做到了赋能传统产业。因此，"云直播"中文创产品的带货能让网友了解文创产品的材质、设计理念，更深层次地理解文物和文创的关系，拓展了"云直播""讲什么"的内涵和层次，有力促进了精英文化与消费文化的融合、高雅文化向大众文化的渗透。

(二) 叙事方式：从单向输出到参与共创迸发

博物馆现场"直播"经历多年的探索，其叙事方式也发生了巨大改变。电视直播有非常复杂的程序和要求，2004年陕西两周墓群考古发掘的电视直播，准备工作历时5个多月，"先后召开4次直播工作会议，编制直播文本并10易其稿"；敦煌考古电视直播仅电视台的参与团队就有120人之多，每一场直播都是把"快餐"当作"文化大餐"来做。但是电视直播的精心策划归根结底还是传播者的舞台和自我用力，是吉登斯的"单向式的媒介性准互动"①，因为受众不具备即时沟通的渠道，无法普遍完成面对面的交互式沟通，欠缺思维的启发与碰撞，所以难以达成真正意义上的对话。

网络平台博物馆直播与电视直播从互动方式到整个内容生产呈现出很大的不同。在这里，文物直播的用户不仅仅是被动的受众，还是主动的文化生产者。② 每一个用户都可能成为内容生产的来源和传播媒介，他们通过点赞、评论、发送弹幕等进行参与和互动，表达自己的态度和观点。③ 故宫两次共三场"云直播"，仅新华网客户端直播间就涌进了3492万人次网友，收到将近6万条留言。网友纷纷留言，"这样的故宫，爱了。""太长知识了。""真是美得一塌糊涂啊！""故宫直播太赞了，感觉去过很多次的故宫有很多被忽略的美景！"直播也带动了网友线下参观的意愿，有网友评论，"等疫情过去，再去故宫参观，应该别有一番风味。"④ 2020年甘肃省博物馆等全国8家场馆在"淘宝"开展的首次直播活动中，平均每人发表了6条评论，各种"神评"层出不穷。当苏州博物馆拿出镇馆之宝"秘色瓷莲花碗"时，评论区来了一句："这咖啡杯应该不便宜。"而看到苏博珍藏的龙袍时，网友又冷不丁问："衣

---

① 李琳、贾毅：《网络主播、电视节目主持人的比较研究》，《新闻爱好者》2019年第2期。
② 谢新洲、赵珞琳：《网络参与式文化研究进展综述》，《新闻与写作》2017年第5期。
③ 刘建勋：《主流媒体网络直播的传播机理与提升路径》，《学习与实践》2020年第7期。
④ 李瑞：《满园春色关不住 故宫直播受热捧》，中国网，http://cul.china.com.cn/2020-04/10/content_41118156.htm?f=pad&a=true，2020年4月10日。

服上个链接？"讲解员不由回复"这口气好大"。西安碑林博物馆白雪松的直播更是收获不少"铁粉"，许多粉丝表示"老白的直播非常'有料'，不单有趣，更能学到不少知识。有机会一定要去一趟碑林好好看看。"[1] 用户穿插其中的点赞、提问、转发和轻敲等行为，都使主播需要不断关照、回应，并随时调整自己讲述的内容，这种基于智能技术的互动叙事，形成了叙事文本的开放性与流动性，也使"云直播"不再以单向、线性的"信息模式"传递和浅互动的方式呈现，而是在不断流转和对话中开启了意义交互和内容再创作的新进路，也解决了博物馆直播初级产品中未能解决的引人入胜的"趣味性"和"震撼力"。[2] 这些用户生产的以即时、众声喧哗的文字流的视觉方式呈现，集知识和戏谑性于一体的文本，营造出集体在场共同欣赏的消费感受和"网络广场"的社交场景，它们与主持人自上而下的讲解一起完成了文物直播的内容生产，并以一种双向互动的方式随时将内容分享和传播出去。

（三）叙事主体：从媒体从业者向行业主播迁移

从直播的主要参与者来说，电视媒体的文物直播主要由媒体记者或主持人担任，往往会邀请行业专家担任嘉宾，博物馆"云直播"则大多数由行业内人士担任。当然，参与性叙事的兴起使用户与用户之间共创故事、共享意义，用户介入故事实践，成为叙事的又一主体。也就是说在这个过程中所有的参与者都成为内容的生产者，既是编码者又是解码者，只是作为生产者也有内部的分化，主播是供应型而用户是消费型生产者。在此我们谈论的叙事主体主要指作为内容供应型的生产者。

传统媒体主持人和"云直播"主播的区别主要表现在专业性的侧重点不同。在电视媒体的文物直播进行过程中，主持人一般遵照节目流程与个人主观判断传播信息。他们的专业素养表现在得体大方的外在形象、较

---

[1] 原韬雄：《"网红"讲解员白雪松：巧用脱口秀 解说千年碑林》，新华网，https：//baijiahao.baidu.com/s？id=1691992777658106170&wfr=spider&for=pc，2021年2月18日。

[2] 周翔、仲建琴：《智能化背景下"中国故事"叙事模式创新研究》，《新闻大学》2020年第9期。

好的语言表达能力、对直播活动的把控能力和一定的文化素养等方面。当前"云直播"的主播构成多样，从金牌讲解员、展览策展人到博物馆的馆长和专家等不一而足，他们的专业能力主要体现在深厚的文物文化积淀和广博的知识储备。只有对于专业知识和同时期、同类型文化有全方位的拓展了解，只有时刻处在"头脑风暴"的中心，文物主播才能在面对"刁钻"网友提问时做到侃侃而谈。西安碑林博物馆一级讲解员白雪松之所以能成为"网红"文物主播，就在于他不是就文物讲文物，而是从一块碑石讲到一段历史，用脱口秀的方式拉近与观众的距离，为此，他不断更新知识库，以使解说内容风趣幽默而又深入浅出。[①] 文物并非摆放在展示柜中的冰冷物件，每一件文物在历史长河中的传奇经历，才是文物活化的核心所在，这些故事通过临时抱佛脚的救急式准备或许可以产生暂时的效果，却无法完成长期持续的内容生产。因此主播们对专业日积月累的深耕，才是构建博物馆"云直播"核心竞争力的基石。

（四）叙事对象：由单一主体向多个圈层融合

博物馆文物传播的受众主要分为两大块，一部分是来博物馆实地参观的人群，另一部分是通过大众传媒吸引来的人群。因为博物馆文物传播的体制和传统因素，以往与媒体的合作主要通过传统主流媒体和自办网站。伴随着传统媒体的式微，博物馆文物传播的受众拓展也受到很大影响。当博物馆与短视频等直播平台联手后，这些平台自身的用户就被直接引流嫁接为博物馆文物传播的受众。以快手、抖音及淘宝等平台在流量上的绝对优势，即使只分流一部分用户也是相当可观的。布达拉宫和淘宝的首次直播合作，一个小时的观看人数就达到了全年线下参观人数的一半。一场约 2 小时的网络直播吸引了少则几万、多则 30 多万的观众在线收看，而这通常是省市级博物馆一周甚至是一个月的接待量。

以往博物馆直播担心观众看了线上展览就不去实地参观，但事实表

[①] 原韬雄：《"网红"讲解员白雪松：巧用脱口秀 解说千年碑林》，新华网，https：//baijiahao. baidu. com/s? id＝1691992777658106170&wfr＝spider&for＝pc，2021 年 2 月 18 日。

明情况恰好相反,线上展览和直播不仅仅吸引观众持续关注,还有力地拉动了深度"复游"。而且很多线上的观众大部分是 90 后,3D/VR 博物馆的不断完善吸引的也是喜欢尝鲜、体验至上的这代年轻人。虽然"非门票经济"在目前的旅游业收入中占比较小,但这并不代表博物馆文创经济低迷。仅在淘宝天猫平台,就已有故宫博物院、大英博物馆、敦煌博物馆等 20 多家博物馆的官方旗舰店,累计拥有超千万粉丝,其中一半以上是 90 后。[①] 2020 年 3 月 26 日,美国大都会艺术博物馆在中国大陆开启直播,他们和拼多多的首次合作,就销售了近千件文创产品。博物馆直播正在逐步达到"带人、带货、造品牌"的效果。

来自不同阶层、拥有不同职业、文化程度各异、地域分布极为广博的网民,因为身处同一个平台和渠道而被文物传播的内容所吸引,使文物传播突破代际和圈层差异,获得消费群体的普遍共鸣。在博物馆"云直播"的圈层传播中,用户一方面通过评论、点赞、发言等互动方式建构了隐形的文物文化圈层,进行着相对精准和有效的沟通,另一方面还会完成对自己喜欢、关注信息的向外传输,这种以圈层用户为核心向外辐射的过程同样能达到用户的几何数增长并产生巨大的效应。[②] 因此,以"云直播"的方式吸引用户,无论产生的共鸣和关注是深是浅,对博物馆来说都是意味深长的。

(五)叙事平台:从传统媒体向多媒体延伸

媒体时代的媒体产品传播渠道发生了深刻的变化,呈现出多元化、立体化的趋势。特别是新媒体传播渠道与传统媒体互相渗透融合,媒体产品及其信息聚合和立体化传播的情况越来越明显。对文物传播来说,这种融合是一种双向运行的结果,既是博物馆等部门作为精英文化生产主体自上而下地主动探寻与扩张,也是短视频直播平台恰逢其时的迎合与谋划。

第一,新媒体语境下精英文化场域的扩张与再生产。利用大众媒介

[①] 黄堃媛、万璇等:《以云游形式撬动博物馆"IP 宝藏"》,《南方日报》2020 年 3 月 18 日。
[②] 刘宏、王倩:《圈层传播:一种媒介产品化的底层逻辑——以 B 站跨年晚会为例》,《青年记者》2020 年第 18 期。

进行宣传、探索运用多种手段扩大影响,一直是博物馆传播活动的重要内容。早期的博物馆直播多和传统主流媒体合作,取得了相当不错的成绩。伴随着"互联网+"对文化产业的不断赋能,网络文化消费的占比越来越大,正在成为年轻群体文化消费的重要组成部分,新冠疫情防控期间各种云传播的火热更显示了互联网消费渠道较高的风险防御力。这些都使博物馆文化产业不得不主动展开文化破壁,突破传统的精英文化场域转而向线上迁移,特别是和抖音、快手、淘宝等极具优势的互联网平台合作,或者采用线上线下双轨并行的方式,最终达到拓展受众增量,迎来更为广阔的文化消费主体的目的。原来由精英和专业文化阶层所主导的文物直播,因为更广泛和异质的社会阶层的介入和参与,可能使文化生产获得空前的繁荣。[①]

第二,短视频平台的瓶颈突破与转型。短视频平台在经历了一段时间的爆发式增长后,瓶颈突破与转型成为当务之急。摆脱低俗、泛娱乐的定位,向"有内涵""有深度"的内容质量和内容创新出发成为短视频平台的发展方向。因此自2019年以来,抖音、快手等短视频平台开始着力加强深度内容建设,连"陌陌"等直播平台也开始培养挖掘有文化优势的主播。[②] 博物馆一直带着"人类文明的诺亚方舟"的精英"人设",每个博物馆都有自己独特的文物品牌和历史文脉,都是一座文化的富矿。与博物馆的直播联姻不仅能让"收藏在博物馆的文物、陈列在广阔大地上的遗产、书写在古籍里的文字活起来动起来",更为网络平台的内容开发与创新提供源源不断的鲜活素材。当博物馆工作人员化身"主播",解读博物馆的历史、馆藏、文物、文创和展览时,用户由衷发出"就怕直播有文化"的感叹。因此,博物馆与新媒体平台的直播合作是双赢的举措,博物馆实现由"窄播"到"广播",互联网公司则收获

---

① 郑焕钊:《从媒介融合到文化融合:网络文艺的发展路径》,《中国文艺评论》2020年第4期。

② 秦丽丽:《知识普惠:泛娱乐平台的转型——基于短视频平台的观察与思考》,《传媒》2019年第5期。

了一个巨大的 IP 宝库，为生产优质内容提供了保障。

三 博物馆"云展览"文物直播的优化策略

博物馆直播成为疫情防控期间的"新风尚"，疫情过后是否还要持续？博物馆直播是否会成为主流的逛展方式，实体博物馆参观会被虚拟直播替代吗？博物馆直播或将成为博物馆多渠道提供公共服务的必然选择。但是从目前博物馆直播的效果来看，还有不少可以完善的空间，其提升策略需要从内容创新、技术革新与人才培养等方面入手展开。

（一）内容创新

目前全国各地大大小小的博物馆都在发展"云观展"，除了云直播外，还拓展了网上数字展览、实体展的三维虚拟化、藏品的数字化解读等，但是无论是推荐展品还是借机带货，内容本身仍是关键。"云观展"内容上存在的问题，主要有以下三点：第一，有些线上直播只是线下导游场景的简单网络再现，在直播线路的设计和整体情境的营造上还存在需要完善和优化的地方。比如如何化解场景转换时画面和讲解词的冷场和"真空"地带，如何将文物生活化的内容渗透进讲解过程，如何平衡讲解与观众互动之间的比重等。第二，博物馆线上直播不仅仅是线下实体展览的数字化，还需要输出"知识和创意"，提升文物的"体验力"和"表现力"。为此需要在文物形象打造、文物呈现方式、文物内涵和艺术表现力的挖掘上下功夫，形成"特色文物 IP 开发"＋"现代科技演绎"＋"周边产业拓展"的链条。文物 IP 的开发需要注重产业效应与市场效果，强调多维主体的连接和产业价值的赋能；文物内涵的挖掘在注重文物多元创意的同时要从文物价值理念和民族文化内涵进行民族性特质的解构。[①] 第三，博物馆直播需要开拓精英文化与大众文化交融的发展模式，在满足娱乐性的同时坚持推动网络文化产品高质量发展，

---

① 周笑盈、魏大威：《多元、融合、跨界和创新：优秀传统文化的传承与推广模式研究》，《图书馆》2020 年第 6 期。

文物直播文化才能持续健康发展。①

（二）技术革新

人民网白皮书《2019，内容科技（ConTech）元年》指出，媒体发展的驱动力从以内容为主转变为以内容和技术双轮驱动，技术和内容越发紧密地结合在一起，技术在媒体发展中的作用变得空前重要。② 当下因为技术实力和经济实力的限制，多数博物馆的数字化水平还不尽如人意，体现在博物馆直播中，就是网络延迟、画面卡顿、画质模糊、VR技术运用不够成熟等现象，大大影响了用户的观看体验。因此当前的博物馆直播需要对内容科技进行技术布局与实践，将人机协同的思路覆盖到从内容生产、准入、甄别、处理、分发到体验的整个链条当中。③ 谷歌艺术和文化（Google Arts & Culture）在线平台提供了一个范例。这个平台于2011年2月1日由谷歌与全球17家博物馆合作启动，是一个3D数字化在线展览，平台上所有高清图像是运用激光扫描、无人机成像、摄影测量等方式，以建模等形式存储起来的，可以为用户带来"比真实更逼真"的文物画像。在这个平台打开一幅画之后可以一直放大，直到看到画面的所有细节，包括细微的笔触、颜料的裂缝乃至画布的纹理。这得益于谷歌公司研发的专门用来拍摄艺术品的"艺术相机"（Art Camera），使很多作品达到10亿像素级。这里所呈现的作品细节，比我们去博物馆所能看到的更多。另外，谷歌艺术计划中很多博物馆或画廊都支持VR观看，用户可以购买VR眼镜并通过走动、转向等方式随意参观。谷歌艺术与文化中还有"DIY"（自己动手制作，Do it yours）等功能，可以通过让用户给某些作品配对艺术流派、让用户找出画作中与故事有关的象征物件等互动小游戏，增强用户与艺术品之间的联结。这

---

① 彭程：《网络治理视域下大众直播文化传播的媒介治理》，《社会科学战线》2020年第10期。

② 《2019，内容科技（ConTech）元年》，人民网，http://media.people.com.cn/GB/22114/431528/index.html，2020年3月27日。

③ 何苑、张洪忠：《"内容+科技"：智能传播时代媒体融合的路径选择》，《青年记者》2020年第24期。

些新功能可以使不计其数的艺术品通过参数,以兴趣为维度展现给目标用户,通过互动深化作品与参观者之间的联结,使得原本在时间、空间和故事性方面均有强烈壁垒的人与艺术品产生共鸣与共情。今后当更多的高新技术运用到博物馆直播中时,博物馆直播初级产品中那些未能解决的引人入胜的"趣味性"和"震撼力"等问题会有所突破。

(三)人才培养

"新媒体+大众文化"的传播方式是当下的潮流和趋势,但是要做到喜闻乐见、延续较高的关注度,归根结底还是人才的竞争。网友五花八门的提问对主播的应变能力、知识积累都提出了很大的挑战。西安碑林博物馆讲解员白雪松因"国宝深夜脱口秀"一夜成名,他的首场文物直播中用"纯干货的脱口秀"撑起两个半小时直播,吸引近200万人观看。文物直播不仅打造了网红主播白雪松,提升了西安碑林博物馆的知名度,也带火了其淘宝官方店铺,拓片、字帖等商品销量大幅提升。白雪松的脱颖而出建立在优质内容和个性化表达的基础上,包括抓住受众心理,讲受众听得懂的故事,讲受众感兴趣的故事,同时通过抖包袱、说段子,"金句"频出,随时互动,根据提问随时解密等极具个性的传播方式聚拢粉丝,这绝非一日之力,而是"十年之功"的积累。唯此,这些业内人士才有可能凭借过硬的专业和个人魅力成为网红文物主播,并打造品牌IP。要培养一个网红文物主播,还需要相应的体制与机制保障。博物馆可以通过线上线下培训等方式,让从业人员积累本专业和传播领域的知识与技能;与此同时博物馆直播要想达到"带人、带货、造品牌"的效果,还需要整合营销、团队作战。全国博物馆总数5136家,如果能采取知识产权授权等方式,集合众多博物馆的文物主播培养模式、文创开发和市场运营能力,必能打造若干博物馆品牌IP,为大众提供更系统完善的博物馆直播服务。

每个时代有各自相伴而生的文化,"直播文化"或正在成为当下的时代写照。网络技术愈发达,人们愈会珍惜现场体验,线上线下的体验不是迭代,而是统合。"云直播"拓展了博物馆的影响力边界,开发了博物馆文创产品销售的新渠道,是顺应新媒体生态的有益尝试,当然博物馆直播还需对外依托新兴技术、对内努力修炼内功,不断创新发展理念,助力博物馆行业的高质量发展。

第三节 文物 VR 影像:沉浸式叙事

VR 技术最早可以追溯到 20 世纪 60 年代。VR 是"虚拟现实技术"(Virtual Reality)的缩写,也就是虚拟和现实相结合,它的本质是一种可以创建和体验虚拟世界的计算机仿真系统。[①] 在这个利用计算机模拟产生的三维虚拟世界中,首先,用户会有一种身临其境、虚拟与现实真假难辨的感觉;其次,在这个仿真世界中,用户能真实感受到人类所拥有听觉、视觉、触觉、味觉、嗅觉等感知功能;最后,当用户进行各种位移运动时,计算机会通过运算、匹配、转化、回传、反馈等过程实现人机交互。VR 技术具有三大特征,即沉浸、交互和想象,也被称作"3I"。沉浸性是指虚拟现实系统能够帮助用户完全沉浸、"投射"到这个虚拟世界中;交互性是指用户可以通过对各种传感设备的操作、控制,与身处的虚拟环境进行交流、互动;想象性则是指用户从中获取新知识,拓宽认知范围,创造性思维得到激发,或产生新的联想。[②]

作为 20 世纪发展起来的一项全新的实用技术,VR 开创了全新的媒介时代。美国学者马克·波斯特在《第二媒介时代》这本著作中提出"第二媒介时代"的概念,他以互联网为分界线,认为在这之前由精英主导、自上而下、单向传输的大众媒介时代是"第一媒介时代";而互联网出现后则进入以双向互动、去中心化、集生产者与用户于一体等为主要特征的时代,被称作"第二媒介时代"。学者李沁在此基础上提出

---

① 石宇航:《浅谈虚拟现实的发展现状及应用》,《中文信息》2019 年第 1 期。
② 《虚拟现实(VR)技术特点介绍与发展历程详解》,中商情报网,https://m.askci.com/chanye/82433.html,2015 年 11 月 24 日。

"第三媒介时代"的概念,认为我们即将进入一个以泛在网络、VR 技术等为基础,以提供视觉、听觉和触觉等沉浸体验为特征,人与媒介融合,"以连接了所有媒介形态的人类大环境为媒介而实现的无时不在、无处不在、无所不能的传播"①的媒介时代。她明确指出,以 VR 技术等为代表的第三媒介时代以沉浸传播为主要特征。

2016 年被称为"VR 元年"。在此之前的 2012 年诞生了第一部 VR 新闻《洛杉矶的饥饿》(Hunger in LA),这部以全 CGI 方式合成、再现洛杉矶街头排队领取救助品情境的纪实短片受到高度评价;2015 年,该片作者美国《新闻周刊》前记者、南加州大学高级研究员 Nonny 以相似的手法创作了另一部 VR 短片《越界》(Across the Line),这部以反堕胎分子抗议医疗机构现场为主要情境的纪录片结合了第一人称视角、真实同期声和实拍画面,给人以更身临其境的代入感。② 同年诞生了第一部真正意义上的 VR 纪录片《锡德拉湾上的云》(Clouds Over Sidra),这部纪录片获得 2016 年纪录片电影节的互动奖项,被认为"其中的体验不仅令人信服,富有教育性还极具感染力",其技术上的探索被认为"为欣欣向荣的媒体业提供了新的叙事语言"③。从 2016 年开始,圣丹斯电影节(Sundance Film Festival)、翠贝卡电影节(Tribeca Film Festival)、西南偏南电影节(South by Southwest Film Festival)成为 VR 纪录片展映与推广上颇有名气的三大电影节,其相继推出了不少有影响力的 VR 纪录片。但受限于 VR 硬件技术的几大瓶颈,VR 纪录片并未如想象中迎来大发展。④

在国内,2016 年国务院颁布的"十三五"规划把推进虚拟现实与互动影视列为未来新的增长点,此后中国 VR 市场不断扩大,在游戏、

---

① 李沁:《沉浸传播:第三媒介时代的传播范式》,清华大学出版社 2013 年版,第 43 页。
② 张宁、郭艳民:《从 360 全景到 CGI 情境再建构:VR 纪录片创作源流论》,《现代传播(中国传媒大学学报)》2020 年第 1 期。
③ 安然:《VR 短片在纪录片电影节大放异彩〈锡德拉湾上的云〉脱颖而出》,http://wap.87870.com/news/1704/3283.html,2015 年 6 月 15 日。
④ 张宁、郭艳民:《从 360 全景到 CGI 情境再建构:VR 纪录片创作源流论》,《现代传播(中国传媒大学学报)》2020 年第 1 期。

文旅、安防、教育以及医疗等领域有了广泛的应用。中国信通院报告《虚拟（增强）现实白皮书2021》也指出，以虚拟现实VR（包含增强现实AR）为代表的未来视频，正在成为工业数字孪生、沉浸式教学等传统行业转型升级与长短视频领域的重点发展路径。① 在这样的背景下，国内VR纪录片创作也在不断创新与探索中稳步前行。

一 文物VR影像的发展现状

博物馆学专家科特勒将博物馆的发展分为三个阶段，分别是传统博物馆、现代博物馆和后现代博物馆，其特点则分别对应"收藏导向""教育导向"和"体验导向"，特别是伴随着AR、VR、全息投影、眼动追踪仪、符号解码软件等新媒体影像技术和现代科技的发展，"沉浸式体验"成为博物馆体验的流行词和关键所在。而当前最能体现"沉浸式体验"特点的文物VR影像主要以文物VR纪录片和博物馆文物数字动画VR为主。

（一）文物VR纪录片

关于VR纪录片的概念，有学者认为，它是一种取材于生活真实，以VR技术为影像表现手段，以互动、沉浸为主要特征的纪录片类型。② 国内公认的第一部VR纪录片是财新传媒《山村里的幼儿园》，这部2015年推出、时长为9分48秒的作品主要聚焦山区留守儿童生活，在技术上以360度全景影像为主导，同时融入视觉引导及叙事线索。作为VR纪录片的试水之作，《山村里的幼儿园》在学界和业界均引起一定的关注。VR纪录片创作深受资本市场的影响。早期国内几大视频平台在Facebook收购Oculus事件激励下迅速布局，推出VR频道、举办相关赛事，但显然从两届"CHINA VR新影像奖"的评选来看，VR纪录片的数量表现并不令人乐观，此后VR纪录片创作也一直未迎来高潮，不过

---

① 卢梦琪：《中国信通院的报告·虚拟（增强）现实白皮书2021》，行业数据观察报告，https://coffee.pmcaff.com/article/13693873_j，2021年4月1日。

② 高天：《技术及真实：VR纪录片的身份探讨》，《当代电视》2020年第2期。

已有的作品中不乏质量较高、有一定影响力的纪录片，如首部军事题材作品《致胜！中国海军陆战队》、关注西藏盲童的《盲界》、记录临终关怀的《摆渡人》以及首部 VR 全景航拍纪录片《最美中国》等。

首届"CHINA VR 新影像奖"入围的纪录片共 24 部，题材主要集中在人文自然、宗教艺术等方面，但引起较大关注的主要是社会人文主题的 VR 纪录片。2017 年第二届"CHINA VR 新影像奖"获奖的三部纪录片分别是获年度人文纪录片奖、睿格 ReigVR 出品的《旅行格欣——热辣南非的多彩文化》，获年度风光纪录片、华荣道推出的《秘境·博尔塔拉》以及获年度公益纪录片奖、互动视界和华容道出品的《秦俑之眼》。《秦俑之眼》聚焦中国秦始皇兵马俑，体验者以秦俑的身份经历了被发掘、被铸造、被埋葬的历史瞬间。视频 90% 采用 CG 合成画面，摄影棚内耗巨资全景再现历史空间。这部纪录片可算作文物 VR 纪录片的早期代表作品。

近年来与文物相关的 VR 纪录片还有由奥斯卡金像奖得主曲江涛指导拍摄的《纶音佛语五台山》（2016 年）、通道传媒出品的《古格王国守护者》（2017 年）、故宫出品的动画 VR《朱棣建造紫禁城》（2017 年）、由著名纪录片人赵琦导演的《行走敦煌》（2017 年），及故宫历时十多年制作的"V 故宫"项目下"紫禁城·天子的宫殿"系列的 7 部大型虚拟现实纪录片等。2021 年中国电信号百控股联合光明网推出大型文旅题材 VR 纪录片——《世界遗产看中国》，第一集《峨眉山》于 2021 年 5 月 17 日在天翼云 VR 客户端上线。这些文物 VR 纪录片主要分为"摄影机实拍"360 度全景式创作和实拍＋CGI 混合制作两大类，从目前来看突破传统纪录片技术和理论边界的文物 VR 纪录片还不多见，但是系统分析文物 VR 纪录片的叙事特色仍然很有必要。[①]

（二）数字展馆 VR 体验

随着网络信息技术与多媒体形式的不断发展，数字化博物馆或博物馆

---

① 张宁、郭艳民：《从 360 全景到 CGI 情境再建构：VR 纪录片创作源流论》，《现代传播（中国传媒大学学报）》2020 年第 1 期。

的数字化建设已是全球发展的必然趋势。博物馆数字化建设既可以让文物得到永久保护、让文物得到充分利用，也可以让文物管理更智能、更便捷。博物馆数字化建设是运用计算机信息技术将文物的信息（文字、符号和图像等），通过记录、复制和加工转变为可以度量、编辑的数字和数据形式，再以这些数据建立适合的数字化模型，并借助三维图像、虚拟现实、超文本链接等途径存放于数字载体，达到信息储存、藏品宣传、库存管理、数据共享等目的。文物的数字化建设有着国家政策和资金的大力支持。早在2018年，中共中央办公厅、国务院办公厅就印发了《关于加强文物保护利用改革的若干意见》《关于实施革命文物保护利用工程（2018—2022年）的意见》，财政部、国家文物局印发的《国家重点文物保护专项补助资金管理办法》，明确提出文物预防性保护项目、数字化保护利用项目等可以申请国家重点文物保护专项补助资金。因此，博物馆数字化建设正在成为常态。

目前博物馆数字化建设的热点，除了与社交网络相结合的移动导览等，最受人关注的是数字展示。"博物馆数字化展示"是指对博物馆数字化资源进行有意义的组合后，采用数字化技术将博物馆资源转化为另一种有别于实体展示的信息表现形态，并以独特的手段和渠道展现。博物馆数字展示大致可分为线上和馆内两大渠道，线上基本以网站的形式（现在多通过移动端）进行展陈，内容以文物展示、虚拟展馆等为主。馆内数字展示则分为两大类，一类是数字化场景互动应用，主要包括3D展示、数字魔墙、AR观影、全息投影、大屏互动、智能导航等；另一类是指专门的数字展馆，如故宫端门数字展馆、南京博物院数字馆及台北"故宫博物院"内VR体验区等。对前者而言，数字技术只是辅助设施，对后者来说，数字资源和技术的展示成为主角，甚至被认为是"一个脱离实体博物馆而存在的博物馆"[1]。

---

[1] 刘健：《对博物馆数字化建设中几个常见说法的质疑和解惑》，公共文化服务，https://www.sohu.com/a/129551077_149159，2017年4月25日。

本书研究的数字展馆 VR 体验主要指第二类。在国外，文化遗产的 VR 展示较早就开始布局。希腊文化遗产机构"希腊世界基金会"早在 1998 年就成立了 VR 展览中心，参观者可以"穿行"于虚拟的米利图斯古城，协助古代雕塑家创作雕像，或是捡拾虚拟碎片组装古代陶瓷花瓶；美国匹兹堡大学和加拿大 FiatLUX 工作室合作完成的"虚拟埃及神殿"项目，用户可以在 1∶1 还原的沉浸式 CaveUT 中虚拟漫游逼真的神殿；瑞士日内瓦大学的 MIRALAB 实验室在探索利用 AR 技术展现虚拟空间（如壁画）的混合叙事方面取得了瞩目的研究成果。在国内，从敦煌到故宫都早早开启大规模 VR 体验项目，敦煌研究院在 20 世纪末分别与浙江大学、美国梅隆基金会、美国西北大学等合作开展"数字化敦煌壁画合作研究"项目，展开莫高窟典型洞窟虚拟漫游的数字化制作。北京理工大学则是在 21 世纪初开始投入数字圆明园项目，西北大学和北京师范大学致力于兵马俑、大雁塔等西部文物的数字化开发。故宫博物院的 VR 体验项目一直向纵深推进，从与日本凸版印刷株式会社合作的"紫禁城·天子的宫殿"VR、与 IBM 公司合作的"超越时空的紫禁城"文化遗产项目、与微软亚洲研究院及北京大学合作的"走进清明上河图"项目、与凤凰卫视联手的《清明上河图 3.0》高科技互动艺术展演等，都体现了相关部门在 VR 体验项目上的不遗余力和卓有成效。[①]

近年来，围绕《清明上河图》展开的 VR 影像最为引人注目。早在 2007 年台北"故宫博物院"就展出了互动版的数字《清明上河图》，当时是运用 3 台投影仪将影像投射到巨幅宣纸上，当观众近距离触摸点击画面某一部分时，会自动弹出视频，讲解对应的图中故事。[②] 2010 年，故宫博物院和上海世博会中国馆分别展出了"走进清明上河图"和"会

[①] 潘志庚等：《文化遗产数字化展示与互动技术研究与进展》，《浙江大学学报》（理学版）2020 年第 3 期。

[②] 李琼、刘颖异：《数字〈清明上河图〉研究》，《南京艺术学院学报》（美术与设计）2020 年第 2 期。

动的清明上河图",前者采用超高清晰的数字影像最大程度再现了原作的所有细节,根据画卷情节安排了54个场景,同时在声音上大做文章,营造了音画结合的沉浸式空间体验;项目模拟设计了700多段人物对话、打造了对应的场景声效和优美音乐,配以影院立体声音响的音质,观众可以根据自己的兴趣在多点触控的荧屏上进行操作,观赏画面的任意细节,随着画面位置的变换,所有声音也会相应平滑过渡,使观众真正体会到画中游的感觉。① 后者是利用计算机科技与尖端投影设备,将宽24.8厘米、长528.7厘米的原作放大30倍,并在6米高、110米长的巨大屏幕上"动"起来;整个画面以4分钟为周期,日、夜景交替,有脚夫赶着毛驴缓缓前行,虹桥上商贾百工络绎不绝,河上船工的号子声、岸边生意人的吆喝声,声声入耳,屏幕前以沙石铺叠、投影成像的"河水"波光粼粼,更添真实感。② 2018年,故宫博物院与凤凰卫视联合推出的《清明上河图3.0》也让人耳目一新。这次展览共有四个展厅,一是高清动态原作体验区"巨幅互动长卷",通过双8K超高清投影技术以动态效果展现北宋都城汴京的众生百态,观众可站立于长卷前,看长36米,高4.8米的长卷缓缓滚动,细致欣赏画中人物场景;二是沉浸式全息互动剧场"孙羊老店",这个剧场结合全息影像、舞台美术和真人表演,店外人潮涌动,行人如织,店内人声鼎沸,小二殷勤招待,甚至还有宋代的"外卖"烧鸡送来,让观众身临其境地体验汴京日常生活场景;三是LED地屏全感官互动体验区,"宋代雨巷"会根据观众的足迹所至,展现涟漪、绿草等动态场景,营造出沉浸式交互体验空间;四是虹桥球幕影院"汴梁码头",观众可以坐上摇曳的船椅,观看270°全景影片,6分钟的时长展现从黄昏日落到华灯初上的宋代汴京河畔的景象。作为一场高科技互动艺术展演,《清明上河图3.0》构筑出真人

---

① 《故宫博物院"走进清明上河图"沉浸式数字音画展示项目正式完成》,中国网,http://www.china.com.cn/v/news/2010-06/25/content_20349133.htm,2010年6月25日。
② 《上海世博会"会动的"〈清明上河图〉将赴台展出》,中国新闻网,https://www.chinanews.com.cn/tw/2011/05-28/3074035.shtml,2011年5月28日。

与虚拟交织、人在画中的沉浸体验。① 数字版《清明上河图》从初代到3.0，都基于文物原作，运用数字技术进行了重新诠释和再加工，都试图从多维度最大化地营造观展的沉浸感和互动性，既让观众感受到VR影像的魅力，也让观众对文物本身有新的理解和认识。

二 VR影像的沉浸式叙事

（一）沉浸理论的内涵及特征

沉浸理论由美国心理学家米哈里·契克森米哈（Mihalyi Csik-szent-mihalyi）1975年提出。他认为，当人们在进行某些活动时，会完全投入到情境当中，进入一种沉浸的状态，这种全神贯注的情绪就像"水流"一样源源不断。他将这种情绪体验称为心流或沉浸体验。② 早期沉浸理论认为，挑战与技巧是影响沉浸感的主要因素，沉浸状态主要发生在二者平衡的情况下，因为挑战难度太高，使用者会因对环境缺乏控制能力而产生焦虑和挫折感，或者因无聊而失去兴趣。随着互联网技术的发展，沉浸理论逐渐延伸至人机交互媒体，诺瓦克（Novak）等学者进一步研究指出，除挑战、技巧达到一定程度之外，人机互动中的沉浸还必须加上专注。在网络使用行为中，信息寻求、阅读与书写等进入沉浸状态的难度依次增加，网络信息行为的不同会带来沉浸体验的差异。③ 诺尔特（Noort）等认为网络环境中的沉浸是由认知控制、专注、好奇以及使用经验等共同构成的多维结构。④

---

① 黑科技版《清明上河图3.0》现身故宫"文化+科技"让传统文化活起来，中国新闻周刊，https：//www.sohu.com/a/239557441_220095?_f=index_pagerecom_16, 2018年7月6日。
② ［美］米哈里·契克森米哈赖：《心流：最优体验心理学》，张定绮译，中信出版社2017年版，第39页。
③ Novak, T. P., Hoffman, D. L. and Yung, Y. F., "Measuring the Customer Experience in Online Enviroments: A Structural Modeling Approach", Marketing Science, No.1, 2000.
④ Noort, G. Hoorveld and Reijmersdal, E. V., "Interactivity in Brand Web Sites: Cognitive, Affective and Behavioral Responses Explained by Consumers' Online Flow Experience", Journal of Interactive Marketing, No.4, 2012.

（二）沉浸式体验的特征

沉浸是一种状态，沉浸式体验的本体在于体验。有学者分析沉浸式体验的特征，认为沉浸体验是在某个活动中的完全投入，体现为积极、充实、兴奋、和谐等状态；沉浸体验要达到技能与挑战平衡时才能获得；沉浸体验是多维度的体验过程。[1] 人机交互催生了沉浸式媒体，这也正是虚拟现实的发展基础。将VR（虚拟现实）和AR（增强现实）技术运用在媒体形式上，就是最新的"沉浸式"媒体技术。伯恩德·H.施密特将体验分为感官、情感、思考、行动、关联五大类，"沉浸式"媒体技术营造的沉浸式体验重在感官体验和互动体验。比如通过全景3D显示达成视觉刺激、环绕声声学形成听觉刺激、触觉和力反馈建构触觉刺激、气味复制制造嗅觉刺激等，这是通过视、听、嗅、味、触等五种感官的刺激和体验营造物理真实的数字环境。互动体验主要指行为上的交互体验，这种互动来自人与环境、人与人、人与作品交互等形式，可以通过运动跟踪、手势控制和计算机视觉等交互技术来实现。多种感官的沉浸和互动体验可以有效增加感情参与，从而创造深刻难忘的体验。[2]

（三）VR影像的沉浸式叙事与互动叙事

近年来，因为技术原因，VR纪录片生产一波三折，并未掀起很大的热潮，但随着5G商用的推进，全球各大媒体、视频网站及制作公司都在进行相关布局，VR纪录片的前景和趋势是明朗的。关于VR影像的学术研究亦不少见，其中关于"互动叙事"成为高频词，但也有学者指出，相对于VR纪录片的叙事特征来看，"互动叙事"显得名不副实，沉浸式叙事更符合其特质。[3]

---

[1] 张雨萌：《基于沉浸理论的博物馆互动影像建设研究》，《文博学刊》2018年第4期。
[2] 王红、刘素仁：《沉浸与叙事：新媒体影像技术下的博物馆文化沉浸式体验设计研究》，《艺术百家》2018年第4期。
[3] 唐俊：《对VR纪录片"互动叙事"的冷思考——基于互动叙事学和媒介伦理视角》，《中国电视》2021年第6期。

美国学者玛丽-劳尔·瑞恩（Marie-Laure Ryan）是互动叙事学领域的奠基人之一，在其论著《故事的变身》中将互动叙事分为内在型和外在型两大类，认为从用户的视角和位置出发，前者位于虚拟世界的内部，后者则位于外部；从用户对内容的影响出发，又分为探索型和本体型，区别在于前者不改变故事情节，而后者是由用户决定情节的发展。[①]在她的研究中，探索型互动主要指涉早期数字文本及超文本小说等，而本体型互动主要指涉各类电子游戏。当前 VR 纪录片主要可以分为实拍类和动画类，虽然不同形态 VR 纪录片的归属需作具体分析，但大致都属于探索型互动。例如，实拍类 VR 纪录片大多为 3DOF 制作[②]，用户头戴设备以第一视角置身于全景空间，能感受到包括视野变化、位置调整等浅层交互行为，但不能对视频内容、情节及结果产生任何影响。根据玛丽-劳尔·瑞恩关于互动叙事定义中"足够多的选择、给予自由感、叙事与选择适宜、效果即时生成"等要求，实拍类 VR 纪录片并不属于典型的互动叙事，只能算是互动体验和沉浸式叙事。

（四）VR 影像沉浸式叙事的三个层面

沉浸式体验重在感官体验和互动体验，沉浸式叙事关注的亦是用户的现场体验感和心理满足感。只有用户从身到心完全沉浸在传播内容中，才能完成沉浸式体验，达到最理想的传播效果。目前 VR 影像的沉浸式叙事至少涉及用户的生理沉浸、心理沉浸和情感认同等。[③]

第一，用户的生理沉浸。用户的生理沉浸主要包括视觉、听觉、触觉、味觉和嗅觉五种感官的沉浸。VR 影像视觉沉浸功能主要通过两台全景式摄影机模拟人的左右眼拍摄形成全景 3D 显示来实现，听觉方面通过再现人的听觉系统形成三维立体环绕声，触觉沉浸是通过感应式座椅、手套及服装等辅助设备来完成，嗅觉、味觉及动觉等则是通过复制

[①] [美]玛丽-劳尔·瑞安：《故事的变身》，张新军译，译林出版社 2014 年版，第 103、104 页。
[②] DOF，全称为 degree of freedom，自由度。3DOF 即有 3 个转动角度的自由度。
[③] 潘兆业：《VR 纪录片沉浸式传播的构建》，《传媒》2019 年第 22 期。

气味、味觉、体感等来实现。沉浸式技术通过模拟现场环境，不仅融合了五种感官（还加上体感）体验，让用户产生身处的数字环境是物理上真实的感受，同时不断放大与延伸这些感官能力，并尽可能降低对真实世界的感受，从而因强烈的沉浸感而对 VR 影像作出的指令产生生理反应。有研究者指出，在观看 VR 纪录片《世界改变之日》时，从外太空坠落地球的短短 2、3 秒钟会让人产生明显的坠落感，伴随紧张和恍惚，用户身处因原子弹爆炸而布满了悬停弹头的地球，会产生极强的压迫感，以及震撼和恐怖的心理感受，并且明知身处虚幻，却仍然不敢动弹。[①]

第二，用户的心理沉浸。用户的心理沉浸是指身处 VR 影像中，面对富有冲击力的场景设置、触动人心的细节刻画，用户可能会产生一定的想象与联想并形成心理上的代入感和沉浸感。世界上第一部 VR 纪录片《锡德拉湾上的云》在 2015 年横空出世，就给观影者和业界带来极大震撼。这部影片讲述了 12 岁叙利亚女孩 Sidra 在约旦札塔里难民营生活的故事。Sidra 以第一人称的视角将自己的故事娓娓道来，观影者则置身于约旦的茫茫沙漠、临时搭建的简陋学校、破旧的足球场、附近的女性禁止入内的网吧等，在一次奇特的时空穿越中对躲避内战、离乡背井的叙利亚难民的悲惨生活感同身受。这部作品获得 2015 年谢菲尔德纪录片节互动类奖项，评委认为这部作品的获奖原因是，"它使我们内心充满同情，溢于言表，这是传统电影无法比拟的。影片并非以炫酷的视觉技术出彩，而是以富有冲击力的声效使我们身临其境"[②]。这充分说明 VR 纪录片能带给人同情、担忧和喜悦等心理沉浸体验。因此 VR 纪录片的创作需要不断考虑用户的反馈来建构叙事，即这种叙事要符合自然规律及用户的接收惯习、认知逻辑，从而实现真正的全身心沉浸和零距离体验。

第三，用户的情感认同。情感是一种复合的心理过程，由内在生理

[①] 王雅妮：《从视听语言到感知语言——VR 背景下的纪录片创作》，《今传媒》2019 年第 4 期。

[②] 安然：《VR 短片在纪录片电影节大放异彩〈锡德拉湾上的云〉脱颖而出》，http://wap.87870.com/news/1704/3283.html，2015 年 6 月 15 日。

机制和外在环境刺激共同作用形成，主要指向个体的自我感受。当用户在VR影像中实现心理沉浸时，这种沉浸更多表现为一种心情的愉悦、心灵的神往以及各种感同身受，在这些情绪的支配下，用户很容易产生情感代入与情感认同。这种情感认同不仅来自镜头与场景构建的影像认同，更多是对其中故事情节、人物形象、观念价值乃至身份想象等的认同。[①] 我国首部表现临终关怀的VR纪录片《摆渡人》中，沉浸在临终医院场景中的观众不只会产生"自己也是故事中一员"的感觉，也会以故事参与者的视角看待生命尽头的快乐与伤悲，洋溢对彼时彼景的同情之心，以及对生与死、情与义更真切的情感认同。

三　文物VR纪录片的沉浸式叙事特征

VR技术的应用给纪录片创作带来的冲击是巨大的，VR纪录片和传统纪录片在技术基础、制作方式及创作流程等存在一定差异，导致两者的美学追求、话语体系、情感表达与叙事形态呈现不同的面貌，当然也带给用户新奇的视听体验。VR纪录片的沉浸式叙事有哪些新的内涵呢？本部分以2021年中国电信号百控股联合光明网推出的大型文旅题材VR纪录片《世界遗产看中国》之《峨眉山》为例进行分析。《世界遗产看中国》每一集围绕一处世界文化遗产展开，第一集聚焦中国仅有的4项世界文化与自然双重遗产之一峨眉山，节目于2021年5月17日在天翼云VR客户端上线，全长9分48秒。

（一）叙事语法：蒙太奇的缺失与传统故事情节的建构

现阶段VR文物类纪录片时长较短，多为10分钟以内。当前的VR技术处于逐步完善阶段，还不能完美地实现对现实世界的虚拟，佩戴VR设备时间过长会导致眩晕感，这决定了VR纪录片只能限制在一定时长内，否则会引起人体生理机制的不适。同样，技术限制决定了VR纪录片的镜头语言呈现出对传统蒙太奇手法的颠覆，频繁切换镜头容易

---

① 潘兆业：《VR纪录片沉浸式传播的构建》，《传媒》2019年第22期。

让人产生迷惑，有不知身在何处的感受，会大大影响用户的观影体验，因此传统纪录片基础的叙事语法、视频剪辑和拼接技术在 VR 纪录片的创作中都受到很大挑战，最大的困扰就是当景别景深等技巧不复存在，全景画面一以贯之时故事如何叙事。[1]

随着对 VR 技术特性的逐步探索及市场开发的深入，关于什么样的题材更适合用 VR 拍摄这一命题，创作者认为大致有两个标准，即能否实现让用户"做自己或在现场"。前者意指是否能提供强烈的沉浸感，让用户感受到发自肺腑的内在体验；后者着重 VR 产品的场景展示价值，即能否提供具有明显特别、神秘有趣、别致新奇等特征的场景体验。从《峨眉山》来看非常符合这两个标准。"峨眉天下秀"，作为中外著名的旅游胜地，峨眉山以拔地而起矗于云中的姿态雄踞西南，复杂多样的地质地貌、奇珍异宝、峨眉日出和金顶佛光，特别是身在顶端俯瞰万里云海的画面，原本到达实地也难得一见的景色，在这部 VR 纪录片中却可以得到真实的体验。[2] 现阶段单个 VR 纪录片基于体量的局限，多采用单线叙事结构、确定一个核心事件吸引观众，形成一气呵成的沉浸体验。《峨眉山》开篇以水墨特效动画阐述峨眉山起源的故事，在虚实交错间又将观众的思绪从远古传说拉回现实画面，紧接着以峨眉少女上山送药材为线索，串联起沿途所经过的龙门、神水阁、万年寺、白云峡一线天、生态猴区、峨眉山金顶等一系列峨眉山著名景点，其中穿插各处景点的珍奇野兽、奇花异草及幕后故事，通过特效处理和解说词一一展现。《峨眉山》力图避免其他 VR 纪录片纯粹场景性展示的倾向，在漫游式的运动拍摄中，巧妙沿用了传统纪录片的某些叙事手法，比如建构峨眉少女的故事化线索，虽然单线叙事、情节略显简单，却能提供渐进舒缓的沉浸感。

---

[1] 孙翠平：《VR 纪录片的视听语言探析》，《视听》2017 年第 2 期。
[2] 《中国电信联合光明网发布大型文旅 VR 纪录片〈世界遗产看中国〉》，新浪网，http://k.sina.com.cn/article_6012711797_16662b37500100yjko.html，2021 年 5 月 18 日。

（二）叙事视角：零聚焦与外聚焦的混合聚焦叙事

法国叙事学家热奈特将叙事视角分为零聚焦叙事、内聚焦叙事和外聚焦叙事三种，分别对应全知视角、限制视角和客观视角。分析国内的VR纪录片，以零聚焦叙事为主，少量的采用内聚焦叙事和外聚焦叙事。《峨眉山》采取混合聚焦叙事，主要运用了零聚焦叙事和外聚焦叙事。

整部作品虽然以360度全景实拍为主，但是为了再现壮阔恢宏的历史时空，仍然采用了传统主旋律纪录片的零聚焦叙事方式，主要通过"画面+解说+字幕"和镜头的运用来完成。开场运用了CGI手段再现久远的历史时空，在水墨特效动画中峨眉山源起故事徐徐展开，"传说在很久以前，有位石匠用神锤神针把女娲补天剩下来的石头雕刻成了一座巍峨绮丽的大山，从远处望去山势轻灵秀逸，仿佛两道秀眉，石匠便为他取名峨眉山。"这种"画面+解说+音乐"的形式是一种全知全能式的"上帝视角"，其缺点在于可能营造出疏离感与空间感，优点在于能全方位、迅速将观众带入特定情境。这种视角反映了主流媒体纪录片长期形成的叙事惯习在VR纪录片中的沿用，即通过辞藻华丽、文采丰沛的散文式解说词来实现"缝合作品内在表达与外在观众理解的差异"之功能。作品的结尾主要展现峨眉金顶的风光，也是通过航拍的镜头运用"上帝之眼"的视角，来展现气势恢宏、波澜壮阔的山河，因为峨眉金顶的特殊地貌形成的这种"高屋建瓴"的视角拓展了空间的表现力，让观众有一种俯瞰众生的感觉，营造了一种特殊的沉浸效果，也对应了VR影像需要提供特别、别致、新奇等场景体验的要求。

外聚焦叙事是以一种置身局外的旁观者身份展现由人物言行构成的场景，不作阐释，不透视人物内心，对拍摄对象也不加干预。《峨眉山》的中间部分正是以外聚焦叙事表现峨眉少女上山送药材游历各个景点的情节，观众在360度全方位的立体空间中与少女一起置身景区，虽然不能透视人物内心，却能一起感受共同运动带动场景迁移的"移步换景"效果。《峨眉山》这种360度全景影像、现场同期及CGI混合式聚焦的多视角叙事形态，形成了强大的移情引擎功能，无疑增加了纪录片现有的表现维度。

（三）视听语言：场面调度的重要性更加凸显

VR模拟了视觉、听觉和触觉等感官系统，也拓展了纪录片的视听语言。VR制造了身临其境及多模态感知的"我在现场"的沉浸式虚拟幻象，360度全景视角使观众能够主动进行场景体验、选择和交互，但是这种全景视角之下，观众的信息接收会因为缺少聚焦而被分散，因此需要加以引导才能达到良好的观影效果。VR文物纪录片中画面动作、字幕位置、机位方位及光线等视觉语言，环绕立体声、同期声等听觉语言都有了不同于传统纪录片的特征，创作者需要运用场面调度理论对画面进行适当的引导。

1. 视觉语言

第一是画面动作。有学者认为"运动，是最容易引起视觉强烈注意的现象"[①]，通过画面中运动元素引导观众的视线是VR纪录片创作需要考虑的方式。《峨眉山》之所以构建峨眉少女一路上山送药材的主线，就是通过登山、交接药材、山涧喝水、观猴等一系列动作和视线方向引导观众的视角，使观众的视角不至于太过偏离导演想要表现的中心情境。第二是字幕位置。在VR纪录片中，字幕不仅可以补充画面信息，其位置对观众的视觉焦点也具有重要的指引功能。《峨眉山》使用的是单向字幕，被置于画面的核心内容方向，当观众根据需求进行视角调整和选择时可能会脱离字幕信息，但一段时间后往往会依照惯性寻找字幕所在的区域。《峨眉山》中关于典故的介绍、关于奇珍动植物的说明都需要字幕的补充才能得到更好的理解，因此字幕在VR文物纪录片中的引导作用不容小觑。还有一些VR纪录片使用的是多向字幕，但这种纪录片更偏重于交互方式的使用，其形态或可以被归为交互式纪录片，与本部分研究的VR纪录片在特征上亦有很大区别。第三是机位方位，包

[①] ［美］鲁道夫·阿恩海姆:《艺术与视知觉》，滕守尧、朱疆源译，四川人民出版社1998年版，第508页。

括机位的高低及距离。拍摄位置的变化会给画面带来截然不同的视觉感受，拍摄位置分为拍摄高度、拍摄方向与拍摄距离。360度全景拍摄方向使VR文物纪录片需要在机位的高低和距离上做文章，机位高低决定了观众俯视和仰视的程度。《峨眉山》后半部在峨眉金顶的画面都是高机位，意在让观众通过俯视感受雄浑壮美的景观。关于观众与画面合适的距离设置公认是1米到4米左右，在这个区间内，画面中人物的眼睛、面容和纹理都能被清晰目睹，并让观众对画面中的人物产生弄假成真的错觉感。《峨眉山》中有一段游客与峨眉山猕猴近距离接触的场景，观众置身于人猴混杂的场景，但因为观众与画面距离设置合理，会让人产生身在其中忘我的沉浸感。第四是光线的取舍。VR场景画面也需要通过色调明暗及光线强弱等来完成对主次内容的凸显与弱化。《峨眉山》中峨眉少女来到寺庙前的泉水边喝水，此时明亮的光线照向泉水边，自然而然将观众的视点也引向泉水边。

2. 听觉语言

在视觉文化如日中天的当下，听觉文化也在逐步崛起。德国学者沃尔夫冈·韦尔施认为，"在视觉霸权两千年后，听觉理应得到解放"[①]。VR文物纪录片中，声音同样是引导注意力的重要手段，不论是人物声音，还是音乐、音响和音效，都能发挥各自的功能，辅助完成有效叙事，而且在这类纪录片中，因为观众的视点更为自由，声音塑造空间、增强空间立体感的功能得到了强化。比如《峨眉山》中游览生态猴区的画画，猕猴叫唤的声音从观众后方位置传来，观众会自然转身，接下来视频的重心就放在了转身之后的区域，导演正是通过对"发声"位置的转换达到引导观众视线的目的。当然声音需要真实还原、准确定位空间位置，混乱的声音易使观众遗漏画面的重要信息，影响观影效果。《峨眉山》中的现场音都是分层录制、360度收声再整体合成，形成的效果

---

① [德]沃尔夫冈·韦尔施：《重构美学》，陆扬、张岩冰译，上海译文出版社2002年版，第329页。

宛如置身现场一般。

从记忆建构的路径来看，记忆实践中的快感体验有可能造成集体记忆的异化。以扬·阿斯曼（Jan Assmann）夫妇为代表的后现代学者曾指出在现代主义的影响下"记忆危机"的来临。互联网技术蓬勃发展的语境下，历史意识的消解和消费文化的渗透可能会导致这样一种情况，当参观者利用博物馆的新技术影像建构集体记忆时，很大程度上让他们感兴趣的并不是呈现的内容本身，而是寻求一种感官上的满足。首先，新技术影像表现为一种特殊的记忆载体，在这里记忆内容与具体文物的关联性被大大弱化，至少影像与现实之间的物质性关联被不可避免地稀释，文物成为漂浮于人们脑海中的虚幻想象。其次，数字化的信息可能过于翔实、丰满，但超载的形态往往造成参观者的不易消化、集体无意识和不自觉遗忘。最后，当"娱乐感"成为文物影像叙事的泛在特质，新技术影像对于记忆主体的吸引力更多在于它提供的是一个沉浸式体验的视觉空间，而不是内容的记忆场，也因此文物新技术影像的功能性意义往往被忽视。从这一点来反思 VR 影像，当记忆内容变成视觉性商品，记忆实践异化为一种视觉消费实践，记忆文化就可能被视觉消费文化替代。[1]

第四节　文物类电子游戏：互动叙事与空间叙事

随着互联网技术的发展、移动通信工具的更新换代，电子游戏蓬勃发展，势不可当，一方面，它"普遍而深刻地构成了当代年轻人日常生活的一部分，成为当代人精神生活的载体或表征，并在某种意义上同当代人的精神结构及认知方式发生着相互作用"[2]；另一方面，因为游戏成瘾、暴力等负面元素的长期存在，它被视为"鸦片海洛因"等一类精神

---

[1] 于莉莉：《新技术影像与博物馆集体记忆的多重建构》，《东南文化》2020 年第 4 期。
[2] 李壮：《论电子游戏的叙事和文化逻辑》，《南方文坛》2019 年第 1 期。

毒品被简单粗暴地排斥。但是不容否认和忽视的是电子游戏体量惊人的用户群体与显而易见的市场前景，正如雅克·阿达利所说："游戏不仅仅是娱乐。在明日之迷宫中，游戏将变成一种生活道德，一种自由生存的形式，同时也是一种超越金钱的享受形式，是学习思考、挑战和运用智谋的形式。"① 带有官方背景的美国国家艺术基金会（NEA）2011年5月宣布，包括电子游戏在内的互联网媒体内容都被确认为艺术形式，电子游戏成为继绘画、雕塑、音乐等之后的"第九艺术"，它以崭新的视听形式和数字美学，"科技性、媒介性和大众参与性"等特质，显示出"迥异于传统艺术"的生命力。② 国内对电子游戏的认识和观念经历了较大的变迁。学者何威、曹书乐在对《人民日报》中的游戏报道进行历时性分析后认为，其报道框架已从"电子海洛因"向文娱新方式的定位转化。③ 国家发改委、国家体育总局、国务院办公厅、教育部、文化和旅游部等中央及各部委也多次在专项规划或政策中为电子游戏产业发展提供支持与规范。政策话语的转向为电子游戏和文化教育领域的跨界提供了契机，特别是随着数字化在文物传播领域的逐渐深入，文物类电子游戏以及嵌入文物元素的电子游戏成为重要的游戏形式得到开发。关于文物与电子游戏跨界融合的议题也成为学者关注的重要课题，并且持续升温。

一　文物类电子游戏的发展现状

（一）电子游戏的分类

电子游戏是指依托于互联网平台进行的交互游戏，其相关称谓很多，如数字游戏、视频游戏、电脑游戏等，本书统一使用"电子游戏"

---

① ［法］雅克·阿达利：《智慧之路——论迷宫》，邱海婴译，商务印书馆1999年版，第15页。
② 胡智锋、刘俊：《何谓传媒艺术》，《现代传播（中国传媒大学学报）》2014年第1期。
③ 何威、曹书乐：《从"电子海洛因"到"中国创造"：〈人民日报〉游戏报道（1981—2017）的话语变迁》，《国际新闻界》2018年第5期。

一词。传统游戏包括游戏目标、规则和环境三要素,电子游戏也因此具有数字化、娱乐性及三要素等特性。① 依照载体的不同,电子游戏可分为街机游戏、主机游戏、掌机游戏、电脑游戏、移动端游戏等五类;② 依照内容的不同,可以分为角色扮演类、竞速类、冒险类、模拟类游戏等。③ 虽然电子游戏进化出五花八门的分类,但依据核心逻辑的不同,大致可以纳入两种大的类型:"积累型"和"消耗型"。"积累型"电子游戏强调长期持续的成本投入以获得游戏资本,"消耗型"电子游戏则强调以最快的方式释放能量赢取胜利。前者以角色扮演类为典型,玩家通过不断"练级""刷装备"来使"菜鸟"成长为"大神";后者以即时类游戏最为典型,在同等条件和资源下通过对战双方的即时操作和策略选择决定胜负,游戏结束时一切清零。虽然两种游戏形态会有重叠的规则,但二者在核心模式上的区分是明确的。④

(二) 文物类电子游戏概况

文物类电子游戏是运行于网络终端、具有文物元素的电子游戏,大致分为文物元素独立游戏和文物元素嵌套模式游戏两大类。⑤ 前者是将文物作为内容主体的独立游戏,故宫博物院与网易游戏共同推出的《绘真·妙笔千山》属于博物馆和游戏开发方合作游戏类型;法国的《凡尔赛1685》(Versailles 1685)算是最为经典的博物馆与游戏开发方合作的解谜类游戏案例;《我的博物馆故事》(My Museum Story)作为以运营博物馆为主要任务和目标的游戏,是未与具体博物馆进行合作开发的独立游戏类型。后者多以 IP 授权的方式进行合作,特别是在成熟的电子游戏运营中加入文物元素,比如《王者荣耀》中腾讯与敦煌研究院共同开

---

① 恽如伟主编:《数字游戏概论》,高等教育出版社 2012 年版,第 5、6 页。
② 李国强、宋巧玲:《作为新型艺术形态的电子游戏:科技、审美与跨界》,《中国文艺评论》2018 年第 1 期。
③ 王强:《电子游戏分类盘点》,《文化月刊》2018 年第 4 期。
④ 李壮:《论电子游戏的叙事和文化逻辑》,《南方文坛》2019 年第 1 期。
⑤ 邢丽霞:《对国内博物馆移动端游戏的探究与认识》,《科学教育与博物馆》2021 年第 3 期。

发"飞天皮肤";《一起来捉妖》中腾讯游戏与五大博物馆合作,将金翅鸟、三星堆青铜纵目面具和鹿角立鹤等千年文物进行 IP 超活化定制,文物化身精灵进入游戏陪伴玩家;《奇迹暖暖》和《云裳羽衣》则分别是故宫博物院和其他博物馆合作的换装游戏,其中的服饰套装均来自对馆藏文物的二次创作;《我的世界》中大英博物馆和泰特现代美术馆分别嵌入其标志性建筑和经典收藏。这些都是在某些环节或情节中加入文物元素,属于文物元素嵌套模式游戏。

  文物类电子游戏在国内的兴起与国家政策导向、博物馆数字化大发展和移动设备的更新换代都有密切关系。首先,党的十八大以来,"让文物活起来"日渐成为文博事业的导向,协作、开放、跨界等互联网思维在文博行业越来越受到重视,"互联网 + 中华文明"三年行动计划作为重要的推动性政策出台后,"互联网 + 文物文创、文物动漫游戏等工作……"① 逐步铺开,文物类电子游戏也成为国家支持项目,获得快速发展。其次,博物馆数字化大发展为博物馆元素在游戏终端的应用提供了丰富的素材,现有文物游戏终端的成功探索也为文物类电子游戏发展提供了借鉴。据不完全统计,从 2018 年到 2021 年,至少有超过 12 家游戏厂商,高达 24 款游戏产品与故宫博物院、陕西历史博物馆、敦煌博物馆、中国文化交流中心等 25 家国内知名文博单位开展了 33 起各具特色的跨界合作。其中比较有影响的包括 2019 年网易《梦幻西游》与陕西历史博物馆的"千年瑰宝"深度联动合作,这次合作以"国宝守护和壁画修复"为主要内容;苏州博物馆和《奇迹暖暖》2020 年推出服饰游戏,通过游戏展现宫廷服装、配饰之美与艺术特色;故宫博物院与网易联合开发的《绘真·妙笔千山》,向玩家展现青绿山水风,是极少数家长孩子都认同的游戏产品之一;2021 年武侯祠博物馆与策略游戏《鸿图之下》联合推出了"一起来鸿图云逛武侯祠大庙会"相关活动,玩家

---

① 《五部门关于印发〈"互联网 + 中华文明"三年行动计划〉的通知》,文物局网站,ht-tp://www.gov.cn/xinwen/2016 – 12/06/content_ 5143875.htm, 2016 年 12 月 6 日。

可以深入了解川蜀地域特色和三国时期蜀国的历史背景。游戏厂商与国外博物馆的合作也不鲜见，《和平精英》与纽约大都会艺术博物馆的联动就是典型的例子。

　　文物类电子游戏的开发具有很强的现实意义。对博物馆来说，电子游戏已经从新兴的艺术形态成长为通俗文化的主力军，移动端电子游戏更是信息传播、娱乐教育、社交互动最具影响力的媒介形式之一，随着近些年来传统文化复兴和国风热潮渐浓，博物馆也开始通过电子游戏等渠道拓展年轻受众。对游戏开发者来说，结合传统的文物、国风元素绘制新颖的游戏角色、游戏皮肤或是将其贯穿于整个游戏之中已成为新的趋势。博物馆丰富的智力和文化资源能够增加游戏的文化价值，如何在电子游戏迅速更迭的背景下实现对中华文化的深度运用，是游戏开发者不敢轻言放弃的机遇。当然，游戏开发公司在商业运营上的成熟模式和基础市场等优势，也是博物馆意欲将游戏开发公司作为跨界合作对象的因素。商业力量是推动文物类电子游戏发展的重要现实基础，对文物跨界实践的影响将是结构性的。对玩家而言，文物电子游戏可以为玩家提供更丰富的叙事体验、文化熏陶和知识提升。在"寓教于乐"的功能之外，有学者认为电子游戏中存在歪曲历史、简化历史知识等不当设置，或许会损害玩家的历史认知，比如《王者荣耀》中刘备的造型是使用枪支的"黑帮"教父，而荆轲则被设定为女性。也有学者在研究中发现游戏会影响玩家对历史文化的情感认知，但对历史的了解意愿和事实认知方面影响并不显著。[①] 无论如何，文物类电子游戏正处于探索阶段，还有很大的发展空间。

二　电子游戏的数字叙事

（一）电子游戏研究的两大范式：叙事学与游戏学

在诸多新媒体形态中，电子游戏以其崭新的互动性和叙事性等诠

[①] 何威、李玥：《戏假情真：〈王者荣耀〉如何影响玩家对历史人物的态度与认知》，《国际新闻界》2020年第7期。

释了新媒体的特性和未来的发展趋向，也成为严肃学术课题的研究对象。基于其跨学科的属性，学界的研究也存在一定的复杂性。国际游戏开发者协会曾就游戏研究框架提出了九大核心主题，包括游戏与社会、创作与脚本、互动性故事设计等，共涉及约 200 个领域与学科范畴。① 拉尔斯·科扎克（Lars Konzark）也提出了包括硬件、编码、游戏行为等七个不同层次的电子游戏分析方法论框架。② 虽然丰富多样的研究方法和学科领域为电子游戏研究提供了理论依据和研究方法，但是在 2000 年以后，关于电子游戏的研究逐渐分裂为形式主义学派和情境主义学派两大学派。③ 前者注重电子游戏本体层面的形式、文本及相关哲学问题研究，后者侧重于对游戏玩家及其背后的社会语境及文化研究。④ 在形式主义学派内部也形成了"叙事学"和"游戏学"两种不同的理论范式。"叙事学派"强调"表征"内涵，认为游戏本质上是一种新的交互叙事"文本"，以珍妮特·默里（Janet Murray）及其著作《全息甲板上的哈姆雷特：赛博空间叙事的未来》⑤ 为代表；"游戏学派"强调"规则"属性，认为游戏的本质体现在组织方式上，是一种规则的模拟而非影像表征的叙事，也因此其代表人物埃斯潘·阿尔萨斯（Espen Aarseth）在其代表作《超文本：遍历文本的视角》中将游戏的本体属性概括为一种超文本。⑥ 概括而言，两者的分歧在于叙事和规则对电子游戏而言哪一部分更为重要，但是它们都着重于研究游戏的形式和结构，都被归于形式主义学派。21 世纪后，游戏

---

① 关萍萍：《互动媒介论——电子游戏多重互动与叙事模式》，博士学位论文，浙江大学，2010 年，第 16 页。

② Lars Konzack, "Computer Game Criticism: A Method for Computer Game Analysis", proceedings of the Computer Games and Digital Culture Conference, DBLP, 2015.

③ Nielsen, S. E., Smith, J. H. and Tosca, S. P., *Understanding Video Games: The Essential Introduction*, New York and London: Routledge, 2016, pp. 12 - 13.

④ 刘涛、曹锐：《程序修辞：游戏研究的修辞学范式》，《新闻界》2021 年第 1 期。

⑤ Murray, J. H., *Hamlet on the Holodeck: The Future of Narrative in Cyberspace*, New York: The Free Press, 1997, p. 15.

⑥ Espen J. Aarseth, *Cybertext: Perspectiveson Ergodic Literature*, Baltimore and London: The Johns Hopking University Press, 1997, p. 5.

研究不再执着于叙事和游戏的冲突，博格斯特提出"程序修辞"的范式①，亨利·詹金斯和史蒂芬·居尔提出游戏研究的空间转向②，都大大拓展了电子游戏研究的学术视野。

（二）电子游戏的空间叙事和互动叙事

虽然学术界仍有质疑，但电子游戏的确显示出其独特的叙事性。比如"积累型"游戏在持久的线性叙事过程中，会经历游戏人物的成长、情节的展开、细节的处理，包括不可或缺的等级提升、装备掉落、读档重来等桥段；"消耗型"游戏的每一小局同样可以被看作微型叙事文本，也会有伏笔、发展、高潮与悬念的情节与节奏。和电影、电视剧等媒介形态的不同在于，电子游戏的叙事特征不仅包括事实或故事本身，还涉及游戏、模型和叙事三大基本的符号体系，它既具有传统叙事的某些特征，又呈现出一些新型的媒介特征，新旧特征互相牵制，又彼此逃离、不断越界。③

1. 电子游戏的空间叙事

约瑟夫·弗兰克于1945年在论文《现代小说中的空间形式》中首次提出"空间形式"的概念和空间叙事问题，认为空间本身也具有展开情节的作用，同时提出了空间形式、物理空间和心理空间三个维度，对后续研究奠定了基础。小说家亨利·詹姆斯在创作实践中拓展了文学叙事的空间维度，比如注重空间意象的生成，激励读者参与小说文本空间的建构。巴赫金则在理论上提出空间的意义，他在《小说的时间形式和时空体形式》中提出"时空体"的概念，侧重时间的空间化形式。20世纪70年代以后，叙事学开始注重对空间问题的研究。查特曼在《故事与话语：小说和电影的叙事结构》一书中提出"故事—空间"和"话

---

① Bogost, I., *Persuasive Games: The Expressive Power of Videogames*, Cambridge: The MIT Press, 2007, p.29.
② 汪博：《从"空间"到"地方"：游戏世界空间意义体验的设计思考》，《装饰》2021年第4期。
③ 李壮：《论电子游戏的叙事和文化逻辑》，《南方文坛》2019年第1期。

语—空间"的区别,在他看来前者指故事发生的环境,后者则是叙述行为发生的场所,他还同时提出了"视角""聚焦"等概念。① 米克·巴尔在《叙述学:叙事理论导论》中也提纲挈领地表述关于叙事中空间要素的基本观点。②

进入 21 世纪,叙事学领域对于空间问题的研究视野更为宽阔。比如,游戏研究也进入叙事学的"空间"转向。美国学者亨利·詹金斯率先引入"空间性概念",他认为空间场景的构建会促成不同的叙事体验,游戏故事是通过玩家与空间场景的互动而产生,电子游戏更倾向于是一种"叙事建筑"而不是"文本",他还提出了"联想型空间、演绎型故事、嵌入式叙事和生成性叙事"四种空间叙事模式。③ 史蒂芬·居尔在关于电子游戏空间叙事的研究中提出"空间—图像"和"图像—空间"的概念,认为这是电子游戏和其他传统媒介空间叙事最大的区别,后者只是用图像营造了空间的幻觉,前者却是基于一个真实的虚拟空间,只是这个空间通过图像来呈现而已。④ 电子游戏的空间叙事还出现了两种研究进路,分别是"空间本体论"和"空间体验",分别指向将地景空间作为主体的研究对象和作为亲历空间来审视,⑤ 前者属于物理意义上的延展空间,为服务于玩法设计而呈现多样形式,后者更注重玩家和空间的互动关系,探讨玩家的空间实践和意义体验。⑥

2. 电子游戏的互动叙事

互联网兼收并蓄、开放协同的特质赋予了电子游戏互动性重大的意

---

① [美] 西摩·查特曼:《故事与话语:小说和电影的叙事结构》,徐强译,中国人民大学出版社 2013 年版,第 5、6 页。
② 陈岩:《试论电影空间叙事的构成》,博士学位论文,南京艺术学院,2015 年,第 3 页。
③ 亨利·詹金斯、吴萌:《作为叙事建筑的游戏设计》,《电影艺术》2017 年第 6 期。
④ Stephan Günzel, "The Space-Image, Interactivity and Spatiality of Computer Games", Proceedings of the Philosophy of Computer Games, Potsdam: Potsdam University Press, 2008, p. 170.
⑤ Paul Martin, "Landscape and Gamescape in Dwarf Fortress", Proceedings of the Philosophy of Computer Games, 2013, p. 76.
⑥ Olli Leino, "Untangling Gameplay: An Account of Experience, Activity and Materiality within Computer Game Play", The Philosophy of Computer Games, Dordrecht: Springer, 2012, pp. 57 – 75.

义。传统游戏包括游戏规则、游戏与玩家的关系、游戏行为与游戏外世界的关系三个方面,[1] 可见互动就是其中不可或缺的因素。电子游戏更是具有与生俱来的互动性,"游戏具有高度的参与性和在场感,能够制造一种完整的互动情境,或者说生命流"[2],这也是电子游戏作为新媒体形态区别于传统媒体形态的重要特征。在这种互动中,玩家主动介入叙事,对文本有一定的控制权,同时玩家也是叙事的联结者,如果没有玩家参与,游戏就不能被激活,叙事也无从谈起。互动被认为是彼此相关信息的传递,依托互联网技术的互动传播通过人与人、人与内容和人与电脑三个层面的交互行为,产生了复杂浩大的虚拟世界意义系统。[3] 这三层互动重叠交织,相互融合,使电子游戏互动的深度和广度达到其他媒介难以企及的程度,这也是在线互动性游戏备受瞩目的重要原因。

第一,玩家与计算机的互动。计算机是电子游戏运行的必要设备,玩家在电子游戏中的所有互动行为都基于计算机的运算,因此玩家与计算机之间的互动是其他两层互动的技术保障以及"过滤层"。同时,玩家与计算机的互动是人与硬件设备之间的信息交互和行为反馈,被看作"一种双向交流,其中系统被看作是一个人物角色或伙伴,与玩家具有同等重要的地位"[4],从这一点来看,人机互动与现实生活中的人人互动可以相提并论,特别是在"质量"和"同步性"两个方面无限接近。玩家与计算机的互动包括玩家与硬件设备和软件设备两种互动,前者通常是玩家通过键盘、鼠标或手柄等装置输入指令,当下各种体感装置的发明也给玩家带来了更多沉浸式体验;后者主要指玩家通过互联网系统进行信息传递的交互过程,比如发布信息、线下交流或者与 NPC(不受

---

[1] [丹] 杰斯珀·尤尔:《游戏、玩家、世界:对游戏本质的探讨》,关萍萍译,《文化艺术研究》2009 年第 3 期。

[2] 鲍远福:《网络游戏与新媒体时代的文艺理论》,《内蒙古社会科学》(汉文版) 2019 年第 6 期。

[3] 关萍萍:《互动媒介论——电子游戏多重互动与叙事模式》,博士学位论文,浙江大学,2010 年,第 4 页。

[4] [美] 弗里德里:《在线游戏互动性理论》,陈宗斌译,清华大学出版社 2006 年版,第 48 页。

玩家控制的游戏角色）互动等。① 日新月异的互联网技术使作为"人工现实"的游戏虚拟环境越来越接近真实世界，比如游戏中的非玩家角色开始具有个性特征和实体特质，可以通过预测对玩家行为作出不同反馈。另外，现有的电子游戏对工具的使用都极为简单，不会涉及很复杂的互动，这些都有效保证了玩家的游戏体验。

第二，玩家与玩家的互动。早期的电子游戏多为单人操作和体验，交往手段多以文字和图像为主，在线聊天、游戏攻略或个人心得在"信息板"上的发布、群组讨论等都能体现彼时的互动色彩。随着系统设置的升级、游戏设计的更新和开发理念的成熟，各种形式的游戏体验方式开始层出不穷，从频道聊天、比武切磋、方士任务、江湖奇遇到组队升级等，单一的闯关式叙事不断被颠覆，转变为全新的开放式叙事。玩家不但可以实现真正的即时交流，相互影响他们对游戏世界的感知，也能对其他玩家造成影响，甚或改变游戏世界的状态。游戏玩家体量不一，有的数量庞大，以目前全球下载量排名第三《王者荣耀》为例，最高同时在线人数已破100万，日活跃用户在750万，但并不是所有的玩家都有互动与交集。依据玩家游戏目的的不同，弗里德尔（Friedl）将玩家的互动范围分为宏观社区、微观社区和朋友三个层次②，但实际上玩家的互动对象选择主要集中在后两个圈层。根据游戏行为方式和需求的不同，文字网游网络泥巴（Multiple User Domain）最早的开发者之一理查德·巴图（Richard Bartle）将玩家分为四大类型，包括成就型玩家、探索型玩家、社交型玩家和杀手型玩家，也被称为"巴图玩家模型"③。杀手型玩家倾向于在游戏中纯粹追求压制对方、掌控局势；成就型玩家热衷于达成如完成关卡、取得高分、升到满级、打造完美的装备等游戏里

---

① 李雅君：《网络游戏中的交互叙事研究》，《青年记者》2018年第20期。
② ［美］弗里德里：《在线游戏互动性理论》，陈宗斌译，清华大学出版社2006年版，第75页。
③ Bartle, R., "Hearts, Clubs, Diamonds, Spades: Players Who Suit MUDs", *Journal of MUD Research*, No. 2, 1996, p. 19.

的目标；探索型玩家的目标是追求发现新事物的喜悦；社交型玩家则更喜欢交易、世界聊天等游戏里的社交元素。

不同类型玩家之间的互动也有各自的规律和特点。但不管这些互动多么形态各异，都显示出从游戏故事走向真实生活领域的"越界性"[①]特征。如《三国大作战》《召唤师》《后发制人》等卡牌类游戏并无太多情节，界面设置也略显单调，但是这类游戏却以极强的现实社交性弥补了线性叙事的薄弱，使互动得到加强。在这些游戏中，玩家组团进行"军团战"，为协作参战他们的互动会延伸至现实世界的微信群，敌对团成员之间会出现对抗、对骂、策反、倒戈等线上行为，以及可能会蔓延至线下的"揭秘""爆料"等举动，由此产生真实的"恩怨情仇"，以及大量的次生文本。在这种玩家与玩家的互动中，游戏的叙事已经超越了文本和媒介的畛域，玩家主体完成了一种"自我叙事"与"自我建构"，他获得的这种比如"大神"的虚拟身份，不但与现实主体产生勾连，而且这种自我认同与接受可能远远超过我们的想象。

第三，玩家与游戏内容的互动。玩家与游戏的互动其实是彼此之间双向信息处理的"映射"过程，即玩家需要把自己的意图、目标和行为作用于游戏，游戏给出回馈，玩家再给予反应。从过程来看，其互动包括玩家的使用、游戏系统和体验三大关键要素，其中最重要的关注点在于玩家对游戏的使用、参与和体验。玩家进入游戏之中，享受开发者设定的虚拟时空，包括剧本、美术、音乐音效、玩家互动、UI 界面、运营的活动以及世界观，一些如控件系统规范、信息反馈提示规范、极限状态处理规范、手势设计规范、动效设计规范等隐性的设计规范，还包括玩家可能将这些元素融会进现实世界，比如 cosplay（角色扮演）、手办设计及道具制作等，以及随之衍生的各类营利活动。

沉浸理论对分析玩家与游戏之间的互动也具有一定启发意义。早期沉浸理论认为，挑战与技巧是影响沉浸的主要因素。挑战太高，使用者

[①] 李壮：《论电子游戏的叙事和文化逻辑》，《南方文坛》2019 年第 1 期。

会因缺少控制能力产生焦虑或挫折感；挑战太低则会因无聊而失去兴趣。[①] 1985年马西米尼（Massimini）在研究中也发现挑战与技巧必须达到一定程度，才有可能产生沉浸体验。[②] 诺瓦尔（Novak）和霍夫曼（Hoffman）等人从1996年开始关注沉浸理论及人机互动，认为除了前两个因素外，专注也是重要的前提。也有学者总结互联网环境构成沉浸体验的十种状态，分别是鼓舞、挑战、控制、注意力专注、互动、涉入、玩乐性、技能远距临场感、时间扭曲等[③]，电子游戏的沉浸与其有诸多共通之处。

玩家与游戏的互动还体现在玩家作为游戏的创作者这个层面，特别体现在玩家在参与游戏内容建构方面形成了全新的消费模式。在这个模式中，成千上万的玩家不但是产品积极的消费者，也作为富有感性、能动性和创造力的个体，投入到这些开放性产品的创作、改良、修补甚或旁逸斜出的新叙事中，虽然并非所有人都会做出贡献，但只要有百分之一的人做出极微小的改动，累积起来就是潜能无限的研发创新，这也就是赫茨所谓的"百万猴子法则"。在电子游戏的文本中，因为多种互动造成的不确定性和多线性带来蓬勃的审美活性，刺激玩家对叙事文本的多向介入和能动参与，以及对各自生存价值哲学的不懈追寻。

三 文物类电子游戏的数字叙事特征

"文物+电子游戏"的跨界融合逐渐丰富，电子游戏在文物展览与传播、公众体验与领略中越来越引人注目，这种轻快便捷、润物无声、寓教于乐的方式正潜移默化地进行着传统文化的渗透。[④] 在关于文物类

[①] Mihalyi Csikszentmihalyi, *Flow: The Psychology of Optimal Experience*, New York: Harper Collins, 1990, p.11.

[②] 陶明华、王斌：《沉浸理论在虚拟学习环境设计中的应用》，《中国教育信息化》2009年第17期。

[③] Novak, T. P., Hoffman, D. L. and Yung, Y. F., "Measuring the Customer Experience in On-line Enviroments: A Structural Modeling Approach", *Marketing Science*, No.1, 2000.

[④] 张紫嫒：《博物馆+数字游戏：跨界的话语和实践》，《中国博物馆》2021年第2期。

电子游戏的相关研究中，研究者对其内容设计、规则设计及与新技术的融合等问题进行了探讨，但是对其特有的叙事形态的关注明显欠缺。依上文所述，电子游戏具有明显的交互叙事特征，那么以文物为主要对象的文物类电子游戏呈现出哪些特有的叙事体验呢？本部分以2019年故宫博物院和网易游戏共同推出的、比较成熟的互动叙事类手游《绘真·妙笔千山》为例进行分析。

（一）文物类电子游戏《绘真·妙笔千山》

《绘真·妙笔千山》由故宫博物院与网易游戏公司协作出品，2019年1月在200多个国家与地区发行。这部手游以珍藏于故宫博物院、由北宋著名画家王希孟绘制的《千里江山图》为蓝本制作，《千里江山图》被誉为十大传世名画之一，代表了青绿山水领域的最高水准，具有高度的美学价值，自从在央视文物类节目《国家宝藏》中出现，一度获得广泛的知名度。《绘真·妙笔千山》采用青绿山水画法绘制了游戏场景，游戏中玩家要跟随主角和尚一修和少年墨言进入画师妙山先生的画中，通过一段段奇幻故事，破解画中谜题，领悟绘真奥秘。以一幅绘画作品为蓝本，运用于游戏的尝试并不多见，《绘真·妙笔千山》既还原了青绿山水的唯美意境和绚丽色彩，让人领略国宝神韵，又在身世之谜的逐层探究中让人体会游戏之乐，实现了古典艺术灵韵与现代游戏的交融。

（二）文物类电子游戏的空间叙事

"空间叙事"并非等同于"叙事空间"，究其根本，叙事空间是故事发生的场景空间等，而"空间叙事"则着眼于如何围绕空间进行叙事创作，更关注玩家在游戏世界的空间实践和意义体验。对《绘真·妙笔千山》这类以文物特别是以名画为核心的游戏而言，其空间创设已经超越形式成为内容本身，形构了以空间为创意原点与叙事核心的空间叙事思维模式。[1]

---

[1] 张净雨：《空间叙事思维与叙事空间特色——近年中国奇幻片的空间叙事研究》，《当代电影》2016年第11期。

1. 重现原画的地志空间

空间可以被分为地志空间、心理空间和第三空间，地志空间是最基本的层面，包括场景空间（如城市与乡村）、形式空间（如现实与梦境）、空间概念（如内与外）等，因此它并不局限于一般认知中的地域或场景概念，而强调其背后的文化属性。在电子游戏中，通过图片、文字、音乐及影像建构的互联网游戏空间首先是一个地志空间，它不仅展现了整个游戏实体场景，也折射出文化、时代、建筑、阶层等游戏背景。[①]

传世名画《千里江山图》全长 11.92 米，长度是家喻户晓的《清明上河图》的两倍，是现存最长的宋代绘画。画卷描绘的是祖国的锦绣河山，画面根据山水布局开合，大致可以分为六个段落，画中峰峦层叠，群山延绵不断，江河烟波浩渺，村舍民居散落其间，人物细小如豆栩栩如生。全画"平远""高远""深远"三远结合，气势开阔，壮丽恢宏，景致丰富，浏览画卷仿若在画中游历宋朝山水。从《千里江山图》到《绘真·妙笔千山》，采用的是纤毫毕现、"百分百复刻"的基本思路，根据游戏创作方宣传，"仅仅是《千里江山图》中的一小部分，就被开发团队细分为 25 个小模块，其中山石有近景和远景 7 种绘法，地表则有 5 种类型，植物提炼出 4 种模型，连最常见的石头也有 2 种不同造型"。从青绿山水画法的复现、整体泛黄的绢本质感，到精心雕琢的局部图景，都让人恍惚究竟看到的是原件还是游戏页面。

首先，地点选择。《绘真·妙笔千山》用五幅画作勾连起整个游戏，分别是《比翼》《沧海》《两仪》《太真》《千里江山图》，每幅画的场景各有特色。

《比翼》远景是一叶轻舟、连天山水、烟波浩渺、层峦耸翠，近景则是比翼鸟、双生树和一对佳人屋舍农田的世外桃源；《沧海》中青绿山水加入大量的辰砂赭石之色，一改前篇的闲适田园画风，转而变成肃杀之景和壮阔的深海之景；《两仪》泛滥的赤色与青绿的群山交织在同

[①] 丁子佳：《网络游戏叙事研究》，硕士学位论文，南京艺术学院，2018 年，第 17 页。

一幅画面。"青绿山水"作为一种中国画的传统技法，以石青、石绿等矿物质为主要原料，辅以赭色进行作画，画作上的山石会用青绿色层层染制，其他对象的用色也会以浓重为特点，使整个画面统一在大青绿的色彩基调中，整个画作层次分明、物象凝重庄严、青绿相应艳而不俗。①因此关于场景设置，游戏参考了古画中的画法技巧、山体趋势、青绿山水的厚重层次、色彩的组合特点以及绢本设色的绘画质感，真实还原了《千里江山图》的特点。②同时，创作者通过自研的 NeoX 引擎和专有游戏技术开发平台，将游戏地表、山石、植被等拆分而作，结合手绘和3D 建模，使用独特的渲染技术，使水纹、山石、云海灵动，使传统的平面绘画转化为逼真的 3D 游戏场景，或者至少能让人体会到"2D 世界中的 3D 感"③。

其次，建筑设计。在电子游戏场景中，建筑是必不可少的配景。《绘真·妙笔千山》中的建筑，从屋舍村落到桥梁渡口都在原作的基础上被一一重现。根据傅熹年先生对《千里江山图》中长桥"桥身以三根柱子并列，上架横梁，为一组构架""亭为重檐攒尖顶，四面出龟头屋，构成十字形平面""使中央桥亭成为一座平面十字形的二层楼阁"等的描绘，《妙笔千山》对细节的还原极为考究，一方面直接沿用"垂虹桥"的名称，形构"十字形二层楼阁"的外貌特征，另一方面在桥上设置游戏机关，使桥面断裂而玩家要利用道具予以修复，从而将绘画语言转化为游戏空间。④有时候出于任务设置的需要会对原画细节进行一定的微调，如原画中四方三层僧塔就被改装为八卦三层丹炉，在原画的基础上渗入家喻户晓的八卦元素，无疑增添了一份亲切感。由此，复刻奠

---

① 《〈绘真·妙笔千山〉：我在游戏里学国画》，网易，https：//baike. baidu. com/tashuo/browse/content？id＝7e0fcb27ae98ecf4468d8d59，2019 年 1 月 17 日。
② 《〈绘真·妙笔千山〉主美：中国传统青绿山水画风解析》，http：//www. gamelook.com. cn/2019/03/352024，2019 年 3 月 4 日。
③ 张璐瑶：《传统绘画艺术游戏化传播应用研究——以〈绘真·妙笔千山〉为例》，《新媒体研究》2021 年第 2 期。
④ 刘康琳：《博物馆传统文化艺术资源与游戏的跨界——从〈绘真·妙笔千山〉手游说起》，《博物院》2020 年第 5 期。

定了视觉基调,"创造性转化"则增添趣味性,迎合了游戏的属性,也平衡了国风游戏通常存在的疏离感。

最后,游戏道具、服饰与造型。在道具选择方面,无论是五蕴笔、红绫、砗磲、菁草、阪泉剑,或是玄武岩、星辰砂、止雨簪、丹炉键、轩辕令、生辰玺等,都是中国特有的传统文化的象征性器物,另外如比翼鸟、连理枝、双生树等形象元素的运用,使玩家目光所及之处都携带着古典文化的韵味,时时能感受到古人瑰丽的想象力和浪漫主义情怀。而人物造型,基于古人审美和现代玩家的差异性,通过"眼睛变大、脸变小、身材变瘦、服装带"等现代元素的填充与改进,既保留了古画中人物的形象特点,又能让角色形象更贴近现代审美。

2. 故事化的解谜空间

电子游戏造构的艺术天地,是一个仿真的奇异世界。国风文物类电子游戏中唯美的画风、精良的玩法创意、古风盎然的视听语言带给玩家独特而丰富的审美体验,而文学艺术中的经典文本则成为串联整个故事的灵感源泉。那些历久弥新的神话故事、耳熟能详的古代典籍以及声名远扬的武侠传奇都是电子游戏的文化资源宝库。"众多'潜文本'为网游吸收和转化,无数似曾相识的意象、隐喻从'互文性'(intertextuality)的场景中涌出,相互交织的文本创造了一个更感性直观的多维世界,也使网游获得了文化增值。"①

《绘真·妙笔千山》以《千里江山图》为蓝本,故事取材于《山海经》《镜花缘》《长恨歌》等古代奇谈,通过热衷青绿山水的和尚一修的拜师之旅来完成整个解谜的串联。酷爱绘画的一修仰慕当代画圣妙山先生,妙山让他和少年墨言进入自己曾经的画作中,磨炼心性,感悟画道,同时破解谜题、修复五蕴笔,最终一修完成任务,还打造了一幅全新的画作。游戏中共出现妙山四幅画作《比翼》《沧海》《两仪》《太

---

① 陈伟军:《网络游戏的艺术表征与叙事路径》,《现代传播(中国传媒大学学报)》2015年第11期。

真》,每幅画作对应不同主题的传说故事。《比翼》讲述渔妇渔夫间至死不渝的爱情,《沧海》传达鲛姝和精卫真挚的友情以及对族人的守护之心,《两仪》揭示女魃与夫诸为天下苍生牺牲自己的大爱之情,《太真》则描绘了妙山心中所爱,永远年轻、鲜活的女子太真。《绘真·妙笔千山》跳出了以往类似游戏情景单薄、背景虚空的肤浅框架,真正建构了主题、题材、情节、形象、意境统一且丰满的故事世界,也实现了叙事性与游戏的有机结合。当然,《绘真·妙笔千山》作为一款文物电子游戏,在叙事性与游戏性的取舍上确有偏重于故事的特点,它不但选择了解谜这一操作度较低的玩法,而且竭力弱化玩法属性,将更多的精力投放在了内容的展现上。这使《绘真·妙笔千山》的游戏性一度被人诟病,但青绿山水和传奇故事的元素贯穿游戏始终,创作者带给玩家的应该是另一种沉浸体验。

3. 沉浸的意境空间

意境是指抒情性作品中呈现的情景交融、虚实相生的形象系统及其所诱发和开拓的审美想象空间。中国传统绘画的意境美涉及两重结构,一是客观事物的艺术再现,二是主观精神的表现,也就是"外师造化、中得心源",二者的有机融合不但能使创作者调动充分的主动权打破创作局限,还能给欣赏者提供广阔的艺术想象的天地。对于《绘真·妙笔千山》意境空间的营造,音乐和诗歌发挥了很大的作用。就音乐的运用来说,秉持恰如其分、绝不喧宾夺主的原则,采用传统的中国音乐风格,除了少量曲子运用西方管弦乐进行搭配,大部分曲子都采用琵琶、古琴、笛子等中国传统乐器,作曲手法也严格遵照中国古代的五音规则,传达出宁静致远、致虚静笃的感觉。[①] 音效设计也极为考究,花鸟鱼虫、飞禽走兽,所有动物的声音都被逼真地还原,对虫鸣、鸟叫、流水、风吹等进行不同层次的处理,当玩家戴上耳机体验时,真有完全沉

[①] 《〈绘真·妙笔千山〉是如何传播中国传统文化的》,https://baijiahao.baidu.com/s?id=1629790480378015100&wfr=spider&for=pc,2019年4月3日。

浸于世外桃源之感。古诗是电子游戏常见的传统元素，《绘真·妙笔千山》中五幅画的开篇各有两句七言古诗：《比翼》在天愿为比翼鸟，在地愿为连理枝；《沧海》精心诚志卫沧海，舍生忘死护友魂；《两仪》高山流水觅知音，扬沙曼舞为黎民；《太真》戚山远景风雪处，长生殿中有真人；《希孟》千里江山终成梦，五蕴神笔还故人。这些诗句并不是简单地复制传统素材，而是通过改写、转置等方式重新编码，一方面程式的简化使博大、深邃的经典更易于理解；另一方面与现代意趣的对接又能传达更丰富的意境内涵，建构更共情的意境空间，使玩家获得更独特的审美体验。总体而言，《绘真·妙笔千山》的空间叙事不但复刻了格局开阔又细腻精致的千里江山、建构了人与自然和谐统一的景观环境，串联起引人遐想的传说故事，还通过音乐、诗歌等视听觉元素的加持传达出生老病死、求不得、怨憎会、爱别离等一脉相承的心得感悟，使有限的游戏空间释放出无限的大千世界和丰富的思想内容。

（三）文物类电子游戏的互动叙事

电子游戏从本质上讲是一种基于互动的叙事艺术，文物类电子游戏的互动同样体现为玩家与电子计算机、玩家与游戏内容及玩家与玩家三层互动，并由此生成"预设叙事"与"生成叙事"两类基本的互动叙事类型。

1. "预设叙事"与"生成叙事"

"预设叙事"与"生成叙事"这对概念并非同时出现。"预设叙事"来自文学理论，主要指由作者预先写定的文本结构。在电子游戏中，"预设叙事"则指开发者预先设计好的情节结构和流程图，在这个叙事框架下，玩家无法改变情节的脉络，只能沿既定的走向做出选择。[1]"生成叙事"（Emergent Narrative）的概念来自游戏界，马克·勒布兰（MarkLe-

---

[1] Juul, J., *Half-real: Video Games between Real Rules and Fictional Worlds*, Cambridge: The MIT press, 2005, p. 36.

Blanc)和罗斯·阿莱特(Ruth Aylett)在 2000 年前后都曾提出过相关概念,主要指玩家在游玩过程中自然"生成"的故事,也就是玩家在一个充满叙事可能性的游戏世界里,根据游戏规则、通过与游戏的交互产生,常以非线性结构出现的故事。① 生成叙事是最具游戏性和互动性的叙事形式,事实上也正是因为游戏叙事具备的自生性品质,才最终实现了其体量的几何级增长。当然对几乎所有的媒介来说,预设叙事与生成叙事都是相伴而生的。②

在电子游戏的三重互动中,玩家的参与行为对叙事的影响也是游戏叙事和一般叙事的区别所在。玛丽-劳尔·瑞安根据不同类型的互动性在叙事主题和情节塑形层面会产生受众参与方式的不同,总结了由内在(用户置身于虚拟世界)与外在(用户处于虚构世界之外)、探索(参与但不能控制事件发展)与本体(能够影响和改变事件进程)两对二元对立交叉组合构成的四种基本模式,基于此,《绘真·妙笔千山》玩家的参与行为可以被看作内在探索性模式。首先玩家们普遍认同游戏中的角色一修是自己的虚拟化身,而不是某种近乎上帝视角的统治者或观察者形象;其次,玩家只能通过有限的选择权来体验叙事,无法最终改写情节结局与走向。但是从功能性叙事主义的角度来看,《绘真·妙笔千山》玩家的叙事体验与游戏的规则玩法却是相互成就各自:游戏采用了只需轻度操作的解谜游戏形式,节奏舒缓,玩家漫步游戏中收集解谜线索的同时,可以静心欣赏美轮美奂的国风画卷,实现了传播文物文化的目的。③

2.《绘真·妙笔千山》的"预设叙事"与"生成叙事"

在《绘真》中,游戏开发者提供的"预设叙事"框架是由时间、

---

① Salen, K., Tekinbaş, K. S., et al., *Rules of Play: Game Design Fundamentals*, Cambridge: The MIT press, 2005, p.28.
② 刘梦霏:《叙事 VS 互动:影游融合的叙事问题》,《当代电影》2020 年第 10 期。
③ 《〈绘真·妙笔千山〉:我在游戏里学国画》,https://baike.baidu.com/tashuo/browse/content?id=7e0fcb27ae98ecf4468d8d59,2019 年 1 月 17 日。

地点、人物、事件构成的变量组合以及对一些事件元素的情节化加工，具体表现为一位佛系的少年和尚，一个神秘的小助手，共同进入一幅幅精美绝伦的画作中，倾听画中人的故事，破解画中谜题，领悟绘真奥秘，并且逐步揭开他们自己的身世之谜。其中大部分通关环节都简单且自带文化传承功能，比如寻找琅玕、砗磲、辰砂、璆琳等代表红蓝白绿四种颜色的山水画矿物颜料，体验阴阳顺逆、榫卯相接等传统工艺，对《山海经》中精卫、夫诸、女魃等神话人物传说故事的运用，以及对《道德经》中"太极生两仪"的道家文化都有一定的科普。① 在这些科普中也必然会涉及"预设叙事"与"生成叙事"的融合共生，虽然游戏已经预先设置了五大故事的结构脉络，提供了各类关键的线索，但玩家还是需要自己去搜索、揣摩和感悟，或者本身具备很多前置信息与相关知识结构，才能对"在关卡中埋藏的很多诸如彩蛋的设计"心领神会，虽然通关很简单，如果想要完全体验游戏的乐趣，还是需要花费很多的游戏时间。

　　《绘真》的"生成叙事"主要体现在"定制印章""装裱画面"与"截图分享"等功能，在这些环节中，游戏开发者为玩家提供大量的可变元素供玩家进行加工；比如玩家可以通过选择不同的印章形状、字体、祥云、树枝类特殊图案，同时通过调节大小和阴阳来完成印章，另外在后面的主线剧情之外，还有很多篆刻用的道具可以拾取，一共32种文字，25种纹路，19种图像可以收集，在院子里的篆刻台上可以篆刻印章，它们都以拾取物品的形式散落在各关卡里。除了创作专属印章，玩家还可以截图游戏界面进行书画装裱，再盖上专属印章，分享给他人。《绘真》中这些"生成叙事"的建构对于玩家的个体经验、想象力和审美都有着高度的依赖，而且开发者提供的这些可变元素无法助攻整个故事序列的生成，最终的"生成叙事"只能是"预置叙事"框架

---

① 张璐瑶：《传统绘画艺术游戏化传播应用研究——以〈绘真·妙笔千山〉为例》，《新媒体研究》2021年第2期。

的子情节和附属品。这也成为《妙笔千山》被部分玩家诟病的主要原因，即过度的"预置叙事"大大限制了玩家的能动性，"生成叙事"的贫乏使游戏性特质稀薄，最终使真正的游戏玩家失去继续游戏的动力。但是作为一款国风类文物电子游戏，如何达成叙事性和游戏性的完美平衡还处于探索之中，两全不能其美之下这款游戏最终选择了向丰富的观赏性、故事性和教育性倾斜，即推广国画和文物知识，让更多的玩家深度了解"青绿山水"的艺术精髓以及古典文化知识，充分发挥游戏的寓教于乐功能。

20世纪末以来是电子游戏狂飙突进的时代。尽管伴随着极高的争议度，但电子游戏还是成长壮大为一种拥有极高关注度和参与度的新锐文化力量与产业，它所带来的"游戏化（Gamification）"浪潮正在逐渐改变人类的生活，让生活和游戏的边界走向模糊。[1]从文物到游戏，《妙笔千山》是文博领域与游戏领域优势资源的跨界互补，这次合作不但深度呈现出文物的艺术之美，让玩家增长了传统文化知识，也使游戏产品本身的内涵更加丰厚，更重要的是和传统的传播形态相比，文物类电子游戏拥有了更多的粉丝群，极大地扩大了文物传播的广度。中华文明上下五千年，保留无数珍贵的文物遗存，蕴含不计其数优质的文化资源，如何打造更多有影响力的文物游戏产品及品牌，任重而道远。[2]

第五节　文物移动短视频：多模态叙事

媒介变迁带来话语表达的转换，从前大众传播时代、大众传播时代进入新媒体时代，以文字单模态为主的话语表达逐渐被多符号语篇建构

---

[1] 李国强、宋巧玲：《作为新型艺术形态的电子游戏：科技、审美与跨界》，《中国文艺评论》2018年第1期。
[2] 刘康琳：《博物馆传统文化艺术资源与游戏的跨界——从〈绘真·妙笔千山〉手游说起》，《博物院》2020年第5期。

的复合话语取代，多模态化正在成为当下社会文化系统的特性。[1] 多模态话语指运用听觉、视觉、触觉等多种感觉，通过语言、图像、声音、动作等多种手段和符号资源进行交际的现象。[2] 这里的"模态"是指包括以上各类符号系统在内的交流渠道和媒介，[3] 多模态话语包括至少两个或以上的单模态系统。多模态话语分析突破了对单一语言符号文本分析的局限，综合分析各类符号构成的表义系统，使对话语意义的解读更贴切、准确和周详，特别是对新媒体环境下出现的新话语形态的分析很具有解释力，因而成为新媒体文化传播中话语研究的重要路径选择。短视频作为一门综合艺术，集图片、画面、文字、声音于一体，运用多模态话语分析研究短视频文本具有方法论上的适切性。

多模态话语分析起源于语言学研究，之后演变为一个开放的跨学科研究领域，符号学、新闻传播学、心理学、计算机科学等不同学科的研究者从不同理论视角对其展开了研究。[4] 法国学者罗兰·巴特于1977年发表论文《图像的修辞》，探讨图像在表达意义上与语言的相互作用；[5] 克瑞斯（Kress）和勒文（Van Leeuwen）在研究中指出话语意义来自多种交际模态，因而话语文本都是多模态的；[6] 麦茨（Metz）等法国符号学家研究了模态与媒体的关系，特别是多模态现象规则地表达意义的现象等；[7] 2002年国际首届多模态话语交流研讨会召开，多模态话语分析成为话语研究的独立分支，并在此后形成若干不同的理论模型，如"系统功能符号学""多模态互动分析"以及"语料库

---

[1] 李战子、陆丹云：《多模态符号学：理论基础，研究途径与发展前景》，《外语研究》2012年第2期。
[2] 张德禄：《多模态话语分析综合理论框架探索》，《中国外语》2009年第1期。
[3] 朱永生：《多模态话语分析的理论基础与研究方法》，《外语学刊》2007年第5期。
[4] 肖珺：《多模态话语分析：理论模型及其对新媒体跨文化传播研究的方法论意义》，《武汉大学学报》（人文科学版）2017年第6期。
[5] Barthes, R., "Rhetoric of the Image", Barthes R., *Image Music Text*, London: Fontana, 1977, pp. 32-51.
[6] Kress, G., Leeuwen, T. V., *Reading Images: The Grammar of Visual Design*, New York: Routledge, 1996, pp. 15-18.
[7] 张德禄：《多模态话语分析综合理论框架探索》，《中国外语》2009年第1期。

语言学多模态话语分析"等。①

2003年,国内学者开始涉猎多模态话语研究。李战子对系统功能符号学代表克瑞斯(Kress)等人的模态图像分析框架进行了研究;②张德禄在国外研究的基础上建构了多模态话语的分析框架,包括文化层面、语境层面、内容层面和表达层面,每个层面包含不同的具体选项,共同决定文本的话语意义与交际表达。③潘艳艳立足于多模态转隐喻分析的框架,将其与新媒体文化传播案例结合起来,研究形象片中中国国家形象的建构。④肖珺对多模态话语分析的理论源流、模型及存在的争议进行研究,认为现有的多模态话语分析框架对新闻传播研究具有方法论意义,但在具体使用中还需根据研究对象、现象和问题等进行调校。王珺⑤、刘煜⑥、张志扬⑦、张平⑧等学者也用多模态话语理论分析了新闻网站、政论片、纪录片及微信公众号的图文关系及意义表达。多模态话语分析在新媒体文化传播研究中已经有广泛的应用。

随着我国互联网基础建设的初步成型,网络通信技术迅猛发展,短视频作为一种新兴数字产业显示出巨大潜力,吸引了全民参与,和网络直播一起成为"现象级"的网络文化现象和货真价实的"流量之王"。作为最适合在移动状态播放和短时休闲状态下观看、吸引大量年轻用户的短视频,也成为文物传播的社交"代言人"。近年来由各地文博单位

---

① 何山燕:《国内多模态话语分析研究述评》,《重庆文理学院学报》(社会科学版)2011年第3期。

② 李战子:《多模式话的社会符号学分析》,《外语研究》2003年第5期。

③ 张德禄:《多模态话语分析综合理论框架探索》,《中国外语》2009年第1期。

④ 潘艳艳、张辉:《多模态语篇的认知机制研究——以〈中国国家形象片·角度篇〉为例》,《外语研究》2013年第1期。

⑤ 王珺:《基于多模态话语分析新媒体编辑特点——以搜狐新闻网站为例》,《科技传播》2016年第17期。

⑥ 刘煜、张红军:《政论纪录片塑造国家形象的多模态话语分析》,《现代传播(中国传媒大学学报)》2018年第9期。

⑦ 张志扬、杨海晨:《讲好体育故事:〈中国女排〉电视纪录片的多模态话语分析》,《体育与科学》2021年第3期。

⑧ 张平:《中国语言与社会互构思考:基于官微多模态"萌"话语的分析》,《湖南师范大学社会科学学报》2020年第2期。

及相关机构、文物爱好者、文博"发烧友"推出的短视频内容丰富、异彩纷呈，这些短视频呈现典型的多媒体叙事特征。所谓多媒体叙事就是在同一个平台中集合了一组相关内容，这些内容会同时利用文本、视频、音频、交互式媒体或静态图像来产生某种集成体验。① 因此从多模态话语分析框架剖析文物抖音、快手等短视频的多媒体叙事特征具有自洽性。

2018年5月国际博物馆日，抖音短视频平台联合中国国家博物馆、湖南省博物馆、南京博物院、陕西历史博物馆、浙江省博物馆、山西博物院、广东省博物馆七家博物馆，共同推出H5动画"第一届文物戏精大会"，在这个既保留文物内涵严谨性又颇具创意的动画短视频中，兵马俑变身说唱歌手（rapper），唐三彩胡人跳拍灰舞，人面纹方鼎玩起98k电眼。视频一经推出，仅3天累计播放量就达1.18亿次，这次博物馆传播方式的创新不仅带来一场流量的狂欢，也拉开了31家省级博物馆入驻短视频平台的序幕。② 到2021年5月底，抖音上博物馆相关视频数量已经超过3389万个，播放超过723亿次，获赞超过21亿次。报告显示，根据相关视频点赞量排序，故宫博物院、中国国家博物馆、上海科技馆、山东博物馆、陕西历史博物馆、南京博物院、秦始皇帝陵博物院、中国人民革命军事博物馆、河南博物院、敦煌研究院入选最受欢迎十大博物馆。

故宫博物院是一座特殊的博物馆，作为"博物馆国家队"的领衔之院，在中国可谓是家喻户晓的存在。故宫博物院对新媒体的探索和尝试也成为行业标杆，到2021年5月底，故宫博物院相关视频被抖音网友点赞近2.4亿次。③ 其中故宫博物院官方抖音号"带你看故宫"从2020年

---

① 常江、徐帅：《亨利·詹金斯：社会的发展最终落脚于人民的选择——数字时代的叙事、文化与社会变革》，《新闻界》2018年第12期。
② 《"第一届文物戏精大会"之后，这些博物馆很有可能会成为继故宫之后的又一批严肃网红》，https://www.sohu.com/a/232118261_685101，2018年5月18日。
③ 《火遍抖音的10个博物馆》，https://baijiahao.baidu.com/s?id=1700781564805785644&wfr=spider&for=pc，2021年5月26日。

3月30日发布的第一条抖音短视频"紫禁城的玉兰开好了",至2021年12月10日,在一年多时间中,共生产251条短视频,获得50.9万粉丝的关注。作为故宫博物院宣传教育部出品的官方抖音号,"带你看故宫"推出的时间、发布的视频数量和粉丝数量都是博物馆官方抖音号中比较有典型性和借鉴意义的。本部分以"带你看故宫"为样本,运用多模态话语分析,探讨抖音短视频对故宫文化和故宫形象的建构与呈现方式。

一 内容生产：文物短视频多模态话语的呈现

本部分选取2020年11月21日"故宫的初雪"至2021年11月7日"故宫初雪"间,"带你看故宫"抖音短视频账号发布的共计122条短视频作为样本,从内容和形式两方面进行分析。从内容来看,"带你看故宫"主要包括以下6类：（1）宫殿古建筑知识,如透风的宫墙、故宫排水系统、故宫对称的建筑等；（2）历史风云讲解,如200多年前的火锅宴、慈禧的代笔、宫中过重阳等；（3）文物珍宝鉴赏,如故宫的文物"活"了、能上天的中国画、珍贵的瓷母、康熙皇帝的雨衣等；（4）故宫四季美景,如故宫的初雪、故宫的丁香、故宫的海棠、雨后故宫等；（5）最新展览推荐,如故宫敦煌特产、超好逛的宫灯展；（6）专题介绍,如二十四节气专题、济公爷爷游故宫专题等。从形式来看,"带你看故宫"以短视频形式为主,少量采用情景剧类和访谈形式。

（一）图像模态：记忆召唤与吸引注意

图像文本是经由其他模态尤其是文字语言的牵引而实现既定叙述主题的表达。图像不仅可以准确传达文本讲述所发生的时间和空间,还可以通过镜头的推拉摇移实现时空切换,是具象主题意涵的有力手段[1]。

---

[1] 刘煜、张红军：《政论纪录片塑造国家形象的多模态话语分析》，《现代传播（中国传媒大学学报）》2018年第9期。

在"第一届文物戏精大赛"短视频中,首次实现了后母戊鼎、明代青花寿山福海纹香炉、西汉 T 形帛画、兽首玛瑙杯、朱金木雕、西周鸟尊、西周青铜盉七件国宝跨越时空同台亮相,另外还有飞檐、瓦当、琉璃小兽等诸多设计元素穿针引线。对大多数受众来说,这些图像元素虽然并不能一一清晰地指名道姓,但作为传统文物符号多少给人似曾相识的感觉,因而能够有效地串联起大众对文物的情感与记忆。

在"带你看故宫"中,图像在短视频中处于主体地位,或者独立表达意义,或者与文字语言模态形成互补,从而补充想象的缺失。具体而言,其图像模态呈现以下特征:第一,使用原始画面。比如故宫的大雪,雪花片片飘落;故宫听雨,水滴落入水洼形成涟漪;故宫的楸树,故宫的紫藤等,这些景观本身具有独一无二的质感与风格,因而短视频并未做太多处理。第二,运用特技,主要包括分屏手法、动态抖屏、动画和延时摄影等。分屏手法是对多个画面内容或多角度镜头进行处理,使其处于同一画面;既有对称双屏形式,也有三屏或多屏形式,既有对称形状,也有不规则形状;分屏的实质是通过对画面尺度与规格的加工和操作,产生具有明显主观色彩的"变格"辞格[1]。比如故宫"二十四节气"专题,所有短视频均采用统一的三分法,上部三分之一为字幕,中间三分之一为画面主体部分,下部三分之一为遮幅,分屏的使用使"二十四节气"这一本身单调和呆板的信息获得了视觉延展,强化了视觉对比,赋予了动态影像独特的艺术美感。[2] 另外如"故宫的文物活了""清朝月饼是什么馅儿的"等则采用动画的方式对故宫古画和月饼进行动态处理;"中国陶瓷有多美"在罗列故宫陶瓷文物时运用了抖屏等特技,其快速跳跃状形成极强的动感;在"祖国生日快乐"等大景别呈现故宫景色的短视频中则运用延时摄影等技术,带给人奇妙的视觉体验,亦呈现时光飞逝的情境意趣和流光掠影的现代气息。"带你看故宫"抖

---

[1] 李显杰:《镜像"话语"——电影修辞格研究》,博士学位论文,华中师范大学,2004年,第 82 页。

[2] 陆颖:《分屏手法在动态影像中的运用探微》,《大众文艺》2018 年第 11 期。

音短视频内容大多聚焦于故宫本体,虽然故宫文物博大精深,但完全不做任何处理的图像模态还是会有单调刻板之感,特技手法的运用很大程度起到了丰富画面语言、延伸影像空间、强化视觉效果等作用。第三,大量运用近景和特写等小景别画面。如"济公爷爷游故宫"专题,多运用特写或近景凸显"济公爷爷"的面部表情和神态,起到弱化环境、突出主题的作用。另外如故宫的四季美景、文物珍宝也大多运用特写,带给人强烈的视觉感受。

美国学者、"注意力经济之父"米切尔·高德哈巴认为,互联网时代的信息过剩促使注意力成为稀缺资源,变成了新经济的硬通货。在视觉传播领域,吸引、生产和维持受众的注意力更成为重中之重,这些图像模态中的文物与景观经过变形与加工,附加了现代人的思想、行为与情感表达,呈现的新鲜和趣味性可以迅速吸引大众的注意力,这正是"带你看故宫"抖音短视频得以受到关注的重要原因。

(二)声音模态:升华情绪与营造氛围

"声音有极具价值的编辑作用,比起电视画面本身,声音能更好地辨别出画面中那些精彩的部分。"[①]声音模态主要分为人物语言、音乐和音响,它们与图像模态的有机结合,可以起到塑造更加生动的形象、渲染气氛、抒发情感、介绍知识等作用。在H5版本的"文物戏精大会"中,声音模态包括最潮载体抖音、抖音热门音乐、博物馆之夜镜头、塑料姐妹花对话、"是时候表演真正的技术了"、拍灰舞、"比心""98K电眼""收到1万伏暴击"、千人面前老戏精、"当当当"舞等元素,让年轻人一下High起来,不仅抓住受众的注意力,还让受众在忍俊不禁间点赞转发。

"带你看故宫"的声音模态主要有三大类:音乐(音效)、同期声和画外音,其中音乐的运用极富特色。首先,这些短视频音乐多以国风

---

① [美]罗伯特·艾伦编:《重组话语频道:电视与当代批评理论》,牟岭译,北京大学出版社2008年版,第40页。

音乐为主，既承继传统文化中的旋律、典故、编曲和诗词，又融入了现代流行音乐元素，为吸引年轻受众奠定了基础。如"故宫的海棠""故宫的梨花"和"故宫的杏花"三个短视频，分别选用三首耳熟能详的流行歌曲《知否知否》《梨花颂》和《三寸天堂》，故宫的四时风光与耳熟能详的国风旋律完美契合，呈现了充满东方韵味、古典意境的视听享受和易于展开丰富联想的多维沉浸体验时空，也有效消解了传统文化本身的疏离感。其次，这些音乐多选用反响较大的文化类影视作品音乐或传唱度极高的现代国风音乐，结合将故宫文化世俗化、生活化的美学重构，极易调动受众对传统文化的认同感、民族自豪感和爱国情怀等。"故宫里的大美中国"刘人岛的画作展选用的是井胧、井迪演唱的歌曲《骁》，"我走过玉门关外祁连山上飘的雪，也走过长城边上潇潇吹过来的风"等歌词与刘人岛的画作内容形成极为贴切的呼应。"祖国生日快乐""对称的故宫有多美"分别选用了周延的《华夏》和周深演唱的《紫禁城》，"尘埃岂能掩芳华，炎黄浩瀚沐苍霞，上下五千岁月似流沙，不枉魂魄入华夏"的词曲与节奏配合"祖国生日快乐"的主题，极大催生年轻受众积极的情感体验和强烈的情感认同。故宫抖音短视频的音乐经过挪用、拼贴与重塑，携带着之前文本的基因，在另一个拟态时空里形成了一种情绪的升华、氛围的营造和情感的建构。

"带你看故宫"的画外音形式主要包括叙述式和问答式两种。叙述式主要是对画面内容的简单介绍。如"故宫的文化'活'了"系列短视频全部聚焦故宫古画，采取让"古画活过来"的模式，将原本静态的古画人物进行动态化处理，画外音则对古画的具体内容和背景运用通俗易懂的语言进行简要介绍，起到普及艺术知识、降低艺术鉴赏的门槛、吸引大众关注中国传统名画等作用。还有一种叙述式画外音则通过对文物的重新演绎与解构，赋予文物现代气息，以接轨年轻人的文娱方式，让大众眼中高深的艺术更加有趣易懂，拉近文物与大众之间的距离。如"七夕快乐"短视频，选择了清代姚文瀚《七夕图轴》、明代绿色地洒线绣牛郎织女图经套及清代粉彩天河配图盒等不同朝代、不同形态的文物中织女与牛郎的形象作为画面主体,画外音则为"在一起、很快在一起、马上在一起、终于在一起、永远在一起,在一起真好,祝大家七夕快乐!"画面与画外音形成卡点节奏,文物与网络流行用语在"七夕"这个主题的统合下,很好地完成一次传统文化和现代传播方式的融合。"带你看故宫"的画外音问答式主要包括自问自答和提问回答两大类。如"宫中过重阳"为自问自答:"哇,这个亭子这么高,真的有人上去过吗?不用怀疑,真的有人上去过!"而在"故宫和故宫博物院"中,画外音是"提到故宫,你会想到什么?"等3个问题,回应的是参观者回答的同期声。不论是提问回答,还是自问自答,都通过一种交流与沟通的方式建构了一种"氛围感",呈现出生动鲜活的讯息传达和亲切自然的情感传递。总体而言,声音模态营造的轻松幽默氛围消解了文物传播刻板严肃、高高在上的印象,让人对文物、博物馆等充满了探索欲望。

(三)文字模态:突出主题与升华意义

图像模态往往呈现离散无序和片段性特征,通过和文字模态的串联和表达互为作用,从而拓展与加深影像表意功能。在短视频叙事中,如何使用文字模态来清晰表情达意、提供事件内容与背景的补充、陈述与分析,需要针对具体的情境采取不同的策略。"文物戏精大会"中的文字模态有一段为"5·18 国际博物馆日,国内七大博物馆带你抖起来!快带上你的小伙伴走进博物馆,一起见证奇妙世界吧!嗯~",不论是"抖起来""小伙伴"还是"嗯~",都带有刻意讨好、萌态可掬、风趣亲民的话语风格,将希望更多用户关注文物这一愿景传达了出来,也构建了崭新的媒体形象。

分析"带你看故宫"的文字模态,主要呈现以下特征。首先,重要词语的凸显与加工。《能上天的中国画》主要介绍"大美中国——刘人岛美术作品展"的具体内容,在提及其巨幅作品曾登上神舟六号宇宙飞船时,画外音字幕出现的同时,特意将"神舟六号""航天员费俊龙、聂海胜""热爱、赞美""神秘、无垠""开拓进取"等词放大,使之醒目地出现在画面的趣味中心，配合适时插入的点赞"666"、盛放的烟花及苍劲的背景音乐，凸显了自豪、喜悦及感动等情感基调，产生了良好的传播效果。

其次，流行和网络用语的使用。以系列剧《如果看展有段位》为例，共推出五集同名短视频，分别介绍如意、陶瓷、书画等文物，但每一集都使用"青铜""白银""钻石""王者"等流行用语结构全篇，代表出现文物的等级高低。"青铜""白银"等作为《王者荣耀》的玩家段位被用来划分文物等级，充分展现短视频力图用贴近年轻人的时尚、新颖的审美与趣味，拉近与年轻用户的距离。

最后，表情符号、手势等的运用。短视频《宫中过重阳》中，文字表述为"哇！这个亭子这么高，真的有人上去过吗？不用怀疑，真的有人上去过，并且每年都会上去，啊"，与文字模态同时出现的还有各类表情、贴纸、手势舞等大量符号，"哇"呈现为动态的贴纸；"不用怀疑"处紧跟手指摇摆的手势；"真的有人上去过"同时附有"婉容等人在堆秀山"的文字、将视频中婉容等人圈出的图框以及指向图框的手势；"啊"字出现时伴随"！?"的放大符号。在不到10秒的短视频中，运用了4处贴切又夸张的符号形象，带给用户丰富的感官体验，也消解了文物内容传递可能存在的严肃感和距离感。

进入移动新媒体时代，"传播媒介的功能、手段以及组织结构等发生了质变"①，情感在传播中的地位进一步凸显，传播模式经历了从信息模式、政论模式、故事模式到解读模式的更迭②，目前正在进入"混合情感传播模式"③，即情感的作用被强化，成为短视频传播中越来越显在的重要因素。对"带你看故宫"文字模态的句式、词语和符号3个维度进行拆解，可以看到作为文化类抖音号"带你看故宫"一方面将自豪、

---

① 王炎龙、邱子昊：《供给侧结构性改革视阈下媒体融合的格局重构》，《湖南科技大学学报》（社会科学版）2019年第5期。
② 张军芳：《美国报纸报道模式的流变》，博士学位论文，复旦大学，2006年，第4页。
③ 张志安、彭璐：《混合情感传播模式：主流媒体短视频内容生产研究——以人民日报抖音号为例》，《新闻与写作》2019年第7期。

感动、喜悦等个体情感与爱国主义的集体情感进行组合,[1] 以期建构情感认同；另一方面又致力于以鲜活、有趣、娱乐和年轻化的语态搭建起沟通的桥梁,实现传播效果的不断优化。

总之,这些有特色的文物短视频均呈现出典型的多模态萌话语特征,一反传统媒体话语建构的沉稳庄重、严谨规范、不苟言笑的社会形象,以多模态话语建构起风趣幽默甚至有些顽皮搞怪的亲民新形象,缩小了传统文物与民众心理的距离感,营造出轻松愉悦的社会关系。[2] 文物短视频多模态话语风格是当代社会语境中政治、文化、审美心理和科技发展等多因素共同作用的结果,虽然存在质疑,如关于这种话语变异性表达是否合适,爆款短视频是否应该成为博物馆影像叙事的目标导向等问题都值得进一步探讨,但是文物短视频的多模态话语表达作为叙事形式的创新,的确达到了消解传统媒体话语风格造成的官民隔膜,达到创建平等互动的文物传播者和受众关系的目的。

二 意义建构：文物短视频隐喻和转喻的话语表达

隐喻和转喻是人类重要的思维方式,是人类认识世界、理解抽象的概念、表征意义的重要手段。当前对隐喻和转喻的研究已经从认知语言学拓展到跨学科的多个领域。在基于多模态文本的研究中,有学者致力于拓展语言范畴内隐喻和转喻理论的视角,[3] 有学者从社会符号学的视角对多模态语篇进行研究,[4] 也有学者从语言修辞到视觉修辞对隐喻和

---

[1] 章震、尹子伊:《政务抖音号的情感传播研究——以13家中央级单位政务抖音号为例》,《新闻界》2019年第9期。

[2] 张平:《中国语言与社会互构思考：基于官微多模态"萌"话语的分析》,《湖南师范大学社会科学学报》2020年第2期。

[3] Forceville, C., "Non-verbal and Multimodal Metaphor in a Cognitivist Framework: Agendas for Research", In Forceville, C. and Urios-Aparisi, E., eds., *Multimodal Metaphor*, Berlin: Mouton de Gruyter, 2009, pp. 19–42.

[4] 张德禄、郭恩华:《多模态话语分析的双重视角——社会符号观与概念隐喻观的连接与互补》,《外国语》(上海外国语大学学报) 2013年第3期。

转喻的使用进行了研究。① 总之，隐喻和转喻作为重要的譬喻修辞，是表征意义的重要方式，也是解读短视频多模态文本中深层次信息的重要手段。

（一）多模态隐喻的意义诠释

隐喻作为一种基本的譬喻辞格，既表征意义，也培育新意义的产生。早在公元前3世纪，亚里士多德就对隐喻修辞展开了具体分析，他将隐喻分为以属喻种、以种喻属、以种喻种和彼此类推四大类，而且他认为这其中的以种喻属等两大类属于转喻，因此隐喻包含转喻。② 同样，在传统文论领域，转喻也往往体现为隐喻的分岔。这主要基于在以劝服为主要旨归的西方修辞领域，隐喻以"喻中之喻"的特质体现出难以匹敌的修辞能力，因此学者关于隐喻的研究也更加深入和系统。

认知心理学的兴起促进了隐喻理论的拓展，出现了三种有代表性的认知隐喻理论，分别是麦克斯·布莱克的"互动论"、乔治·莱考夫的"映射论"和吉尔斯·福康涅的"合成论"③。如果说"互动论"致力于探讨隐喻本体和喻体的互动过程，从而建构隐喻的基本释义框架，那么"映射论"则围绕概念隐喻，阐释从具体、熟悉及易于理解的源域到抽象、生疏和令人费解的目标域之间的映射关系。④ 也因此莱考夫认为，隐喻不仅是一种譬喻修辞，还是重要的认知模式和思维方式。⑤

关于隐喻和转喻的区别，传统观点认为：一是它们分别指向事物的相似关系和邻接关系，二是认知域的区别，在转喻修辞中，本体与喻体处于相同的认知域，而隐喻则相反，也就是前者表现为跨域映射而后者体现为同域指称。在关于多模态文本隐喻的研究中，福斯维尔（Forceville）认为这类隐喻是"目标域和源域完全或很大程度上是由不同模态实现的

---

① 刘涛：《隐喻与转喻的互动模型：从语言到图像》，《新闻界》2018年第12期。
② ［古希腊］亚里士多德：《诗学》，陈中梅译注，商务印书馆1996年版，第149页。
③ 束定芳主编：《隐喻与转喻研究》，上海外语教育出版社2011年版，第20页。
④ 王寅：《认知语言学》，上海外语教育出版社2007年版，第23页。
⑤ ［美］乔治·莱考夫、马克·约翰逊：《我们赖以生存的隐喻》，何文忠译，浙江大学出版社2015年版，第3页。

隐喻"①，也就是源域和目标域可能在视觉、听觉、嗅觉、味觉等不同模态中被表征从而形成隐喻。还有学者研究认为"语类图式、文化规约、社会背景及认知环境"等都会作用于隐喻的动态构建。② 也有学者指出，对于网络视频作品，多模态隐喻更多体现为视觉模态的建构。③

隐喻不仅存在于生活的方方面面，它本身也是人们认识和行动所依托的概念系统的基础。④ 移动新媒体时代，在文明发展、生存境遇等的作用下人们在情感获得与审美需求上呈现出很强的类似性，这让隐喻修辞成为可以被广泛接受的表达，隐喻的运用可以通过艺术化的建构，呈现多模态的话语表达，同时让人产生更复杂丰盛的意象联想，以至收到积极的表达效果。在"带你看故宫"抖音短视频体现的隐喻修辞中，故宫的形象通过具体的文物珍宝、四季美景和展览专题等得以体现，它们共同构成了故宫的不同面向，如文化传承、文化创新、爱国情怀等目标率，这种投射关系基于相似性建立，以具体的多模态话语映射抽象的指称。在前文提到过的系列剧《如果看展有段位》中，每一集都使用"青铜""白银""钻石""王者"等《王者荣耀》的玩家段位，隐喻出现文物的等级高低；在"祖国生日快乐"短视频中，矗立在画面中间的雄伟宫殿，波光粼粼的湖面，飞快飘动的流云，"祖国生日快乐"的语言模态，伴随流行歌曲《华夏》的听觉模态，映射了上下五千年的中华历史和爱国情怀；短视频"我爱你我们的大中国"中，三位阿姨正在故宫唱红歌拍抖音，画外音则是她们歌唱的歌曲《热爱祖国》，这同样是视觉模态和听觉模态共同作用，映射对传统文化和伟大祖国的热爱。虽然以上这些对应并非绝对贴合，但是隐喻的形成与确认往往来源于处于共

---

① Forceville, C., "Non-verbal and Multimodal Metaphor in a Cognitivist Framework: Agendas for Research", In Forceville, C. and Urios-Aparisi, E., eds., *Multimodal Metaphor*, Berlin: Mouton de Gruyter, 2009, p. 42.

② 张德禄、郭恩华：《多模态话语分析的双重视角——社会符号观与概念隐喻观的连接与互补》，《外国语》（上海外国语大学学报）2013年第3期。

③ 徐盛桓：《隐喻的起因、发生和建构》，《外语教学与研究》2014年第3期。

④ Lakoff George and Johnsen Mark, *Metaphors We Live By*, Chicago: The University of Chicago Press, 1980, pp. 5 – 6.

同的认知体系和社会文化背景等的人们,因而得以完成从具象到抽象的隐喻修辞的搭建。

(二)多模态转喻的意义诠释

在认知语言学中,转喻也是重要的认知模式和表现手法。索布里诺(Sobrino)认为转喻是"特定语境下用一种事物来代替同一概念域中另一种事物的认知机制"[1]。拉登和科维赛斯也认为转喻是"经由一个概念实体(源域)抵达同一理想化认知模型下的另一个概念实体(目标域)的认知过程"[2]。转喻关于映射的建构逻辑和隐喻存在根本的不同,首先是关于概念域的不同,转喻强调本体和喻体发生在同一认知域,被称作"同域映射"。美国学者威廉·克罗夫特进一步指出,转喻中两者的关联不只局限于"同一认知域",也可以是一个更大的"域阵"。[3]其次是基于相似性和邻近性的区别,转喻更倾向于展现基于邻近性的双方因物理或因果上的关联而产生映射,而且转喻最典型的特征表现为通过更典型、更显著和更凸显的部分替代整体,以吸引受众,或者以整体替代部分的喻指过程,[4]比如以小喻大或者以大喻小,用个人价值的实现转喻国家的发展复兴,以及用国家意向的实现转喻个体的梦想达成。[5]

皮尔斯曼(Peirsman)和格拉茨(Geeraerts)把转喻从语用功能角度进一步拓展,认为转喻可以被视为一个"原型结构范畴",而空间部分—整体的邻近性则是转喻的核心和原型,他们将这种邻近性划分为

---

[1] Sobrino, P. P., *Multimodal Metaphor and Metonymy in Advertising*, Amsterdam: John Benjamins Publishing Company, Vol. 2, 2017, p. 95.

[2] Radden, G. and Kövecses, Z., "Towards a Theory of Metonymy", In Panther, K. U. and Radden, G., eds., *Metonymy in Language and Thought*, Amsterdam: John Benjamins Publishing Company, Vol. 4, 1999, pp. 17–60.

[3] Croft, W. and D. Cruse, *Cognitive Linguistics*, Cambridge: Cambridge University Press, 2004, p. 59.

[4] 束定芳:《隐喻和换喻的差别与联系》,《外国语》(上海外国语大学学报)2004年第3期。

[5] 刘煜、张红军:《政论纪录片塑造国家形象的多模态话语分析》,《现代传播(中国传媒大学学报)》2018年第9期。

空间、时间、行为—事件—过程和集合四个"域",认为这四个"域"涵盖了大多数转喻模式。① 拉登和科维赛斯则借鉴莱考夫的"理想化认知模型",基于符号本体三分理论和 ICM 理论,将转喻分为符号转喻、指示转喻和概念转喻三大类。② 这一分类仍然是目前被借鉴和运用最广泛的框架。中国学者刘涛亦基于后者提出了视觉转喻研究的理论模型和分析框架,具体如下:

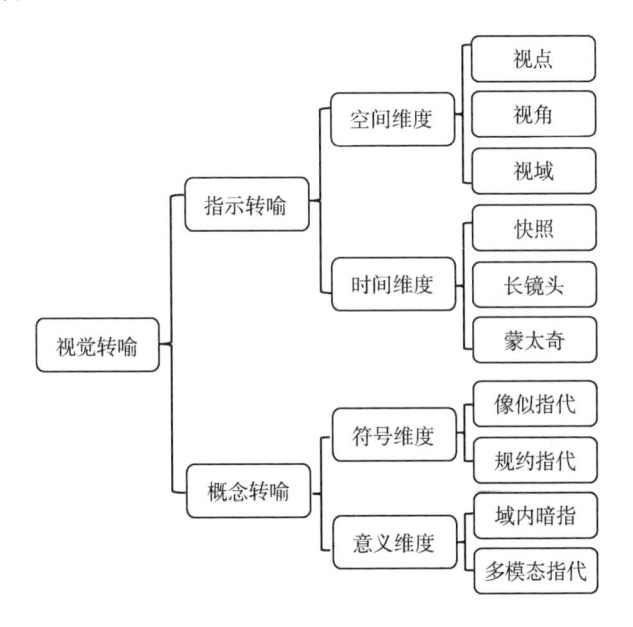

```
                    ┌─ 空间维度 ─┬─ 视点
                    │           ├─ 视角
         ┌─ 指示转喻 ┤           └─ 视域
         │          │           ┌─ 快照
         │          └─ 时间维度 ─┼─ 长镜头
视觉转喻 ─┤                      └─ 蒙太奇
         │          ┌─ 符号维度 ─┬─ 像似指代
         │          │           └─ 规约指代
         └─ 概念转喻 ┤           
                    └─ 意义维度 ─┬─ 域内暗指
                                └─ 多模态指代
```

图 3-1 视觉转喻的理论模型③

在这一模型中,转喻被分为指示转喻和概念转喻两大类。前者借助部分再现全部,指向"看到原本难以呈现的事物";后者借助具体指向抽象,指向"理解原本难以表达的意义"。指示转喻还可以从空间与时

---

① 张辉、卢卫中:《认知转喻》,上海外语教育出版社 2010 年版,第 20—28 页。
② Radden, G. and Kövecses, Z., "Towards a Theory of Metonymy", In Panther, K. U. and Radden, G., eds., *Metonymy in Language and Thought*, Amsterdam: John Benjamins Publishing Company, Vol. 4, 1999, pp. 18-21.
③ 刘涛:《转喻论:图像指代与视觉修辞分析》,《南京社会科学》2018 年第 10 期。

间两个维度进一步探讨，比如多模态的空间维度包括视觉模态的视点（观看方位）、视角（俯视、平视和仰视）以及视域（特写、近景、中景、远景等景别）等结构和布局，时间维度包括快照、长镜头和蒙太奇等"出场"方式。概念转喻又被分为符号维度和意义维度两大类。符号维度包括像似指代（本喻体具有形式或构造上的相似）和规约指代（本喻体具有文化意义上的象征关联）；意义维度分为域内暗指（同一范畴内符号与意义的指代）和多模态指代（各模态之间的关联与指代）。[①] 以此分析"带你看故宫"抖音短视频的多模态转喻，可以发现以下特征。

在"来故宫看秋天吧"短视频中，出现的画面是柿子、石榴、御猫以及金黄的树叶，就指示转喻而言，空间语言主要选择近景和特写，形成亲近的观看效果；时间语言主要选择蒙太奇，试图最大限度吸引受众注意力；在概念转喻方面，更多采用规约指代，取柿子、御猫等故宫秋天的风物与故宫秋天约定俗成的文化相关性；以及选择多模态指代，取画面模态、文字模态（柿子、石榴和御猫，都在故宫过秋天，你要来吗？）和声音模态（俏皮轻快的音乐）的关联建构指代关系。

在"紫禁城第2个600年你好呀"短视频中，其最大的特点也是采用规约指代，用紫禁城春夏秋冬的四时光景指代紫禁城第2个600年这一不易直观表现的对象，同时取画面模态（春夏秋冬四时画面）、文字模态（春风和煦、夏日甜美、秋风落叶、冬日飞雪，2020我们一起走过，一起守护，紫禁城的第二个600年你好呀）和声音模态（歌曲《少年》音乐及歌词"我还是从前那个少年，没有一丝丝改变"），它们共同映射为祝福故宫像少年一样永葆青春，祝愿传统文化不断创新。同样在"打卡故宫的春天"短视频中相继出现的玉兰、杏花和梨花则代表了故宫的春日；在"刘人岛的美术作品展"短视频中，用刘人岛的部分美术作品传达对大美中国的呈现；在"故宫和故宫博物院"短视频中相继

---

① 刘涛：《转喻论：图像指代与视觉修辞分析》，《南京社会科学》2018年第10期。

出现的古建筑的修缮、文物的修复、文创产品和数字建设等板块，都是以部分喻全部，展现传统文化的变迁与创新的映射。

当然，在故宫短视频的多模态话语体系中，隐喻和转喻显然是互相嵌套的，彼此存在着密切复杂的互动，共同拓展着短视频话语叙事的时空维度。转喻着重于同一认知域部分与全部的映射，助推了语意空间的横向开掘；隐喻着力于不同认知域的相似性，利用对现有模态的技巧性诠释激活更深层次的联想与体验，进而呈现更加繁复的意义时空。故宫短视频隐喻和转喻的动态建构与互动协作，为受众建构了一个真实、立体、丰满而又鲜活的故宫形象和关于传统文化的想象。

三 语境营造：大众对故宫文化的认同

在内容和意义层面上，故宫抖音短视频致力于刻画视听结合、动静兼备的新时代"故宫"形象，展现中华传统文化魅力，在语境的层面则致力于彰显受众对故宫文化和传统文化本质上的情感认同、价值认同，这种认同主要通过互动话语叙事的建构、传受双方语意空间的开拓等达成。

（一）语意空间的开拓

抖音短视频立足于原生态语境，其呈现的影像内容与用户日常生活现实存在共通性与相似性，与受众认知世界的基本思维高度契合。以此观照"故宫"抖音短视频，通过选取能代表故宫形象的故宫文物、故宫人、故宫景等，讲述当下故宫真实的样貌和情态，记录故宫文化丰厚的内涵与持续演变的动态过程，将故宫话语意义导向了讲好传统文化和讲好中国故事的国家话语。故宫文物焕发新颜、故宫故事被重新挖掘进行现代演绎，都是时代精神与文化创新的注脚。传统的高高在上的皇家宫殿和传统文化，在抖音短视频的话语体系中成为平常人可以共通共享的意义空间，而这一意义空间的营造对故宫和传统文化的传承来说都是极为重要和可贵的。

詹姆斯·凯瑞将传播分为"传递观"和"仪式观"，他认为前者主要指向"讯息在空间层面的传递与发布"，后者则指向"时间层面对社会的维系以及共享某种信仰表征"①。以此分析"故宫"抖音短视频，它不仅观照到传统文化在当下的资讯和信息传递，还建构了"意义和关系汇聚的空间"②，将呈现在迥异时空领域的话语意义集聚在同一个影像畛域中，通过多模态话语的转喻和隐喻实践、掩藏或凸显等交互诠释，再经过获取、反思及对话等一系列过程及重复性叙事的助推，引发用户价值信仰的选择或改变，以及情感的趋同，由此完成故宫文化和传统文化的再生产。

(二) 互动叙事的建构

从传统的大众传播到移动新媒体视域下"人人都是自媒体"的媒介生态，内容生产和传受关系都在更新迭代。新媒体以去中心化、分享、内容聚合为主要特征，是由用户主导创作的时代，其核心理念强调将互动作为应用的灵魂，通过用户的创造与热情提升情感黏度，打破时空概念，提升共同的参与度。因此，在移动新媒体的互动性、铭文多变性、多感官渠道、网络化四个基本属性中，互动叙事是最突出的属性。

美国社会学家兰德尔·柯林斯基于涂尔干关于仪式的研究和戈夫曼关于"互动仪式"的概念，提出互动仪式链理论，他认为"两人以上群体在同一场所聚集；对局外人设限；关注共同的焦点；分享情感体验"等是互动仪式链的四大构成要素，而群体团结、个体的情感能量、群体符号的建构和道德感的生成则是互动仪式的四个可能结果。③ 故宫抖音短视频通过设置话题发起机制，以及用户的点赞、评论、分享等信息交往实践，不断编织和重组他们的各种强、弱关系，以及持续贯穿情感体验，建构出逐渐强固的互动仪式链。以"故宫初雪"短视频为例，获23.7 万人点赞，3 万人转发，8726 人发表评论，这些评论主要分为三大

---

① ［美］詹姆斯·W. 凯瑞：《作为文化的传播——"媒介与社会"论文集》，丁未译，华夏出版社 2005 年版，第 5—7 页。

② 胡翼青：《显现的实体抑或关系的隐喻：传播学媒介观的两条脉络》，《中国地质大学学报》(社会科学版) 2018 年第 2 期。

③ ［美］兰德尔·柯林斯：《互动仪式链》，林聚任等译，商务印书馆 2012 年版，第 79 页。

类,第一类主要赞美故宫雪景,如"红墙白雪琉璃瓦,雪中故宫美如画""绝美绝美,我这广东人好想身在其中感受一下这唯美的气氛""太美了,这样银装素裹的紫禁城""特漂亮,特美丽,大气磅礴的雪中故宫""雪中紫禁,大气磅礴,素雪艳廊,雍容壮观"等;第二类则联想到和故宫相关的影视剧情节及音乐,如"突然就感受到若曦和四爷在这宫墙里的爱情""看见雪中的故宫,我怎么就想起来魏璎珞""我想起富察皇后""我想到了甄嬛在下雪的树下""音乐一起瞬间回到步步惊心里"等;第三类评论则明显渗透着情绪和情感,如"瑞雪兆丰年,祝万事胜意""刚想去看一次下雪时的故宫,因为那是我爱的紫禁城""古今多少雪,紫禁城依旧是紫禁城""中华第一景区无争议""故宫永远是历史的遗产""我大故宫就是美,怎么都美""爱我中华,爱我华夏"等。

传统媒体的主流叙事往往秉持精英主义立场,以自上而下的议程设置呈现带有使命感的意义观照,新媒体生态的演进使主流叙事话语向趣味性、接近性和亲民性蜕变,新媒体的赋能也使个体表达以及双方互动成为常态,他们共同作用,建构了关于传统文化更丰富的意象,也扩展了对传统文化的认同。认同可以分为行为认同、情感认同和价值认同等多个层面,其中价值观的认同占据着认同体系中最重要的位置。从上文的"故宫初雪"短视频来看,其三类评论分别指向行为认同(想去故宫看初雪)、情感认同(感怀与之相关的影视剧人物)和价值认同(爱故宫、爱中华),从这些评论可以发现故宫抖音短视频较好地完成认同的建构,这种认同不仅取决于评论、点赞和转发等表层互动,也得益于其展开的深层互动,这种深层互动体现为一种互文式叙事,即用户不仅能体会到故宫初雪的美丽,更能调动"价值前结构",共同想象若曦和四爷、甄嬛和璎珞的意象,进而升华到对中华文化和国家的赞美,达成了一种"叙事理解、意义阐释和价值协商等深层视域的呼应与融通,产生心灵世界的情感震荡与意义重构",从而"与特定的霸权话语、观念价值、生命哲学、历史记忆及身份想象之间建立认同勾连性或等价性"①，完成了一种深层次的视域交融和价值认同建构。

故宫作为文物传播最具代表性、典型性和标志性的元符号，其叙事层出不穷、屡见不鲜，故宫抖音短视频中的多模态文本一反传统媒体主流话语的庄重严谨，建构了接地气、轻松愉悦的亲民新形象；经过隐喻与转喻的话语嵌套与交互诠释，开启用户更深层次的联想与体验，建构了鲜活立体的故宫形象，渗透着传统文化的价值理念；同时通过语意空间的开拓和互动叙事的勾连，完成了深层次的情感体验和价值共振。

---

① 陈小娟：《政务短视频内容生产的连接逻辑与策略》，《江汉大学学报》（社会科学版）2021 年第 3 期。

第四章 移动新媒体时代文物影像叙事的话语体系建构

随着互联网技术的飞速发展,以数字化、交互性、跨平台等为主要特征的移动新媒体已经成为公众信息来源与舆论传播的主战场和主阵地。移动新媒体言论局势下的话语竞争日益激烈,影像叙事要争得话语主动权,需要进一步整合文化资源,完善话语体系,优化传播语态,积极运用互联网新媒体等现代传播手段,打造立体化传播体系和多位一体的传播网络,[①] 形成具有说服力、影响力和解释力,具有高度共享价值的话语体系,只有对话语体系进行全面解析,才能有针对性地提出叙事对策。以上的章节选取文物影像叙事中的典型代表进行个案研究,梳理出不同平台、不同形态文物影像叙事的点状图景,那么当前文物影像叙事整体呈现出怎样的话语体系呢?

学者们对话语体系的概念提出了不同见解。有学者认为,话语体系是指一个国家或民族整体的思想理论体系以及文化知识体系的外在表达,同时受到思想理论体系以及文化知识体系的制约。[②] 也有学者认为,话语体系就是系统化、理论化了的话语群。[③] 还有学者根据话语体系在不同生活领域的功能,将话语体系分为"日常话语体系""学术理论话

[①] 孟威:《构建全球视野下中国话语体系》,《光明日报》2014年9月24日第16版。
[②] 周宇豪:《马克思主义中国化话语体系变迁的政治学考察》,《新闻界》2013年第19期。
[③] 卢凯、卢国琪:《论打造马克思主义中国化话语体系的路径》,《探索》2013年第5期。

语体系"和"意识形态话语体系"三种类型。① 总体而言，普遍认为话语体系是由概念、判断和推理构成的，反映人类感性、知性和理性的话语体系整体。在对话语体系的剖析中，研究者都着重分析体系中各要素的形成、内在结构及其相互关系。② 有学者从文化信仰、文化理念、文化仪式、文化符号、文化产品五大文化维度，提出"讲好中国故事的文化五元话语体系"③。亦有学者将"话语体系"分为四个层次，即事实层次、逻辑层次、价值层次和表达层次，以此分析"中国模式"的"话语体系"建构。④ 本章借鉴这四个层次，分析文物影像叙事的话语体系。

第一节 文物影像叙事的事实层次

随着移动新媒体时代的到来，讲述文物故事也在进入一个多元叙事共存的新时代，要讲好中国文物影像故事，首先需要梳理当下语境中文物影像叙事的现实图景，厘清文物影像叙事的话语体系，从而来寻找有针对性的建议对策。文物影像叙事话语体系的事实层次指向文物传播的客观存在和具体实践，它是整个"话语体系"的基础，也是逻辑层次、价值层次得以建构的本体。当前文物通过"多元语言符号，多样性文本叙事，成为记录人类生存意义、生存智慧及生存方式的活态性记忆系统，成为承载中华民族集体价值认同的重要载体"⑤，随着对文物保护与

---

① 陈锡喜：《马克思主义：意识形态和话语体系》，华东师范大学出版社2011年版，第44、45页。
② 姚朝华：《新中国主流意识形态话语体系变迁及发展研究》，博士学位论文，复旦大学，2014年，第29页。
③ 陈先红：《中华文化的格局与气度——讲好中国故事的元话语体系建构》，《人民论坛》2021年第31期。
④ 唐海江、陈佳丽：《话语体系：概念解析与中国命题之反思》，《现代传播（中国传媒大学学报）》2015年第7期。
⑤ 秦宗财、杨郑一：《论文化遗产创造性转化的逻辑与路径》，《中原文化研究》2019年第5期。

利用的不断深化，特别是对新时代文物利用价值认识的提升，文物传播越来越成为重要的时代命题。当文物传播进入移动新媒体时代，综合性传播取代了单一传播，多媒体形式取代了单个媒体，新媒体技术与媒介的深度融合使传播面临极为多元的通道，媒体融合背景下各类媒介都在寻找生存合作发展的最佳形态，具体的传播实践也对传播对象和传播形式提出更高要求。① 随着媒体融合程度日益加深、融媒体合作形式愈加多元，文物的大众传播也面临更为复杂的情况。

一 文物数字化探索涌现新形态

近年来，文博行业紧紧抓住数字化浪潮的机遇，在数字化保护、数字化展示及数字化融通等方面积极作为，建构了文物数字互联的新格局。② 在文物保护方面，文物资源数据库卓有成效，多件文物完成普查登录和面向社会信息公开；三维激光扫描、摄影测量等技术被用于文物修复、研究和展示，如莫高窟等珍稀文物得到科学精准的修复；在田野考古、文化遗产监测等领域，人工智能、无人机等也发挥了无可替代的防御作用。在数字化展示方面，720°全景技术突破时间和空间的限制，打造永不落幕的线上博物馆，让游客随时随地、身临其境漫游博物馆，提升博物馆文化传播效率；基于全景真三维数据，支持语音讲解，全景导览，定位导航，提供多层次感官体验；智慧博物馆工作正逐步推进，虚拟现实、全息影像等新技术全面铺开，成为文物展示的重要阵地。在数字化融通方面，以数字技术为纽带，文物的跨界融合成果显著，文物＋文创、文物＋教育及文物＋旅游等不断开创文物新形态，如"文物带你看中国"等数字化产品走出国门，《约会博物馆》等跨界产品备受好评。互联网技术大大加速了文物数字互联的步伐。

---

① 尚策：《融媒体的构建原则与模式分析》，《出版广角》2015 年第 14 期。
② 刘玉珠：《服务大局 开拓新局 探索文物保护利用数字互联新格局》，《人民论坛》2020年第 25 期。

二 文博类"两微一抖"矩阵初成

早在 2015 年"互联网+"浪潮悄然兴起之时，文物行业就随之做出了相应转变。2016 年年底颁布的《"互联网+中华文明"三年行动计划》鼓励跨行业、跨领域的企业与文博单位在互联网+文物教育、互联网+文物文创产品、互联网+文物素材创新、互联网+文物动漫游戏、互联网+文物旅游五大方面展开全面合作，这一计划初步构架出博物馆线下+线上服务全景，不仅为文物全面跨界融合奠定基础，也让博物馆与互联网的连接从拓展新媒体渠道开始生根发芽。前者是顶层设计的构想，后者是实践层面的突破。据新浪微博 2017—2019 年连续三年发布的《文博新媒体发展报告》显示，这三年间入驻账号由 2017 年的 795 个到 2019 年 2179 个，意味着全国 5535 家博物馆中接近半数开设了微博账号，并逐渐采用图文+视频的双重方式和年轻观众直接对话。当时长为 15—30 秒的短视频平台在年轻群体中迅速流行，抖音、快手等短视频平台与日俱增的日活数量、话题热度和年轻群体占有率都让文物传播积极拥抱这一庞大的新媒体力量，两者的结合，不仅拓展了文物传播的新媒体渠道，也极大地丰富了平台创作生态。2018—2021 年，文物机构告别两微（微博、微信）时代，正式迎来新媒体渠道"两微一抖（短视频平台）"的矩阵时代。目前 31 个省级博物馆除吉林省、黑龙江省等少量博物馆还未入驻两大短视频平台，其余大部分博物馆已经建构"两微一抖"传播格局。①

伴随传播矩阵的搭建，文物数字化传播呈现繁荣态势。2020 年新冠肺炎疫情防控期间，全国各级文博机构联合抖音等新媒体推出的云展览、云直播等活动，共获得超过 50 亿人次的浏览量；联合传统媒体推出良渚古城遗址申遗直播的网络点击量超过 14 亿，"国云展""文物

---

① 《博物馆+短视频：似乎火了，但迟迟不见爆款》，https://www.sohu.com/a/478202402_121106869，2021 年 7 月 18 日。

'潮'我看""追寻先烈足迹"等直播备受好评；全国各地于2021年国际博物馆日等节日开展的各类线上活动，获得近30亿人次的点击量。但是博物馆社交媒体平台也存在一系列问题。以微博为例，粉丝数量超过百万的博物馆"大V"寥寥可数，类似中国国家博物馆、故宫博物院这类实力雄厚、声名显赫、转发和评论量领先的"大V"尚不多见；微信平台对博物馆微信公众号的文本质量、用户的忠诚度要求比较高，从文博公众号的现状来看传播的局限性也比较大；就抖音和快手两个平台的文博账号来看，其粉丝数量也极不均衡，呈现出明显的两极分化，博物馆快手政务号20万以上粉丝数的博物馆仅有3个。而且文物"两微一抖"传播矩阵全面铺开后，除了文物戏精大赛等爆款引起一阵轰动外，似乎再难出现所谓"爆款文博短视频"。另外如云直播、云参观等形式，由于门槛不高，各地博物馆这类活动如雨后春笋让人应接不暇，但是无论是联动直播还是单兵作战，都存在如出一辙、大同小异之感。究其原因，对很多文物机构来说，开通"两微一抖"并非完全自觉行为，更多的是一种跟风之举，基于博物馆+社交媒体大环境下的合流行为，如果缺少明确的专业人员和财力物力支撑，无法形成能迅速吸引受众和长期持续生产的内容来源，以及不断创新的文物传播话语体系，出现传播效果的断崖式分层也属意料之中。[①]

对大多数文物机构来说，数字化、信息化、新技术给文物传播带来的变化和影响已然不可忽视，"两微一抖"文物传播矩阵的整体运营投入都将进一步加大，如何围绕自身特色和优势，因时而定、因馆而异，及时调整、主动求变，不断创新文物传播的内容生产，是迫切要解决的问题；如何摆脱同质化，建构个性化和特殊性、同时继续保持文化的多样性也是当下文物传播需要关注的重要课题；另外，如何在常态化时期继续保持文物数字化传播的流量与活跃度，在泛娱乐化和碎片化的网络空间挖掘文物的深层魅力，从而保持源源不断的吸引力，都是值得思索

---

① 周希璞：《社交媒体与中国博物馆信息传播模式研究》，《今传媒》2020年第10期。

的重要问题。

三 传统媒体文物影像热度下降

互联网技术与媒介融合建构的多元网络实现了范围辽远、参与广泛、影响深远的网络化互动，但不容忽视的是社会媒介技术的创新主要由经济力量所驱动，[①] 商业逻辑内化为媒介逻辑，对文物传播的内容生产与流通产生不可忽视的影响。

互联网技术的发展将传统媒体与新媒体连接为更为多元的信息网络，这个多元网络在"人—媒介—社会"三者间建立起共生共存的整体性关系，打破了人际传播、群体传播、组织传播与大众传播的藩篱，实现了范围更广、参与度更高、影响更深远的网络化互动，让更多维的社会共振成为可能，但在这个过程中亦出现了种种问题，而如何规避这些问题值得我们深入思考：如何避免利益至上的商业逻辑对文化产品过于简单化定位；如何避免流水线式的文化产品生产所造成的文化节目创新不足；如何避免文化遗产在媒介化传播过程中同质、变形、变味、变质等问题，都成为当下文化产品生产者需要警惕的问题。[②]

《如果国宝会说话》《国家宝藏》《上新了，故宫》等节目一经推出，曾备受好评和热捧。以传统媒体出品的《国家宝藏》节目为例，第一、二季均斩获豆瓣评分9.1分的高分，第三季更获得豆瓣9.5分的超高评分，甚至在B站上的评分达到了9.9分。作为小众题材的文博类综艺节目，《国家宝藏》前两季吸引到不同年龄层的观众观看，铺天盖地的好评使这档节目俨然成为文化类综艺的标杆。然而第三季播出之后，其收视和热度皆不太理想，虽然评分很高，但豆瓣评价人数远不及前两季。而且《国家宝藏》《我在故宫修文物》《上新了，故宫》等三大文

[①] 周翔、李镓：《网络社会中的"媒介化"问题：理论、实践与展望》，《国际新闻界》2017年第4期。

[②] 索燕华、杨传婷：《新媒体时代文物遗产的媒介化重现》，《华侨大学学报》（哲学社会科学版）2020年第4期。

物类节目火爆后,大量同类型节目如雨后春笋,继而导致文物类节目内容雷同、模式抄袭等诸多问题。据不完全统计,2021年市场中已播和待播的文化类综艺超过35部,绝大多数都面临着热度低潮。究其原因,一方面,大批量同类型综艺轮番上阵,观众难免会出现审美疲劳;另一方面,文博类节目确实市场受众有限,当娱乐类节目轮番轰炸时,观众流失也成为自然现象。①

当千篇一律、缺乏创新的同类型综艺大肆冲击观众视野时,属于文化类综艺的发展空间也就越发有限。《国家宝藏》的出现,原本带动了文化类综艺的蓬勃发展,然而其后续节目即使在制作和呈现上丝毫不逊色于前作,但对于观众来说也不再稀奇。如何在保证质量的前提下,不断创新,使内容更贴近广大观众;运用网络流行的传播方式扩大影响力,消除受众壁垒;与节目嘉宾形成互动宣发的良性循环关系,增加话题和人气,都是文物类节目当前需要思考的问题。

四 文物影像"品牌叙事"欠缺

文物影像的"品牌叙事"即用影像作品讲述"文物品牌故事"。近年来,不论是传统媒体产出的《国家宝藏》《我在故宫修文物》等故事化叙事的作品,还是新媒体推出的与文物相关的微纪录片、短视频和游戏,都在不断推陈出新,但是在品牌吸引力、竞争力、影响力与延展性等方面,这些文物影像作品仍然具有很大的提升空间。以好莱坞电影、日本动漫等为代表的文化产品在全球市场产生了经久不衰的影响,究其原因,除了它们成熟的营销模式外,这些产品承载的社会价值观、文化价值观及个人价值观,都形成了持久的品牌价值共鸣,反观我国文物影像传播,价值观表达与故事叙事的能力有待增强。

作为人类社会实践活动的珍贵遗存,文物是人们根据自己的需求,

---

① 黄翔羽:《评分高但热度上不来〈国家宝藏3〉终究曲高和寡》,光明网,https://m.gmw.cn/baijia/2021-01/14/1302036519.html,2021年1月14日。

依靠当时当地能获得的材料制造出来的，这其中渗透了古人的生存智慧，也灌注了美学思想和价值理念，反映了人类在生产、生活、科技、宗教等多个领域的文化传承和创造。正如石鼓代表中华文脉的传承、云梦睡虎地秦简体现律法初心、越王勾践剑镌刻中华剑魂、贾湖骨笛传唱华夏初音、云纹铜禁展现强国智造，当下文物影像的叙事还需要不断挖掘并阐释其蕴含的信息，提炼中华文化的核心思想理念、传统美德、人文精神等，揭示蕴含其中的中华民族的文化精神、文化胸怀和文化自信，为新时代坚持和发展中国特色社会主义提供精神支撑。[1]

另外对内传播而言，新媒体渗透人们的日常生活，形成主流文化、流行文化等相互交融的文化景观，也带来主流价值的裂变与重组，需要在社会转型和价值碰撞的文化情境中利用文物传播发挥主流价值观的引领作用；对于有着多维价值观、强烈自我意识的年轻一代用户，需要不断调整对文物解读的尺度，避免污名化传播；对外而言，则需要就主体选择、叙事方式、形态原则等进行探索，创新多维国际传播策略。有学者借鉴传播学者拉斯韦尔的"5W模型"和品牌叙事理论，提出"讲好中国故事"与品牌营销的联动机制，包括积极正面的故事主题、打动人心的故事内容、保持品牌叙事的一致性、差异化整合营销、叙事简洁、动态把握品牌不同阶段的形势等。以此分析当下文物影像传播，需要打造能持续表达思想和价值观的文物品牌，通过深刻理解文物精髓，提炼价值符号和故事元素，从更深厚的文化底蕴中筛选故事，传递中国价值观，引起世界的情感共鸣与深度认同。[2]

---

[1] 李凤亮、古珍晶：《新时代中华优秀传统文化现代化转换的价值、路径及原则》，《东岳论丛》2020年第11期。

[2] 段淳林、林泽锟：《基于品牌叙事理论的中国故事体系建构与传播》，《新闻与传播评论》2018年第2期。

第二节 文物影像叙事的逻辑层次

逻辑层次是"话语体系"的框架。文物话语体系是基于当下文物传播实践的理论表达，它的建构逻辑不仅要符合历史发展规律和现实情势需求，体现出对中国特色的深刻诠释，同时也要体现发展特征，即围绕当前多元化思潮，实现话语体系与当代实践的互动与互补。[①] 当前文物话语体系建设的基本逻辑起点要从剖析"谁在说""说什么"与"怎么说"等问题的基础上，不断变革、优化与完善，最终提升传播效果。

作为固定短语，"叙事传播""传播叙事"等词汇在学术文献中都很常见，但很少有人对这些概念进行具体分析。中国台湾学者臧国仁、蔡琰于2014年共同提出叙事传播理论的研究框架，他们认为叙事传播是"在某些特定时空情境透过多/跨媒介载具述说故事的历程"[②]，同时提出了从内到外三个层面的叙事传播研究元素结构图。这个结构图包括由内部到外部的三层研究元素圈，第一层是内圈，包括叙事者和叙事对象以及他们的自述与他述，第二层是中圈，包括四大核心元素，即故事（内容）、论述（如何说，包括再述）、（跨媒介）载具与故事传递之情感/想象/联想，第三层是外圈，故事文本的时空结构或者时空情境。本部分依据叙事传播的"三层研究要素圈"，来解释文物叙事传播中"谁在说""说什么"与"怎么说"这一逻辑层次。

一 文物影像叙事传播的内圈要素

叙事传播内圈要素为叙事者和叙事对象各自的自述与他述，即叙事

[①] 唐海江、陈佳丽：《话语体系：概念解析与中国命题之反思》，《现代传播（中国传媒大学学报）》2015年第7期。

[②] 臧国仁、蔡琰：《叙事传播：元理论思路和研究架构》，载史安斌编《全球传播与新闻教育的未来》，清华大学出版社2014年版，第82页。

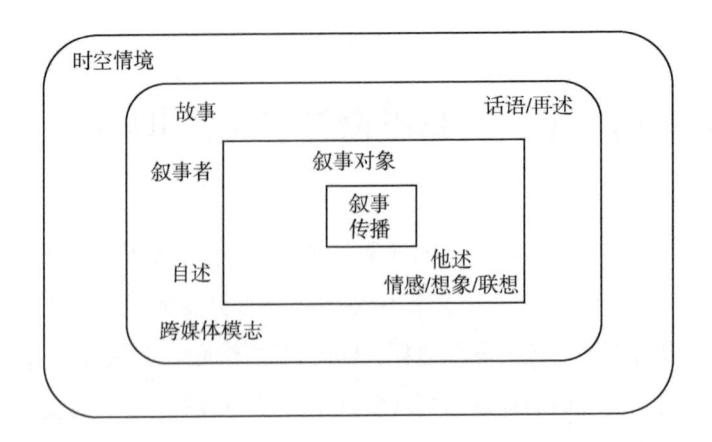

图 4-1 "叙事传播"的基本元素①

主体的自述与他述。在新媒体特别是社交媒体出现之前，文物传播的主体主要有两个，即政府和文物部门以及传统媒体。以微博、微信等为代表的社交媒体出现之后，文物传播的主体也发生了很大改变，各类非政府组织、普通公民的参与使文物传播的主体层次更丰富多元，同时传播对象也变得复杂。要有效地进行文物传播，首先需要厘清文物的主体、客体及其特征。

新媒体时代文物传播有四大主体，包括政府及文物部门、非政府组织、大众媒体和用户。文物部门是文物的管理者，肩负着文物的保护、管理、监督与传承等重要职责。同时，作为文物保护最重要的职能部门，政府部门不仅要进行文物传播，还要借助自身的权威性及公信力来引导文物传播中的其他主体积极主动、正确地进行文物传播。

非政府组织作为一种社会协调机构，不以营利为目的，主要以提供公益性服务为目标。文物的传播也离不开民间团体及类似机构的公益传播活动，他们往往通过发布相关的信息，开展各种文物传播活动，营造全社会关注文物的良好氛围。

---

① 臧国仁、蔡琰：《叙事传播：元理论思路和研究架构》，载史安斌编《全球传播与新闻教育的未来》，清华大学出版社2014年版，第111页。

第四章 移动新媒体时代文物影像叙事的话语体系建构

国家文物局《2012文博事业白皮书》中所述,"社会力量"应该由政府和公众两种力量共同构成,二者目标一致,相互补充与监督,共同形成有效的文化遗产社会参与机制。而这其中,公众力量指除文物部门及其相关政府职能部门外的其他一切个人、团体、自发性群体、协会、基金会等,它们能作为文物传播的有力补充。

传统的大众传媒曾在文物传播中担任着重要角色,现在仍然发挥着主力军的作用,但是以手机为代表的新媒体的兴起,对大众传媒的传播和塑造功能产生了较大的冲击和影响,大众传媒的身份发生一定程度的转变,越来越多的大众传媒开始与新媒体平台融合,本书研究的《国家宝藏》《我在故宫修文物》《如果国宝会说话》等均在传统媒体首播,再在新媒体平台播放并获得很大的关注。因此新媒体时代文物传播的主体除了传统媒体,新媒体用户正在发挥着不可或缺的作用。用户在媒体上传播文物时具有双重身份,他们既接受文物信息,也在传播文物。在新媒体中,用户不再是被动的个体,而是积极主动的参与者。他们在关注文物故事和信息的同时,会积极进行评价、讨论、补充乃至重塑文物传播的内容,因此他们在这个过程中很容易就能转化为生产者,将所思所想通过各种平台迅速传播出去,并产生影响。

叙事传播的核心是"叙事者"和"叙事对象"各自从其生命经验引发的"叙事自我",即"自述",从这个意义上来说,叙事传播是"自我建构的过程,通过比较自我与他人叙述有何差异,为自我提供了意义与独特性,以使自我区别于他人"。"他述"指的是被采访者的采访内容,指的是在自述故事时所涉及的自我与他人之间的互动关系,如故事如何触发个体(记忆)与社会的辩证关系;个人身份/认同与社会的关系是如何通过叙事过程构建的,故事在哪里出现等,也包括叙事内容中涉及的"关系"(如消息来源与他人的互动关系)等。[1]

---

[1] Fivush, R. and Haden, C. A., eds., *Autobiographical Memory and the Construction of a Narrative Self: Developmental and Cultural Perspectives*, Mahwah: Lawrence Erlbaum Associates, 2003, p. 44.

叙事是人类的基本生活状态。人们每天都在对叙事内容进行"选择"。选择意味着权衡：叙述者对主题的选择和故事的内容，以及接收者对故事的选择（同意或不同意，接受或拒绝）。在这种情况下，后者的选择将反过来影响前者的选择。每个人都有选择/拒绝故事的能力，因为每个人都会理性思考并具有基于生活经验的"实践智慧"。叙事传播从根本上体现了共同叙事和双向交流的理念。叙事参与者不仅是说服者（传播者），也是听众（接收者）。因此对于文物的叙事传播而言，其结构内圈（第一层）为以上这些叙事者和叙事对象各自的自述与他述。

二 文物影像叙事传播的中圈要素

叙事传播架构的中圈元素（第二层）涵括了叙事传播四个核心元素：故事（内容）、话语（如何说，包括再述）、跨媒介模态与故事传递之情感/想象/联想。

（一）故事（说什么）

简而言之，叙事由故事的角色、事件、时空背景（通常称为"情节的重要程度"）、本质和叙述者组成，基本上涵盖了传统的"六何"元素（何时、何人、何点、何事、何因及如何发生）。因此，故事可以被认为是故事行为和事件通过情节的叙述，呈现一系列人们乐于知道的事件，而承载这一行为的包括广告、小说、电影和电视等。新媒体时代科技发展带来了媒介形态的巨大转变，文物故事的传播渠道也由早期的单一媒介发展到多种融合媒介。从上文的文本分析可知，今天的文物传播作为不断创新和努力开掘的一种极有特色的文化传播形式，已经进行了"数字叙事""后现代叙事""跨媒介叙事""互动叙事"等的探索，由此呈现的复杂性和多样性早已不是传统叙事学的理论和研究可以容纳的。新媒体时代文物传播面临的新课题新内容和新问题都具有很高的研究价值。

（二）话语/再述（如何说）

所谓"语篇"是指讲故事的方法，即讲故事的状态和过程。费希尔（Fisher）认为决定人们对故事价值判断的是"好理由"，它也最终决定了故事的成败。在他看来,"好理由"原则包括故事形式的连贯性、一致性、合理性和整体性,以及故事内容的逼真性、接近性和价值共享性等。如果叙事场景将叙事的各种客观因素进行设置,那么叙事手段就类似于叙事的主观行为,也就是叙述者需要运用一定的叙事方法和技巧才能达到叙事目的。由此在文物的叙事传播中,也应该给受众提供好的理由,而不是死板的推理和说教,因为一个好的故事比一个好的论点更容易说服人。因此,文物叙事传播应建构以"听者为中心"的叙事方式,避免"自言自语"。具体来说,"好理由"要求我们理解并积极顺应彼此的需要和经验,充分发掘文物故事中的"超越实用主义的美感和光环","调动一切可能的因素,鼓励积极互动和深入干预",唤起受众的认同和共鸣。[1] 随着现代科学技术带来的媒体模式的多样化,"话语"的研究重点也延伸到"再述",即如何再述;通过何种媒体模式不断再述;内容重述后发生了什么变化等。

(三)跨媒介模态

数字时代叙事与媒体的互动关系与以往的"线性传播时代"有很大的不同。文物传播的叙事内容不再只是传统观念中的文字、语言或符号,相反它综合了这些文字、语言和符号构成的视听内容。因此,叙事与媒体的关系比以往更加复杂多样。两者之间的交互也改变了早期的单向"依赖"或"有或没有"的二元对立,转变为"光谱风格"的综合方法论命题。新媒体以去中心化、分享、内容聚合为主要特征,是由用户主导创作的时代,其核心理念强调将互动作为应用的灵魂,通过用户的创造与热情提升情感黏度,打破时空概念,提升共同的参与度。因此融媒体背景下文物的叙事传播内容也不再局限于传统媒体的单向内容传播,而应该向跨媒介的互动叙事层面进发。

(四)情感/想象/联想

叙事传播的中圈要素还包括通过讲故事传达"情感""想象"和

---

[1] 胡百精:《故事的要素、结构与讲故事的策略模式》,《对外传播》2017年第1期。

"联想"。文物的叙事传播还需要在创造不同媒体模式的过程中将"情感""想象"和"联想"整合到文本中。叙事的目的是实现故事的公认和被接受,因此文物的叙事传播要将故事的价值建立在"好的理由"(故事的合理性)之上,所以需要通过"情感""想象"和"联想"尽可能好地理解和识别文物故事及其文化内涵,从而达到价值同构。

三 文物叙事传播的外圈要素

文物传播的外圈是"时空情境",可以简单地定义为"文本时空的内部结构"。任何"故事"都需要通过某个时间序列的变化过程来完成,每个序列至少包含两个事件,其中一个事件旨在确定故事的情境或前提,第二个显示原始情况和原始情况之间的变化。虽然"情境"被置于"叙事传播"的外层,但它与内层和中层元素一起构成了构建"叙事"内涵的核心。只有通过时空话语将自我生活经验的各个层次转化为"紧凑而清晰的故事",才能激发想象力,增强戏剧张力,带动受众与情节共振。

媒介环境学派的代表哈德·伊尼斯认为,传播及其媒介本身带有某种偏向,"媒介的性质,影响着文化的偏向性"[1],时间和空间构成了人类社会的基本形式。物质、能量和信息是基本动力,其中信息传播是人类生存发展的意识基础。信息传播的速度影响着空间距离,信息传播的清晰度和模糊性影响了意义的到达效率。随着互联网技术的发展,传播的及时性不断增强,地理空间的障碍正在被不断清扫。[2] 空间的形态变化也越来越受到学者的关注。法国社会学家列斐伏尔提出了空间生产理论,认为空间有物理空间、精神空间和社会空间三个维度,这正是空间转向的重要论题。在他看来,物理空间是客观实在空间或自然空间,这

---

[1] 李沁:《泛在时代的"传播的偏向"及其文明特征》,《国际新闻界》2015年第5期。
[2] 蔡凯如:《现代传播:用时间消灭空间》,《现代传播(中国传媒大学学报)》2000年第6期。

第四章　移动新媒体时代文物影像叙事的话语体系建构

是能被外部感知的；精神空间是被想象或构建的模拟空间，它存在于人的精神之中；社会空间是人类生存和生活的"场域"，它是一个由资本、文化、制度等复杂要素交织的空间。文物影像传播进行的"空间生产"正是在这三种交错的空间中进行的，文物空间生产的实践逻辑包括物质性空间的建构和社会性空间的建构。

（一）文物空间生产的实践逻辑

第一，物质性空间的建构。空间是可以进行生产的，因为空间本身也是一种生产资料。信息生产首先需要以物质为基础，没有信源物，信息就无法获得源源不断的补充从而进行生产。[1] 文物影像传播作为一种多形态的信息产品，以传统媒体和移动互联网技术作为支撑，它的内容不可能凭空诞生，都是从物质世界而来，也可以说是物质世界的信息化投射。因此可以说，文物影像传播首先是具备物质性的。另外，文物影像传播者依托传统媒体和新媒体平台，他们都是文物传播空间的拥有者和开发者，他们利用雄厚的资金投入和技术优势，组织和带动了文物的空间生产和海量内容的积累，是文物传播物质性空间建构的重要组成部分。

第二，社会性空间的建构。空间是承载社会关系的容器，它"不仅被社会关系支持，也被社会关系所生产"[2]，文物的空间生产除了制作视频内容和其他信息产品外，还可以通过实践中的交互行为进行文物影像传播社会性空间的建构。首先，物质性空间的建构为文物影像传播交往与互动等行为的展开奠定了重要基础，不断将越来越多的用户召集到这个空间中进行观看、点赞、评论、转发，进而组建流动的用户圈层。虽然用户在不断变化衍生，但生产主体和内容产品因为具备相对的集中性，最终会呈现一定数量的爆款产品和"网红"，他们和具有高黏性的"粉丝"及其他用户一起，建构了文物影像传播的社会

---

[1] 李文明、吕福玉：《信息的本体论意义与传播学价值》，《山西大学学报》（哲学社会科学版）2017年第1期。

[2] Henri Lefebvre, *The Production of Space*, Oxford: Wiley Blackwell, 1991, p.165.

性空间。① 这个文化空间构建后，平台会通过内容分级、奖励等机制刺激更多内容的生产；同时还会不断增进技术手段，通过增强用户体验，开展各类专题活动等，促使用户的使用欲望不断升级；通过互动对文物传播空间中的社会关系进行重组，形成动态的用户圈，从而构建文物传播的社会空间。这个空间的形成，以交往互动为直接的连接手段，进行着个体特征的塑造和群体界限的划分，不断完成社会关系的重组。

（二）文物影像传播的生产实践

空间生产既包括"空间中事物的生产"，也包括"空间本身的生产"②，换句话说，既有文物信息产品生产，也有社会性的生产，后一种生产更多体现为一种圈层互动生产。文物传播的空间生产如何进行？生产主体有哪些？其生产动力和机理又是什么？

第一，空间生产的主体。文物传播者借助传统媒体和新媒体多种平台，构建起传播空间，成为文物传播空间的主体。这些主体一部分是政府职能部门和大众传媒的从业者，另一部分则是源源不断的网民。这些网民有的是消费型，即利用碎片化时间，在各类平台上进行文物内容的消费和转发互动；有的是内容制作者，他们将已有的文物传播内容再加工再创作，或自己原创来吸引"粉丝"点赞、评论和转发，通过增加流量来获取平台内容补贴。从文物传播来看，这些多样的传播形式、多类型的传播平台和品类丰富的传播主体，共同促进了文物的内容生产和传播。

第二，文物影像传播的实践逻辑。首先，内容生产是核心，高热的内容生产带来的是流量，同时带来资本流动的可能性。流量是传播平台资本增值的核心要素，而内容又是吸引流量的关键。有的平台会通过招募优秀的内容生产者专门进行文物影像传播的内容创作，有的则会专门匹配各种设施、技术及资金支持。虽然这类内容生产的动力主要来源于

---

① 吕永峰、何志武：《逻辑、困境及其消解：移动短视频生产的空间实践》，《编辑之友》2019年第2期。

② 包亚明主编：《现代性与空间的生产》，上海教育出版社2003年版，第47页。

商业逻辑，但不可否认它客观上带来了文物影像传播效应的增强，而且很多新媒体平台的文物传播内容生产与传统媒体的内容生产会形成有效勾连和呼应，这些都在一定程度上促进了文物影像传播深度和广度的拓展。同时，社会性空间的建构也让文物传播在传统媒体和新媒体、传统受众和用户间逐渐达成动态循环的良性体系，有助于文物的传播。[①]

第三节 文物影像叙事的价值层次

价值层次是"话语体系"的精华。文物影像叙事话语体系中包含着特定的观念和思想，是"社会思想文化和意识形态的直接体现，关系着国家和民族文化的有效传承"[②]。文物影像叙事话语体系的价值层次是关于中国文物价值规范的提炼，是对中国文化普遍道德意义的总结。过去我国文物保护理念主要停留在对历史遗存本身的艺术价值、教育作用乃至政治意义的理解上，近年来基于世界各国关于历史文化遗产"真实性价值，情感价值，文化价值和使用价值"等价值共识的盛行，我国也逐步形成以多元化主义取代单一价值的普适性保护等观念。[③] 以此分析文物影像叙事话语体系的价值层次，至少可以从以下四方面来理解。

一 符号价值

皮尔斯的符号学理论将符号分为三个层面，分别是符形、符指和符释。从文物传播的具体实践上来看，符形主要指形式、颜色、材料等外

[①] 吕永峰、何志武：《逻辑、困境及其消解：移动短视频生产的空间实践》，《编辑之友》2019年第2期。
[②] 唐海江、陈佳丽：《话语体系：概念解析与中国命题之反思》，《现代传播（中国传媒大学学报）》2015年第7期。
[③] 陈蔚、胡斌、何昕：《当代我国历史文化遗产价值体系的构成》，《重庆建筑大学学报》2006年第2期。

部信息，是产品的外在表现形式；符指是文物的指代对象，也就是人们由符形联想到的文化形象；符释则蕴含着文物最深层次的内涵，需要一定的认知才能理解，指向文物传播的价值层次。[①]

(一) 文物符号的界定

整个文物的文化系统可以被看作广义上的符号系统。文物的文化符号是能够承载支撑文物文化意义的各类符号，它们经过历史的长期积淀，是已经被中华民族普遍接受且给予认同的文化表征，是一种"直观的感性形式"[②]。文物的形态多样，文物符号系统可以分为器物符号、文字符号、语言符号等，具备形象性、直观性、物质性等特征。符号学研究学者索绪尔认为，符号作为一种文化表达手段，是社会普遍接受的，建立在集体习惯和普遍认可的基础之上。而且文化是人类的某种象征性行为，文化的产生、延续和创造是以符号为介质的。[③] 因此，符号不仅是文化生产和发展的形式，也是文化积累和传承的载体。符号是高度浓缩的文本的表征，符号所构建的艺术、哲学、宗教和科学等多种文化形态，构建了人类的象征世界。哲学家恩斯特·卡希尔指出，"与其说人是理性的动物，还不如说是符号的动物"[④]。索绪尔将符号分为能指和所指，前者指的是符号本来的物质性，比如图像、声音、颜色等；后者指在能指的基础上被附加的象征意义。

文物的符号系统正是由文物的能指与所指构成，其外在表征是通过视觉、触觉和听觉所激发出的各种外在形象，是在特定环境中文物直接表现出来的内容，包括形状、装饰、色彩、材料等在内的文物造型元素，这是文物的能指；其隐藏语义则是在特定语境中间接展示的文物内涵，是外在形象中蕴含的情感、文化、艺术和社会等内容，它们是超越

[①] 沈豪、刘珂艳：《浅析基于符号学的博物馆文化衍生产品设计》，《大众文艺》2018年第21期。
[②] 霍桂桓：《论作为文化软实力之载体的符号》，《哲学研究》2010年第6期。
[③] 孟庆艳：《文化符号与人的创造本性》，博士学位论文，吉林大学，2006年，第31页。
[④] [德] 恩斯特·卡西尔：《人论》，甘阳译，上海译文出版社1985年版，第41页。

文物物质层面的文化元素,比如象征意义、民间典故、历史文化信息等,这是文物的所指。

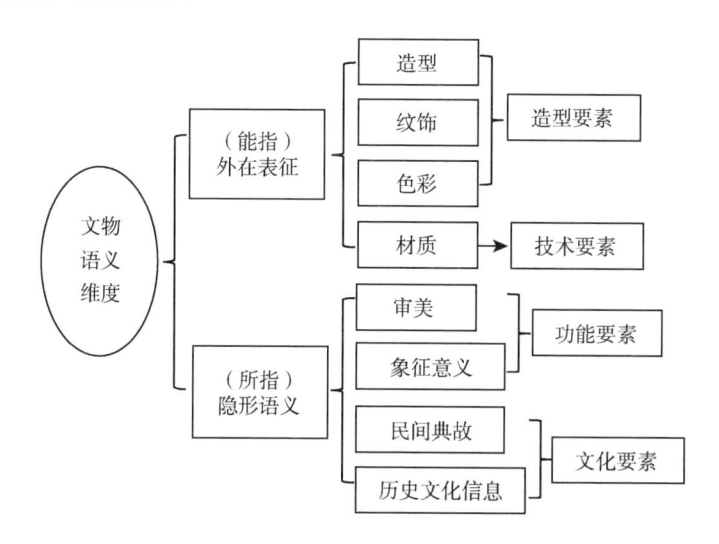

图 4-2 文物符号的能指与所指①

以往人们认为,文物只是一种物质财富,近年来随着文博类电视节目、短视频和游戏兴起,人们逐渐认识到这种观念的狭隘。② 文物作为一种文化符号,它有其物质的存在形态,但更重要的价值在于其历史意义和精神传承,更多的价值隐藏在其符号意义中。③ 要实现这种无形的价值,离不开传播与沟通。通过文物传播,博物馆难见天日的文物为大众津津乐道,其符号意义和象征价值到处流传。文物不应该被埋藏,五千年的文化也不应该被隐藏,收藏文物不是目的,利用、继续、延续其物质与精神价值才是终极旨归。

当然,当节目将文物中包含的符号意义呈现出来后,受众的反应肯

---

① 杨盼盼:《文物符号解读与文创产品设计方法研究》,《中国博物馆》2017 年第 3 期。
② 汪文忠、王岩:《基于内容分析法的〈国家宝藏〉模式创新及经验研究》,《安徽理工大学学报》(社会科学版) 2018 年第 4 期。
③ 谭宇菲:《新媒体场域中传统文化传播仪式建构研究——以〈我在故宫修文物〉为例》,《中国广播电视学刊》2017 年第 9 期。

定各不相同，即便是完全相同的符号意义，接收者的不同最终决定了对符号意义理解的不同。符号学创始人皮尔士这样来解释符号与外界的关系，他认为最终决定符号意义的是接收者关于符号本身的思考。① 因此媒体对文物的传播最终取决于受众对它的解读。在对 B 站文物类视频的评论进行研究可以发现，虽然大多数网民都认识到了文物的价值，但对博物馆选择代表性文物的理由还是有许多不同看法，这正是对符号的理解和个体自身的价值体系产生了冲突，冲突可能带来更多的关注，但文物的意义从来不需要被统一界定，文物传播也需要更多的声音。②

二 文化价值

（一）文化价值的概念界定

文化价值的概念很广，包括理想、精神、观点、理念、认知等含义。黑格尔指出"理念和内涵是对事物特有规律的一种整体的把握以及对某些理论观点的阐发和概括，是一种永恒的创造、永恒的生命和永恒的精神，是超乎一般概念范畴之上的精神实体"③。本书所指的文化价值，与文化内涵、文化理念等概念趋同，指的是人们对于某些现象或事物的理性认识，以及在此基础上形成的观念理念，它是文化系统里处于核心层面的价值体系。叙事学者费希尔认为，"叙事不仅仅是讲述一个具有情节的故事，还包括一系列事件的任何语言或非语言的叙述，以及聆听者赋予这些事件一定的意义"④。由此可见，内涵、概念和意义是叙事和文化中的固有含义。

（二）文物影像叙事话语的文化价值构成

文化价值是在人类在长期的社会实践和意识活动中，经过不断培

---

① 杨苗：《从符号学视角看〈我在故宫修文物〉的走红》，《新闻研究导刊》2017 年第 3 期。
② 汪文忠、王岩：《基于内容分析法的〈国家宝藏〉模式创新及经验研究》，《安徽理工大学学报》（社会科学版）2018 年第 4 期。
③ 韩延明：《理念、教育理念及大学理念探析》，《教育研究》2003 年第 9 期。
④ ［美］理查德·韦斯特、林恩·特纳：《传播理论导引：分析与应用》，刘海龙译，中国人民大学出版社 2007 年版，第 352 页。

育、进化和筛选形成的审美意趣、价值观以及思维方式。文物的符号化过程也是文物文化内涵生成的过程,文物文化本身并不是由诸多文物符号构成,而是由文物符号隐含的一系列意义系统构成,因此文物的文化价值体系占据了文物文化系统的主导地位。文物的文化内涵正是人们基于能指事实的基础上形成的象征符号,在历史实践中不断赋予其主观情感,并用以表达自己的情感和愿望,它暗含着一个群体独特的精神品质和价值观。

文物的文化价值体系是人们在文物形成过程中寻找、追求和遵守的那些价值理念。[①]它是社会所有成员参与的结果,汇集了历史上多种文化的价值功能,蕴含着一些共同的价值标准,承载着"好"与"善"等特质与理想。作为一个价值整体,它引领着群体的共同目标,帮助一个群体或一个国家的成员形成都能被接受的类似的或一致的思维和行为方式,以及价值心理和价值观念。因此文物的文化价值指那些植根于悠久的文物文化,经过历史和时代的挑选与打磨,兼具文化异质性和交流友好性,具有时代意义和普世价值的文化理念。比如万里长城体现了古代的军事防御思想,也再现了中华民族的坚强意志;伟大的丝绸之路代表了东西方的文化传播和交融;传统建筑民宅融合了建造者的智慧、信仰和审美情趣;史前的彩陶、秦汉的织锦、明清的刺绣等则闪耀先民的聪明才智和艺术灵感。在建构世界命运共同体的时代语境下,文物中蕴含的多元一体的文化观也得到了彰显。《如果国宝会说话》中的"妇好鸮尊"呈现了文物的多民族文化形态,《此画怎讲》中帝王肖像画"雍正半身西服像"则展示了中西文明的交流互鉴。当下多种媒介呈现的文物影像叙事中,包含了多民族、多地域的文物类型,充分体现了中华文化的多源头背景,也传递着家国共同体建构、世界文明交融共生的文化价值观。研究和传播文物的目的就是要挖掘并阐释其蕴含的信息,提炼

[①] 孙美堂:《从价值到文化价值——文化价值的学科意义与现实意义》,《学术研究》2005年第7期。

出中华文化的核心思想理念、传统美德、人文精神等,以物为鉴,开启新的时代。①

三 情感价值

文化认同是"一种群体文化认同的感觉,是一种个体被群体的文化影响的感觉"。亨廷顿认为,不同的人们常以对他们来说最有意义的事物来回答"我们是谁",即用"祖先、宗教、语言、历史、价值、习俗和体制来界定自己",并以某种象征物作为标志来表示自己的文化认同,如旗帜、十字架等。在他看来,"文化认同对于大多数人来说是最有意义的东西"。总之,文化认同是民族认同、国家认同的重要基础,是综合国力竞争中最重要的"软实力"。"文化自信是更基础、更广泛、更深厚的自信",而文化认同是实现文化自信的前提,是凝聚民族共同体的精神纽带和生命延续的精神基础。② 当下的文物影像叙事从不同层面唤起中华民族共同的文化记忆,凝聚了民族文化情感,从而促进文化认同的建构。

"情感是把人们联系在一起的'黏合剂',可以生成广义的社会与文化结构的承诺。"③ 文物作为符号传承体系,蕴含着深刻的文化和情感内涵,承载着本国人民对自身文化的强烈认同,这份文化情感是一个民族和国家实现团结与强大的内在力量。《如果国宝会说话》《绘真·妙笔千山》《此画怎讲》《世界遗产看中国·峨眉山》等文物影像叙事以文物为载体,勾连起属于中国人的特有品格和历史记忆,带领人们去感受各民族在文化上的相互尊重、欣赏、学习与借鉴,体会一脉相承的价值追求,激发起民族自尊心、自豪感以及对传统文明的归属感和深层热爱,共建以爱国主义为核心的民族精神,实现文化认同。④ 同时,移动新媒

---

① 陆建松:《如何讲好中国文物的故事——论中国文物故事传播体系建设》,《东南文化》2018年第6期。
② 李国良:《增进文化认同 坚定文化自信》,《学习时报》2016年10月27日。
③ [美]乔纳森·特纳、简·斯戴兹:《情感社会学》,孙俊才等译,上海人民出版社2007年版,第1页。
④ 张婷:《〈考古公开课〉的传播策略与文化认同建构》,《新闻爱好者》2021年第6期。

体时代的文物影像叙事除了展现国宝的传统文化价值,也时刻兼顾深挖文物的当代价值,传播和弘扬政治文明与国家形象。在对文物当代价值的阐释和引申中不仅囊括了对社会话题的关注,还涉猎工匠精神、民族团结、依法治国及中国梦等价值观的传播,让受众从"对中国古代文化艺术创造的赞叹自然过渡到对当前中华民族复兴和国家发展的信心和愿景,实现了从文化认同到政治认同的过渡"[1]。

四 使用价值

文物是不可再生的宝贵文化资源。保护好文物就是保存历史,保存国家的文脉,保存历史文化精神内在的优良传统。现代化城市的建设和传统历史文化之间不是互相矛盾和对立的,而是有机关联、相得益彰的。[2] 当现代城市的经济构成从传统的工业主导模式转变为多元经济形态,历史文化遗产的市场化也成为城市经济发展和现代化进程的重要组成部分。文化历史遗产承载上下五千年中华文化创造的精华,以其独一无二的美学情致和风韵对受众产生深度吸引力,成为现代城市中最令人神往的文化景观,是构筑现代城市良好人文环境的重要基础,也是现代城市综合实力的构成要素。当代文物影像传播对于旅游业、相关服务业及地区文化产业的全面发展起着重要作用,对城市形象营造与遗产开发的文化品牌培育都产生着深远影响。[3]

2018年8月,新华社瞭望智库发布"新时代中国互联网发展六大趋势","新文创"因文化价值与产业价值并重成为唯一来自文化领域的重大趋势。[4] 腾讯集团相关负责人表示:"新文创"是一种以IP构建为核

---

[1] 郭学文、刘白羽:《国族认同与文化价值观传播——〈国家宝藏〉的内涵分析》,《传媒》2019年第1期。

[2] 靳凤华:《福州古厝的彩绘装饰艺术》,《福州大学学报》(哲学社会科学版)2021年第2期。

[3] 陈蔚、胡斌、何昕:《当代我国历史文化遗产价值体系的构成》,《重庆建筑大学学报》2006年第2期。

[4] 《新时代中国互联网的六大趋势》,https://www.guancha.cn/industry-science/2018_08_08_467431.shtml,2018年8月8日。

心的文化生产方式，其核心目的是要打造出更多具有广泛影响力的中国文化符号。① 新文创作为一种新的文化生产方式，不仅改变着传统的文化生产、消费和传播形式，加速文化创意产业的数字化转型，引领未来中国互联网发展热潮，也将进一步提升国家文化软实力。在新时代增强文化自信，建设文化强国的布局下，推动"新文创"、升级文化产业发展思路和文化产品生产方式已成为历史赋予中国的时代命题。在对相关数据进行统计后发现，用户在各类文物影像产品沉浸的时间越长，越容易获得价值认同与情感共鸣。在此背景下，将传统文物置于当前的传播语境，围绕文物进行开发，形成有影响力和号召力的优质 IP，这类实践正是新文创践行的框架结构与思维体系。特别是一方面利用新媒体进行文物影像传播，另一方面通过各类 App 应用将文物文化带入现实生活，以传统文化提升文创产业的文化价值，以新文创助力传统文化的创新传播，② 可以有效实现两者相互借力共同发展。当下的中国是文化产业体量巨大且发展快速的文化大国，越来越多的优秀文化不断被唤醒，文化价值和产业价值正在相互赋能，文物影像传播在新文创的发展之路上也将发挥更大的价值。

第四节 文物影像叙事的表达层次

如果说事实层次是"话语体系"建构的基石，价值层次是其传播力的体现，表达层次则是文物影像叙事"话语体系"的外在形式与载体，最终由这一层次实现整个体系的逻辑、价值与现实的对接。新媒体时代，文字、图像、动画和视频等不同媒介手段在各种媒介渠道之间进行融合，建构了多维共振的媒介场域，并且产生了良好的传播效果。文物

---

① 《中国互联网发展六大趋势出炉，腾讯"新文创"为什么能上榜》，https：//www.sohu.com/a/246286050_257489，2018 年 8 月 10 日。

② 朱逸伦、郝雨：《新文创，让传统文化更好地"活"在当下》，《出版广角》2019 年第 12 期。

影像叙事也需要借助多渠道平台和选择有效的话语方式，才能使"话语体系"更具吸引力、说服力和影响力，产生最大化的叙事价值。新媒体技术的发展正在重构文物传播的媒介生态，同时也创造出了拥有新价值理念、个人趣味与社会风尚的文化族群，在它们的共同影响下，文物影像呈现出新的叙事表达。

作为西方经典文艺理论，"文本"理论经过全面关注作者阶段、绝对关注作品阶段到当下进入显著关注读者阶段[1]，衍生出诸多流派，形成了多视角、不断变化的文本观。艾布拉姆斯认为文本理论包括作者、世界、作品以及读者四大核心要素，因此"文本"不仅关注作品的内容表达，也重视意义建构与诠释的发展过程，以及四大要素之间的互动关系。[2] 基于此，文本不仅是一种静态稳定的话语生产，更是鲜活动态的文化实践，那么移动新媒体环境下文物影像文本又呈现怎样的特征？有学者认为，新媒体时代的文本是一种"再媒介化"的"超文本"，其特征表现为对以往已有文本功能与形态的集合，以及"实现对人类理想传播情景的还原甚至是超越"[3]，以此分析新媒体时代的文物影像文本，同样综合了传统文本的优势，并显现出其他典型特征：从生产层面来看，专业话语和非专业话语彼此渗透；从结构层面来看，互文叙事使碎片化传播具有了一定张力；从消费层面来看，具身化传播态势渐成气候。

一 话语渗透与权力协商

新历史主义学派认为，"振摆"是文本的一种存在方式，文本的生产和阐释在不同的话语领域之间穿梭摆动。[4] 其代表人物格林布拉特更

---

[1] ［英］特雷·伊格尔顿：《二十世纪西方文学理论》，伍晓明译，陕西师范大学出版社 1987 年版，第 83 页。
[2] ［美］M. H. 艾布拉姆斯：《镜与灯——浪漫主义文论及批评传统》，郦稚牛等译，北京大学出版社 1989 年版，第 5、6、7 页。
[3] 张丽、刘念：《互文叙事与感官重塑：融媒体时代的新闻文本特征》，《现代传播（中国传媒大学学报）》2021 年第 9 期。
[4] 阎立峰、王璇：《能动的振摆：从新历史主义视野看新闻文本的历史性》，《新闻与传播研究》2018 年第 1 期。

将"振摆"阐述为"日常生活状态",认为文本通常在社会、文化等多个领域间自由流动、来回振摆,文本是话语领域间协商沟通后的结果。①因此,文物影像的生产主体既不是完全受到语境的制约和把持,也不是绝对的能动和自主,而是在这种弹性间肩负着调和各方力量的中介角色。文物影像文本生产的"振摆"带来话语的交融,形式上呈现为多模态性或多声部形态,既带来多义性与不确定性,也带来灵活性与包容性。在移动新媒体背景下,各话语场域之间的融会互动让文物专业话语与其他场域的交流更达到空前的活跃,文物类专业话语和非专业话语之间的碰撞、对话和协商使文物影像话语呈现复杂共生的图景。

(一)专业话语的互渗

移动新媒体背景下文物影像文本体现为多元化的生产与传播主体,其中专业话语生产者大致包括传统媒体从业者、新媒体平台从业者和文物相关部门生产者。从生产主体上来说,在生产过程中,他们自身都不可避免地出现两面性,即能动性和屈从性,一方面会基于专业规范和实践经验来进行话语生产,另一方面需要平衡不同素材来源、不同话语规则及不同受众趋向共同作用形成的博弈;从社会语境来看,政治、经济和文化的宏观背景,媒介融合的中观背景和机构组织内部变动不居的微观环境,都会对文物影像文本生产产生结构性影响,特别是文本在专业生产内部(媒体场域、文物本体场域、科技场域等)的"振摆",直接加速着专业话语之间的交错和互渗。在这里,感性与理性、求真与求美等思维逻辑被同时缝合进文物影像文本的生产中,文物依靠影像来延缓专业的生涩,影像凭借专业来抵抗感性的粗浅。

比如,文物影像传播内容生产为迎合新媒体用户特别是年轻用户的收视习惯,在镜头语言、叙事节奏等话语技术上不断探索,通过整合文字、图像、声音等不同符号的功能,建构了感性与理性兼备的多维度话

---

① [美]斯蒂芬·葛林伯雷:《通向一种文化诗学》,盛宁译,载张京媛主编《新历史主义与文学批评》,北京大学出版社1993年版,第9页。

语叙事。《如果国宝会说话》中文物的细节通过大量现代技术来展示，何尊等文物埋于地下三千年，外表已被腐蚀，铭文也已经氧化模糊，为此导演采用了3D扫描技术，使受众通过高新技术可见文物的每一个细节，还能深入了解细节背后隐藏的历史。高质量的影像展示了古代工匠的高超技艺，也让微观世界无从想象的故事鲜活呈现，契合了新媒体时代快节奏受众的欣赏惯习。①《此画怎讲》核心是绘画中人物的自述内容，创新点不仅在于将艺术作品由静转动，赋予画面真实的生命，还在于以妙趣横生的娱乐化叙事传递出对传统文化的热爱与自信。新媒体语境下的文物影像，从形式到表意方式都超越了传统的叙事手法，而且使新的话语技术达到效果呈现和情感表达最大化，形成了新的话语叙事力量。②

（二）民间话语的融会

移动新媒体背景下，文物专业机构与各类短视频平台的合作让主流话语与民间话语产生前所未有的交融，也带来文本生产"碎片化"与"宏大叙事"之间的协商与取舍。利奥塔开启了关于宏大叙事的研究，在《后现代的状态：关于知识的报告》一书中探析了宏大叙事遭遇合法性危机的缘由。③此后，宏大叙事被认为是对"文化叙事规划的一个无所不包和整体的有条理、知识和经验的解释"。罗斯则在他的研究中深刻揭示了宏大叙事对权力和社会习俗等合法化、权威化乃至神化的本质。④文物影像作为一类特殊的传统文化载体，配合着一定时期的政治和经济制度，一直以宏大叙事为基本形态，其生产旨归多是资讯传递、思想传播和宣传教化，呈现形态多为逻辑严谨、整体全面。比如传统的

---

① 陈哲敏：《〈如果国宝会说话〉：历史文物故事的当代讲述》，《电视研究》2018年第6期。
② 张青妹：《新媒体语境下知识类短视频的话语与叙事研究》，《中国广播电视学刊》2021年第8期。
③ ［法］让-弗朗索瓦·利奥塔尔：《后现代状态：关于知识的报告》，车槿山译，生活·读书·新知三联书店1997年版，第3页。
④ 百度百科，https：//baike.baidu.com/item/%E5%AE%8F%E5%A4%A7%E5%8F%99%E4%BA%8B/1001193？fr=aladdin。

文物长纪录片通常采用纵向时间轴，展现不同时空组合的文物变迁，而微纪录片则只截取某个横断面，讲述在某个时间点上的文物故事，在这里，绵长浩渺的历史时空被凝缩于一件器物，但是这件微小的器物作为可触摸的具体存在却更能给人切实的代入感，使受众得以在某个凝结的时间点上打量并揣摩它的前世今生，最终完成历史与现实的勾连。

移动新媒体时代的文物影像多呈现这种以小见大，个性化地呈现"小情节"的"碎片化"叙事形态，但是碎片化思维并不是为了"消解专业话语的宏大叙事"，而是以日常化视角、口语化表达及轻传播体态突破宏大叙事背后的传统意识形态，吸收民间话语中生活化、故事化等特色和创意潜力，从而建构更多声部的复合文本。《如果国宝会说话》讲述"殷墟嵌绿松石甲骨"，节目展示了现存的甲骨文碎片，在三维动画的特效中，字从甲骨上跑了下来，成了活动的动画小人、动物、工具，生动地演示了商代人一天的生活劳作画面，生动有趣，让人印象深刻。[1]《此画怎讲》每集聚焦一幅古画的某个细节，基于历史真实进行合理想象发挥，还原出与当下对接的戏剧性历史瞬间，也许正是专注于某个历史情境，反而让这一定格的时空生发出无穷深邃的想象，带给人更透彻的思索。而且多个别具一格的国宝故事在经过系列化的串联后最终将形成个性鲜明的群像，以迥异于传统的方式完成对历史与现实的宏观讲述。由此可见，文物影像叙事一直在不断实现对民间话语的巧妙收编，从而提升主体的整合创新能力和对文物世界的多侧面表达。

二 互文叙事与叙事增殖

在这个多维共振的媒介场域中，多渠道平台的文物影像叙事也呈现典型的叙事互文性。法国学者克里丝蒂娃在《词语、对话与小说》一文中指出，"任何文本都是其他文本的熔铸与变形"，同时都受读者的主观联想、文化背景等多方面影响。因此，互文性是指"文本与其他文本，

---

[1] 王姝：《试析〈如果国宝会说话〉的美学意境》，《电视研究》2018年第7期。

文本及其身份、意义、主体以及社会历史之间的相互联系与转化之关系和过程"①。互文性可以使零碎的文本呈现多样的叙事类型，并被整合进一个叙事系统，形成一个统一的故事世界。当下文物影像的互文叙事基于参照互文、增殖互文以及交叉互文等，②指向叙事延展、媒介延展和互动延展，形成了一个庞大的文物影像网络。

（一）内容形态的叙事延展

在文物影像故事角色、主题与情节等内容形态的叙事延展与开拓方面，主要是通过参照互文和增殖互文来实现。参照互文"是一个文本（主文本）把其他文本（互文本）纳入自身的现象，是一个文本与其他文本之间发生关系的特性"③。传统的文字叙事往往致力于形式或模式深入的开掘，移动新媒体时代的文本叙事则更多倾注于多形式和多模式的嫁接组合。文物影像的参照互文大多通过多模态叙事达成不同形态文本的连接，使图像、声音、文字、表情、手势及动画等不同形态的符号和模块共享同一叙事时空，指向一种共时性的意义建构，但这种互文不是相同内容与意义的单纯堆叠，而是为了达成不同互文本之间的相互扩展与指涉，最终完成对意义的完全理解、新意义的创设以及"故事世界"的建构。移动新媒体技术为多模态叙事提供了技术支撑，可以使散布于不同媒体平台的文物影像互文本轻易聚集，在一次叙事中就能实现文本形式的多模态化。

增殖互文则更多体现为语义的流动性和故事的延伸。法国批评家热奈特根据文本之间的各种连接关系提出"跨文本性"概念，并将其分为文本间性、副文本性、元文本性、承文本性与广义文本性等五种跨文本类型。④

---

① 李玉平：《互文性：文学理论研究的新视野》，商务印书馆2014年版。
② 张丽、刘念：《互文叙事与感官重塑：融媒体时代的新闻文本特征》，《现代传播（中国传媒大学学报）》2021年第9期。
③ 李诗语：《从跨文本改编到跨媒介叙事：互文性视角下的故事世界建构》，《北京电影学院学报》2016年第6期。
④ ［法］热拉尔·热奈特等：《热奈特论文选》，史忠义译，河南大学出版社2009年版，第56—65页。

有学者基于此，将当下文本创作划分为原文本及与之相关的副文本、元文本、承文本（超文本）与广义文本等各种文本类型。① 美国叙事学家玛丽-劳尔·瑞安在研究"增殖美学"时，将其分为叙事增殖、本体增殖及文本与媒介增殖三大块，她认为，当下的文本创作的显著特征是对某一原文本的不断改编、引用、借鉴和戏仿等，以及在此基础上衍生增殖出的高度互文的复杂文本网络。② 正是因为对话语叙事的改写重构、对内容结构的加工重置，形构了与过去、现在及未来的相互联系与指涉，使受众获得了"一种意义增殖性的愉悦和参与全新文本创造的欢悦"③，从而吸引受众持续不断参与到叙事中来，增强对故事世界的归属感、忠诚度和"黏性"。

当下文物影像文本的叙事增殖大致分为两种不同的路径，一种是局限于原文本的故事世界展开忠实于原文本的叙事行为；一种是重构一个与原文本有关联的承文本或超文本，通过转置、扩展、修正和引用等"跨虚构性"④操作来完成这些重构。前文所述的关于文物影像叙事多个形态的案例文本均呈现这种参照互文和增殖互文的特点。如《此画怎讲》的主体是十四幅静态的古画，但是创作者并未沿袭传统的叙事思路，对画作的主旨意趣、艺术手法乃至社会风俗、时代风貌等进行深入开掘，而是围绕原文本，建构了大量的参照互文本和增殖互文本，最终编织了一个远远超越画作本身的多元故事世界。《明代帝后半身像：朱元璋为何独爱"马大脚"》多次配以满屏柠檬的符号模态和流行歌曲的声音模态，这是以参照互文阐释现代版"秀恩爱"的明太祖夫妇；《蕉阴击球图：乘风破浪的妈妈》中将流行节目《乘风破浪的姐姐》"女生

---

① 李宁：《增殖的美学：论文艺高峰的文本世界》，《中国文艺评论》2021年第10期。
② Marie-Laure Rya, "The Aesthetics of Proliferation", in Marta Boni, ed., *World Building*: *Transmedia*, *Fans*, *Industries*, Amsterdam: Amsterdam University Press, 2017, pp. 31–46.
③ 杨增和：《互文性：后现代主义文本意义的增殖范式》，《理论与创作》2006年第1期。
④ Saint-Gelais, Richard, "Transfictionality", in David Herman, Manfred Jahn and Marie-Laure Ryan, eds., *Routledge Encyclopedia of Narrative Theory*, London and New York: Routledge, 2005, p. 612.

要学编程、土木""与女无瓜"流行语等全部收编进来，塑造了内卷背景下同"神兽"斗智斗勇的"老母亲"形象，这部影像作品通过扩展和引用衍生出全新版本的《蕉阴击球图》；"文艺青年"果亲王将直播"网红"的日常和"翻车"细节等刻画得惟妙惟肖，带给观众古今皆然的认同感和生动、鲜活、极富个性的人物形象，赋予了古画新的时代意蕴；同样，作为电子游戏的《绘真·妙笔千山》不仅设置了令人神往的海外仙山，也在略显单薄的情节中刻画了一修、墨言、妙山和夫诸等取自《山海经》的角色形象，通过不同类型文本的挪用，最终呈现凝结诸多爱恨情仇、栩栩如生的人物形象，完成了叙事增殖和新的"故事世界"的建构。

（二）融合传播的媒介延展

美国学者亨利·詹金斯首次提出跨媒介叙事的概念，他指出跨媒体叙事最理想的形式，就是"每一种媒体出色地各司其职、各尽其责"，为此当"跨媒体故事横跨多种媒体平台展现出来"，需要"其中每一个新文本都对整个故事作出了独特而有价值的贡献"[①]。虽然这只是一种理想状态，但不妨碍跨媒介叙事成为媒介融合时代影像叙事的重要探索方向。移动新媒体时代的文物影像叙事在经历了跨媒介传播阶段后，正在呈现向跨媒介叙事延展的趋势。

早期的文物影像传播经过不断探索，完成了从相加到相融的跨媒介传播过程。首先是跨越不同媒体平台传播的相加阶段，如《国家宝藏》除了在传统媒体央视播出外，还在央视官网及爱奇艺、腾讯、搜狐及优酷四大最火的视频网站同步播放，同时还推出了B站的主播专栏和系列节目、喜马拉雅FM音频节目以及配套的国宝系列周边产品等，完成了多元化跨平台传播。其次是节目内部多种艺术媒介形式的融合阶段，如"明星+文物"的联动传播，《上新了，故宫》选择明星作为串联嘉宾

[①] [美]亨利·詹金斯：《融合文化：新媒体和旧媒体的冲突地带》，杜永明译，商务印书馆2012年版，第157页。

和研发员,《国家宝藏》选用明星作为表演嘉宾和国宝守护人,都是通过明星效应进行联动传播,带动收视,加固粉丝黏性;又如《国家宝藏》打破艺术壁垒,将音乐、戏曲、话剧等多种艺术门类整合,共同讲述文物故事,《上新了,故宫》将动漫形象与实景融合,改变了传统文物节目的语态。

跨媒介叙事强调叙事的整体性布局,利用可钻性、连续性、互文性与超文性展开对故事世界的延展与扩张。① 当下的文物影像正在跨媒介叙事进行扩展,但离有意识地进行布局还有一定距离。比如早期的纪录片《故宫》引发了受众对故宫的初步好奇与探索,之后的《故宫100》《我在故宫修文物》对其陆续展开深度解读,但它们只是对故宫IP的重复性介绍,尚未形成建构统一故事世界的跨媒介叙事;《我在故宫修文物》的电影版也只是完成了对纪录片的再次加工,并未达成互文性的叙事补充和对故宫文物故事世界的延展。不过近年来文物影像叙事已经展现出建构统一的"文物故事世界"的趋势。比如一部《千里江山图》既见于传统的综艺节目,也进入微纪录片、云直播和VR影像的叙事视野,同时还成为电子游戏的主体,而电子游戏《绘真·妙笔千山》选择《千里江山图》这件文物为创作主体,正是基于其在《国家宝藏》中的大热而构建的良好的受众基础。② 再比如同样是关于乾隆的影像叙事,《国家宝藏》通过乾隆对某些文物的喜好揭示其个性特征,《上新了,故宫》通过"秘密花园"揭示乾隆复杂的内心世界,《故宫·皇帝的一天》展示乾隆日常生活的点滴,《此画怎讲》则以戏谑的方式对乾隆在某一时期的生活状态进行了合理想象,另外微博、微信公众号、各种小程序、App、故宫文创及周边产品都打造了以乾隆为主角的影像叙事,它们共同搭建起一个立体丰满的乾隆形象,最终将汇入"故宫故事世界"的滚滚洪流之中。

---

① 施畅:《跨媒体叙事:盗猎计与召唤术》,《北京电影学院学报》2015年第Z1期。
② 张青妹:《新媒体语境下知识类短视频的话语与叙事研究》,《中国广播电视学刊》2021年第8期。

（三）交叉互文与集体智慧

交叉互文是一种用户参与文本的交互性叙事，用户通常基于自己的领悟、感受以及相关知识背景对已有的文本进行转写、改造与延伸，再生产后的语义不可避免与原作者语义互相纠缠与交织。移动新媒体技术带来的交互叙事使文本的叙事主体、视角和结构均发生了变化，传播者和用户共同推进文本的创作，多元主体的视角可以进行自如的转换，叙事结构也呈现出开放式、多线复合式特征，而且这种交叉互文除了体现为文本本身的互文，还完成了一种社会关系的整合，使关系传播的意义超越信息传播本身的意义。

跨媒介叙事的交叉互文有别于传统叙事的单向传播式和互动体验式，体现出粉丝社群的"集体智慧"特征，在这里，粉丝们会"因一个优质的故事核而聚集，通过追踪散落在各媒介平台的线索，收集信息，破译密码，挖掘、发现故事背后的故事，甚至去创造同人文补漏、延伸故事，以此寻求价值认同"①。这种过程需要每个人的参与、贡献和付出，才能形成"集体智慧"，而借助粉丝们的"集体智慧"，故事得以在原文本的基础上获得补充、想象和延展，从而具有绵绵不绝的生命力与活力。②《我在故宫修文物》在B站的轰动与互动弹幕密不可分，弹幕的参与文本具有了重要的填补叙事功能；又如在"安静的故宫，春日的美好"等直播活动中，用户的表达、参与和延伸产生了大量的互文本。当然，当前的文物影像故事世界的建构中，集体智慧的激发还远远不够，用户对故事世界的忠诚度、集聚性、归属感和深入度都还处于较浅的层次，有待进一步开掘。

三 感官重塑与具身体验

具身认知观正在逐步成为认知科学的主流。具身性是指人的心智活

---

① ［美］亨利·詹金斯：《融合文化：新媒体和旧媒体的冲突地带》，杜永明译，商务印书馆2012年版，第157页。
② 陈先红、宋发枝：《跨媒介叙事的互文机理研究》，《新闻界》2019年第5期。

动与身体密切相关，具身认知也被认为是"人类的认知不是脱离身体而独立存在的抽象的符号表征及计算，而是深植于人的身体结构及身体与世界（环境）的相互作用之中，体现为一系列活的身体体验和身体实践"①。因此，具身认知具有两大特点，一是认知首先依赖于身体体验，当然这些体验来自能感知运动的身体；二是每个个体的感知运动能力内含在一个更广泛的生物、心理和文化的情境之中。② 第一代认知科学以离身认知观为核心，受苏格拉底、柏拉图及笛卡尔"我思故我在"等哲学传统的影响，认为人的认知活动是可以脱离身体而独立存在的，这种以身心对立的二元论为基础的理念一直被奉为主流哲学理念。之后，人们逐渐意识到身体对认知的塑造作用，20世纪90年代，梅洛-庞蒂《知觉现象学》一书中首次提出"知觉的主体是身体"这一论断，③此后拉考夫和约翰森提出具身哲学的概念，唐·伊德对技术具身性进行研究，德雷福斯致力于人工智能身体观的分析等，具身认知成为认知科学广为人知的核心理念，引发了人工智能的蓬勃发展，也在社会学、传播学等领域获得广泛应用与探索，影像传播也持续重视具身体验，并在情境参与和情绪共振等方面呈现明显的转向特征。

（一）情境打造具身化

美国传播学者保罗·莱文森将移动社交媒体称为"可携带的流动家园"，社会学家齐格蒙特·鲍曼也认为当代社会正处于从"固体"向"流动液体"形态过渡的"流动的现代性"阶段。④ 学者曼纽尔·卡斯特在他著名的《网络社会的崛起》中分析了这种流动形态和"移动化的流动空间"，认为空间形态正在从实体的地域空间走向虚拟的数字空间，

---

① 杨婧岚、欧阳宏生：《具身认知视域下的主流价值传播创新》，《湖南师范大学社会科学学报》2021年第3期。

② ［智］F. 瓦拉雷：《具身心智：认知科学与人类经验》，李恒威等译，浙江大学出版社2010年版，第139页。

③ ［法］梅洛-庞蒂：《梅洛-庞蒂文集第8卷·眼与心·世界的散文》，杨大春译，商务印书馆2019年版，第55页。

④ Baoman, Z., *Liquidmodernity*, Oxford: Blackwell, 2000, p. 2.

当然这并不意味着物理空间的消失,而是再造了一个富有具身性的"想象空间"①。戴维·哈维认为,在这个空间中,用户借助主观感受使自己身处一种想象与虚构中,这种想象与虚构因为能使身体暂时获得释放的快感而为人所沉迷,继而形成存留于内在心灵世界的空间与景象。

分析当前诸多类型的文物影像作品,可以看到其不管在表现对象还是表达手法上都趋向感知化。一直以来,传统文物影像往往围绕文物实体展开客观叙事,更多的是一种信息的传递,移动新媒体背景下的文物影像则不止于此,更多着眼于对"情境"的塑造,着力打造实践空间,传统文物传播的理性、客观与中立,往往被主观参与、释放与浸润所稀释,那些"参与性、沉浸性或者情绪性内容,用户感知投入和信息的分享性"② 成为内容的组成部分。在文物影像中,虚拟现实技术连接了现实与虚拟空间两种体验,实现了多重体验的具身化和在场性。从移动短视频、VR 影像到电子游戏,无论是身临其境的现场感,还是通过移动端手触屏端的体感互动,抑或通过虚拟现实打造的沉浸体验,都在着力开启体验性表达,而且不再刻意挖掘文物历史的深度与广度,而是更倾向于对瞬时感应与体悟的突显。比如"带你看故宫"抖音短视频中,一再出现的故宫的"海棠""杏花"等景观短视频,"来故宫看秋天吧"主题短视频等,都是为了营造身体投射、共同在场的空间体验感。在故宫推出的朱棣建造紫禁城 VR 沉浸式体验项目中,游客可以突破时空限制,变身成古人,通过 VR 设备、3D 动感座椅和灯光氛围控制系统,在鲜活的历史场景中行走和触摸,实体空间和虚拟空间的混合嫁接让用户的体验亦真亦幻。对文物直播来说,同样是在致力于解决文物传播中"情境"和"空间"的问题,尽管这是一种表征化的空间,但文物直播特别是慢直播通过纪实长镜头、弱叙事、无(或者少)解说词实现对

---

① [美]曼纽尔·卡斯特:《网络社会的崛起》,夏铸九等译,社会科学文献出版社 2001 年版,第 504 页。

② 许燕、刘海贵:《具身体验:融合新闻的创新实践和理念更新》,《西南民族大学学报》(人文社会科学版) 2019 年第 12 期。

眼睛主观视角的模拟，营造了身心在场及身心主导的空间，不仅更有助于用户的思维与联想活动，还建构了拟态陪伴的社交功能，让身体的主体性得到很大凸显。

（二）情绪体验具身化

具身认知的情境性一方面指向主体与环境的互动、协同作用，另一方面指向互动时主体的情绪、情感及心理需求等要素。叶浩生、张静、丁峻等学者对情绪具身性进行了研究，其核心观点认为，"情绪的表达、感知、加工、理解等过程与身体有着密切的关系"，因此身体反映在情绪信息加工过程中起着重要作用。① 文物影像传播作为一种主流价值观传播，在一定程度上做到了将宏大叙事与微末叙事结合起来建构"共同情境"，以及达成与用户动机、喜好、需要及其他内在诉求的情绪共振和情感连通，因而获得了用户的广泛认同。从文物微纪录片、移动短视频、VR影像到文物直播，无论是用千年文物隐喻祖国的繁荣昌盛，用珍贵古画透视当下的社会图景，用移动直播关照当代年轻人的心灵世界，都致力于拉近文化遗存与社会、大众的距离，让文化基因与当代中国相适应、与现代社会相协调，较好地实现了文物传播对各种复杂社会情绪的共情，从而更能涵养文化自信这个"更基础、更广泛、更深厚的自信"。

---

① 丁峻等：《情绪的具身观：基于第二代认知科学的视角》，《山东师范大学学报》2009年第3期；刘亚等：《情绪具身观：情绪研究的新视角》，《心理科学进展》2011年第1期；李荣荣等：《具身的情绪：情绪研究的新范式》，《心理科学》2012年第3期。

第五章　移动新媒体时代文物影像叙事策略

"在未来世界，媒体将越来越流行，且无处不在，人们开始通过媒体叙事。"[①] 而媒体技术带来的新手段、新方式和新路径，也在不断扫清传播的物理屏障，使媒体叙事向更广的范围延伸。未来这个"被媒介穿透"的社会弥漫着大数据与人工智能技术的光晕，一方面叙事被重新定义和重新构想，社交平台不断更新、调整的算法规则让无数普通人得以介入媒介叙事，使故事叙事的动能得以激活、释放并持续增强，从而极大提升文化交流的广度和深度；另一方面，基于平台的海量创造性叙事也在反哺和滋养"算法"，使其得以不断推陈出新；传统的以人类经验为基础的文化生产模式正在被重组和优化，机器算法正在介入故事创意、生产和传播的整个链条。在这张由海量数据流、智能主体和社交链条彼此交缠的意义网中，叙事者和对象发生了结构性转变，智能技术重构着影像叙事的传播空间和故事生产的逻辑。[②]

另外，当下中国社会处于急剧变动的背景下，政治、道德和文化等各个领域都存在价值冲突现象，新媒体的蓬勃发展为这些碰撞和冲突的

---

① ［英］珍妮·基德：《新媒体环境中的博物馆》，胡芳译，上海科技教育出版社2017年版，第1页。
② 周翔、仲建琴：《智能化背景下"中国故事"叙事模式创新研究》，《新闻大学》2020年第9期。

疏散提供了良好的渠道。面对主流价值不断裂变重组，主流文化与流行文化、亚文化相互交融的文化景观，如何讲好中华文化故事，文物影像叙事传播如何发挥主流价值观的引领作用，如何让文物"活"起来，让中华文明"走出去"参与世界文明交流互鉴，找到传统中华文化在移动新媒体时代的传承与发展路径等，都是当前迫切需要解决的问题。① 移动新媒体时代文物影像叙事传播是一项复杂而系统的工程，需要伴随媒介化程度的加深、网络化逻辑的推进构建一个不同的传播主体、传播平台协同配合、齐头并进的传播新格局，建构文物影像传播模式的优化策略、叙事内容的延展策略、基于文物 IP 的跨媒介叙事策略以及统一的故事世界互动叙事组合策略。

第一节　文物影像叙事主体的整合策略

"随着网络技术和传播媒介形态的倍速演进，新媒体传播所凸显的即时性与交互性、文本多样性与共享性、个性化与社群化等特征，使得舆论生态、媒体格局、传播方式都发生了深刻变革。"② 在传统媒体视域下，基于远程扩散和广泛覆盖的旨归，文物影像传播更多趋向于宏大叙事、固定文本和彼此雷同的故事模式，创作技巧、讯息传递被放大与凸显，主体与情境的关联性、日常体验及身体感官的传播力量等则被弱化。③ 在这一阶段人类的体验始终以工具为中介，即需要通过不同类型的媒介才可能满足视听需求。大数据、云计算等智能技术的合流重塑着人与物的存在方式，人、技术及媒介形成互嵌与同构，每一个个体从接

---

① 索燕华、杨传婷：《新媒体时代文物遗产的媒介化重现》，《华侨大学学报》（哲学社会科学版）2020 年第 4 期。
② 王军：《新媒体语境下重大主题仪式化传播的实现路径及其文化图景——以爱国主题为例》，《山东社会科学》2020 年第 6 期。
③ 孙玮：《交流者的身体：传播与在场——意识主体、身体——主体、智能主体的演变》，《国际新闻界》2018 年第 12 期。

收者转化为分享者、驱动者，文物影像传播亦成为在智能技术对影像生产的调控下，多元主体参与、传递、交流与连接的互动过程。在智能化语境下，文物影像叙事的构成要素，从叙事主体、叙事内容、叙事体验到叙事策略等都即将或正在发生重心转移。①

叙事传播强调共同叙事和双向传播，因而新媒体时代叙事者和叙事对象的自述、他述及互动叙事都势不可当。文物影像叙事传播需要广开言路、博采众议，统筹协调各类传播主体，建构层次分明的、多元素、多门类共同参与的传播格局，这里的各方力量，既指政府部门，也包括非官方组织、文化研究人员以及普通民众等组织和个人。从主体上划分，具体可以分为政府力量、社会力量和普通用户三个主要部分。在移动新媒体语境下，互联网技术跨越了时空的束缚，催生了多元化的传播主体，除了以上三种主体外，还增加了智能主体这一特殊的主体。

一 政府力量

政府是文物影像叙事传播的主导者，在整合文物资源、制定传播、出台法律法规、合理有序引导方面发挥着重要作用，当下其与媒体的关系应该从"消极合作"转变为"深度参与"。与大众传媒的合作是政府职能部门的优良传统，从2018年至2021年，全国31家省级博物馆已有25家分别入驻抖音或快手，形成"两微一抖"（一抖在此特指短视频平台）的新媒体矩阵。②进入移动新媒体时代，这种合作形式应该从早期的提供信息、被动参与转变为两者群策群力，共同寻找有效的文物传播路径，包括选择什么样的媒体、传播什么样的故事，选择哪些文物对象，采取怎样的传播形式，如何创新文物叙事话语等，发挥"官方信息"真实、准确、专业性强等优势，充分挖掘文物价值，深度介入媒体

---

① 崔潇：《十八大以来"讲好中国故事"理念国内研究综述》，《对外传播》2017年第2期。
② 《博物馆+短视频：似乎火了，但迟迟不见爆款》，https://www.sohu.com/a/478202402_121106869，2021年7月18日。

的文物传播，共同促进文物传播体系的建构。

二　社会力量

对于社会力量来说，需要从"固化"到"弹性"的机制建构。在文物保护范围扩大，保护难度加大，传播需求扩大的情况下，"政府力量占主导地位，动员社会力量共同参与"的观点早已在文物相关政策中被提及。各类企事业单位、民间团体组织等也是文物影像叙事传播的重要力量，基于灵活的组织形式和高目标导向，社会力量理应是最具活力和特色的文物传播参与力量之一。群体可以集中更多人的智慧，充分发挥集体效应，最大限度地发挥个体的实力。与相关政府部门相比，社会力量也拥有更大的灵活性和自主权。社会力量是参与文物传播的重要组成部分，但是当前我国文物保护和传播的相关基金会或组织的参与程度相对较低。

1. 民营博物馆

进入21世纪后，随着文化体制改革的深化，我国鼓励社会资本进入文化产业领域，民营博物馆应运而生，使我国博物馆的数量大幅增加。截至2020年年底，我国备案博物馆5788家，包括文物和其他部门在内的国有博物馆3825家，占比66.09%；民办博物馆1963家，占比33.91%。虽然民营博物馆在我国还处于探索阶段，还存在着准入制度不完善、扶持政策不健全、管理运行不规范等问题，但它们以小众的藏品、独特的定位，成为保护和传承历史文化不可忽视的力量。民营博物馆的文物传播也有其自身的特色。以民营博物馆北京文旺阁木作博物馆为例，这是北京地区唯一一家以木作为主题的博物馆，这家博物馆不仅通过西瓜视频、抖音等社交媒体传播木作文化，还与"北京之声·博物馆"项目组合作，开发由北京广播电视台主持人担任声音导览播讲人的沉浸式语音讲解服务。当观众走进木作博物馆，只需通过手机扫描馆内各处的二维码，就可以收听有声导览内容。如果没有亲临现场，用户也可以在微信小程序"听听北京之声"里面，进入木作博物馆专属页面，选择收听收看更多精品有声内容。民营博物馆如何打造具有自身特色的文物影像叙事体系有待深入探讨。

2. 非政府组织（NGO）

在许多发展中国家，各种民间或半官方非政府组织蓬勃发展。但是在我国，专门开展文物保护的非政府组织数量远远少于专门从事公益和环境保护组织的数量。以北京文物保护中心为例，这是一家在北京市民政局正式注册的非政府公益组织，目的是帮助居民保护他们的文物。同时还着重于文物保护、少数民族文化复兴等活动。自成立至今，该组织开展并完成了一批文物保护项目，如阿尔村宪法文化保护、传统四合院的修缮培训等。其官方网站会定期发布各类活动进展、讲座信息以及志愿者招聘等。这个非政府组织在文物保护和传播方面进行了许多有益的尝试，其运作模式也值得学习和推广，但是在国内类似的组织数量非常少。

3. 基金会

基金会是参与保护和传播文物的另一重要形式。基金会是指依照条例规定设立的非营利性法人，其目的是利用自然人、法人或者其他组织捐赠的财产从事公益事业。在中国，目前唯一一个专门从事文物保护的基金会是中国文物保护基金会，致力于文物保护事业。其具体工作包括筹集文物保护资金，资助部分文物保护工程等。基金会的收入来源主要是募捐、自愿捐赠，投资收益及其他合法收入，其资金主要用于公益性宣传、文物保护研究和项目建设等。但是，基金会这类形式在我国并没有得到重视和有效应用。基金会、非政府组织等是未来文物传播的重要方向。对于我国的文物保护与传播而言，可以参考国外的成熟模式，建构有中国特色的社会力量文物参与传播体系。

三 普通用户

联合国教科文组织《世界遗产公约》的颁布正是基于多年文物保护的实践，提出从政府独立保护向政府与公众力量共同协作的文物保护模式的转变。[①] 媒体融合时代之前，个人参与文物影像叙事传播的方式缺乏有效的渠道，互动性也流于浅层次和简单。在参与动机方面，大多数人仅出于个人意愿和对文物单纯的热爱，没有专业责任的限制，所以随意性强，持久性差，也缺乏归属感。进入新媒体时代，互联网技术的发展使每个人都成为传者和受众的结合体。参与性叙事的兴盛，使以往普通受众被动接受、被叙事的状态，向积极主动、智慧共创的局面转换，文物影像传播也因此跨越国家叙事的单一面向，成为主客体相融、个体与群体交汇、异质多元主体共创的开放叙事和意义"连接"。

四　智能主体

移动新媒体时代，当海量用户参与叙事、共享意义、建构圈层或形塑认同时，他们在智能终端上通过浏览、点击和滑动等方式留下的数字印迹，也为算法提供了总结人类叙事经验数据和深度学习的基础，这意味着智能主体也可以或正在参与故事叙事。科学家图灵早于1950年就在他的《计算机和智能》一文中提出智能机器的主体性问题，此后符号主义、行为主义和联结主义等人工智能领域的理论[②]探讨都牵涉人工智能的主体问题。虽然此后亦有不少学者对人工智能的主体性提出质疑，[③]但也有学者认为，智能技术在经历算法、感知和认知智能等阶段的演进后，已不能简单地被看作故事实践的工具或手段，相反它已经具备自主性和创造性，[④]成为极具能动性的故事叙事主体。比如，在初级阶段，智能技术作为一种辅助技术，可以能动地为文物影像创作提供选题思路

[①] 单雾翔：《从"文物保护"走向"文化遗产保护"》，天津大学出版社2008年版，第24页。

[②] 熊立文：《人工智能、哲学与逻辑》，《中山大学学报》（社会科学版）2003年第S1期。

[③] 孙玮：《交流者的身体：传播与在场——意识主体、身体——主体、智能主体的演变》，《国际新闻界》2018年第12期；张小军、杨宇菲：《人工智能感官的主体性——感观人类学视角的思考》，《中央民族大学学报》（哲学社会科学版）2020年第2期；彭兰：《智媒趋势下内容生产中的人机关系》，《上海交通大学学报》（哲学社会科学版）2020年第1期。

[④] 周翔、仲建琴：《智能化背景下"中国故事"叙事模式创新研究》，《新闻大学》2020年第9期。

或启示、素材甄别与筛选、元素组合与粗加工等；进入中级阶段，各类智能系统和传感设备可以在人机协同的机制下进行文物的"全时化信息采集"，通过数据分析和深度挖掘，指导文物影像叙事的创意起点，从而推动叙事深度或广度的延展，大数据和不同的智能推荐算法还可以使用户需求、创意与场景达成精准匹配与有机耦合；① 进入高级阶段，随着智能技术"隐含经验类知识"②的积累和知识生产能力的提升，内容创意将沿着以传统的人类经验累积为核心、以"智能算法为核心的程序化创意"③，向智能算法与人类思维有机交互共创的路径演化，在这一阶段，智能化叙事可能会基于用户对文物的动态体验与情境变化产生"反馈式创意"，并在持续的自我修复与进化中完成文物影像创意的动态生成与优化。

当然，以人为主体的文物影像叙事一定是主流，人类创作中的灵感与顿悟、情感与体验、洞察与视角，都有机器难以复制的面向，智能机器主导或参与的影像创作不能全然代替人类的艺术表达，但是它们会带来另一层面的艺术审美与领悟，促进艺术表达的多样性和复杂性，以及触发人的创意源泉与创作动力。

文物作为一种特殊的文化产品，其影像叙事传播应该力求做到"公传播"与"共传播"的融合，即政府主动进行议程设置，运用自己的公信力、影响力和号召力，整合各种民间力量，调动社会力量和普通用户的积极性和创造性，促使各类传播主体自信而理性地展开文物影像传播与交流。而"互联网潜在的精神的内涵，那种对于解放人类心灵、智慧和对自由、开放、共享、创造的追求，吸引着互联网社群中许多探索和思

---

① 黄琦翔、鞠宏磊：《大数据时代广告创意的新趋势》，《浙江传媒学院学报》2016年第2期。
② 程广云：《从人机关系到跨人际主体间关系——人工智能的定义和策略》，《自然辩证法通讯》2019年第1期。
③ 段淳林、任静：《智能广告的程序化创意及其RECM模式研究》，《新闻大学》2020年第2期。

考"①，伴随主流话语"公传播"的辐射扩散，文物影像的"共传播"作为一种自下而上的积极行为，最终将与之合流，共同完成文物话语叙事。

第二节　文物影像叙事模式的优化策略

目前文物影像叙事传播比较活跃的媒介大致包括专业媒体、平台媒体和自媒体等多种形态。专业媒体仍然以传统电视媒体为代表，其优势在于雄厚的财力、专业的采编能力、优质的文物资源和国家电台的文化定力，比如央视屡屡推出的鸿篇巨制的大叙事。平台媒体优点在于用户规模、技术创新和运营能力，比如腾讯确立"泛娱乐"向"新文创"后，不断深化与故宫、敦煌等文化机构的合作。从早期腾讯和故宫合作的"NEXT IDEA 腾讯创新大赛"，中期的"新融合：走向日常的科技与人文暨腾云峰会""故宫博物院—腾讯集团联合创新实验室"的成立，到近期腾讯与敦煌研究院共同策划发起的"数字供养人"互联网公益项目，双方在人工智能、大数据、云计算等多个领域进行了多项合作。②同时，腾讯还与秦始皇帝陵博物院、法国吉美国立亚洲艺术博物馆、巴黎市立赛努奇亚洲艺术博物馆、美国纽约大都会艺术博物馆等海内外顶尖文博机构实现了合作，在探索世界文物保护的数字化解决方案，助力文化遗产的保护、传播与传承上发挥了很大的作用。③各类繁茂生长的自媒体和社交媒体在文物影像叙事中也占有一席之地，虽然基于文物的特殊性，尚未形成主要的叙事力量，但是在传媒生态变迁和思想文化格局变革的重大背景下，从用户层面出发促进传统文化的传播创新，已成为不可阻挡之势，为此文物影像需要促进渠道优化，努力实现平台媒体

---

① 胡启恒：《互联网精神》，《科学与社会》2013 年第 4 期。
② 周俊：腾讯的"新文创"，到底要创什么，腾云新文创，https://zhuanlan.zhihu.com/p/60524557，2019 年 3 月 27 日。
③ 从新文创到深度数字化，腾讯与文博"联姻"的五年之路，https://www.tmtpost.com/5948335.html，2021 年 12 月 17 日。

的算法资源、数据资源、技术资源与专业媒体、社交媒体内容的有效衔接和交融互补。①

一 传播渠道立体化

新媒体时代的媒体产品传播渠道发生了深刻的变化，呈现出多元化、立体化的趋势。新媒体传播渠道与传统媒体互相渗透融合，媒体产品及其信息聚合和立体化传播的情况越来越明显。微信小程序在2021年全年的日活用户超过4.5亿。随着短视频和多频道网络（MCN）机构的繁荣，微博在粉丝互动和内容分发方面的价值进一步加强。许多媒体组织都在创建三维立体传播矩阵，某一特定媒体的收视收听率或阅读量正在被新媒体的到达率和黏性等综合指标所取代，传播效率和质量需要从媒体产品的生产、消费、反应等各方面进行综合评价。

社交媒体以其拥有海量的用户群、迅捷的信息传播、便利的消费以及互动性强等特点正在成为最受欢迎的媒体类型，社会应用移动化趋势进一步增强，网民碎片化时间大多消费在移动化社交媒体。截至2021年6月，我国手机网民规模10.07亿，网民中使用手机上网的比例为99.6%。② 越来越多的媒体产品用户同时是生产者和传播者，他们经常在社交媒体上发布自己制作的视频或节目，并在社交媒体上积极表达观点，预测个人感兴趣的事物的发生和发展。用户与传播者、用户与用户之间的互动，有时候甚至比内容本身的传播更具吸引力。他们的观点、预测、判断等往往会引发热烈的讨论、围观，或者形成网络事件。当然，博物馆机构自身在多媒体平台上的开发仍然是主流。如故宫积极探索与互联网的结合，从数字故宫、故宫淘宝，故宫游戏到故宫社区等，已搭建起以故宫官方网站为核心和主入口，由网站群、App应用、多媒体数据资源等各种信息组成，线上、线下互通互联的聚合平台。

---

① 《大家论语》，《中国报业》2018年第15期。
② 截至2021年6月，我国手机网民规模达10.07亿，中国新闻网，https://xw.qq.com/amphtml/20210827A02SSZ00，2021年8月27日。

在媒体融合的时代，任何媒体产品都需要在社交媒体上预先发布、进行互动和展开交流，以引发热议，延伸铺陈，拓展衍生产品。文物影像叙事传播也要充分利用微信、QQ、微博等社交媒体，通过社会关系和社会活动增强文物媒体产品的感染力、传播力、号召力和黏性。在社交媒体上深度培育的文物媒体产品会引起用户共鸣，也只有用户体验得到确认、参与和分享，才能将传播效率和质量提升到新的水平。

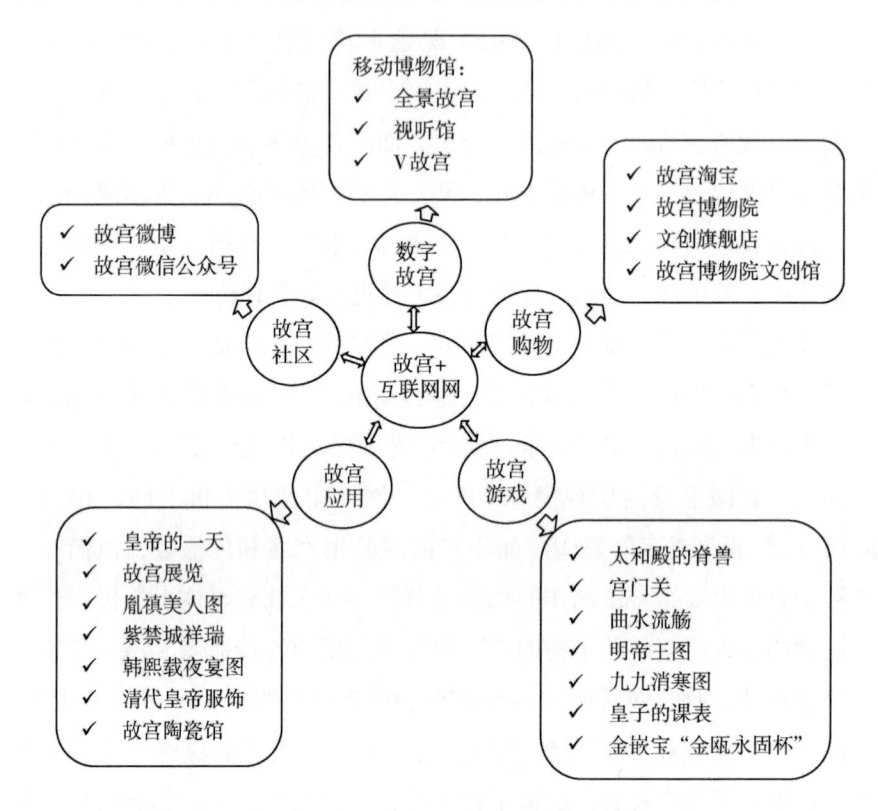

图 5-1 故宫互联网布局图[①]

---

① 朱茜：《预见 2021：〈2021 年中国博物馆产业全景图谱〉》，前瞻产业研究院，https: //www. qianzhan. com/analyst/detail/220/210106-4a31dfa9. html，2021 年 1 月 6 日。

二 文物叙事情境化

有学者指出，预见未来博物馆实践的核心是改变叙事概念和创造性的文艺复兴。[①] 在博物馆学知名学者约翰·福尔克（John Falk）和林恩·德尔金（Lynn Dierking）关于文物传播、博物馆学习与受众的一项研究中表明，用户希望在精神上或者身体上参与他们所看到的和做的内容……他们希望跟所看到的物件、理念和体验以某种方式进行连接；另外用户"很渴望分享经验，与团队中兴趣和背景各不相同的成员通过合作和交谈分享经验"[②]。在他们看来，理想的文物传播体验是具身性的、沉浸式的、协作的、挑战性的和体验式的。美国博物馆联盟认为，在博物馆文化体验上出现一个结构性的转变，那就是对于年轻消费者，以情景式、叙事性故事为主来驱动文化消费的模式。[③] 博物馆学家西尔弗斯通在1980年就指出："只有当博物馆开始叙事时，观众才会将自己日常生活的经历与博物馆的参观经历相结合，然后进行构造，形成自己的体验。"

21世纪早期，布鲁内尔大不列颠号蒸汽轮船博物馆（布利斯托尔，英国）开设了网上博物馆虚拟展厅，这可能是博物馆沉浸体验的最简单尝试。这个博物馆由一艘大不列颠号蒸汽轮船改造而来，它从2005年开始对公众开放，共有包括商店、咖啡馆和布鲁内尔大学研究所等8个区域。在造船厂博物馆，观众可以参与驾驶轮船的互动游戏，穿上维多利亚时代的服装拍照并上传脸书（Facebook）或其他媒体，观看由当地民众配音的动画片等视听作品，还可以通过免费的语音导览追踪与探索设定的故事线索与走向。在2012年博物馆还推出了一个动态更新的网页，定时发帖，

---

① 王红、刘素仁：《沉浸与叙事：新媒体影像技术下的博物馆文化沉浸式体验设计研究》，《艺术百家》2018年第4期。
② Falk, J. H. and Dierking, L., *Learning from Museums: Visited Experience and the Making of Meaning*, New York: Alta Mira Press, 2000, p.21.
③ 王红、刘素仁：《沉浸与叙事：新媒体影像技术下的博物馆文化沉浸式体验设计研究》，《艺术百家》2018年第4期。

通过脸书（Facebook）和推特（Twitter）与用户对话，同时设计了一个动态的"故事世界"，这个故事链接了相关档案和一系列交互式项目（如很多游戏，完成后会获得门票折扣），通过包括博客等在内的多媒体展开，总的来说其基本的原则是根据用户的不同兴趣点、学习模式和媒体使用，提供不同的叙事。①

尽管这种尝试只处于实体交互和社交媒体互动的简单摸索阶段，但体现了文物叙事的努力倾向，即构建情境化叙事。此后，博物馆的文物叙事在全息投影、触摸屏及虚拟现实等现代技术的加持下不断迭代，不论是瑞士日内瓦大学运用数字技术还原的"庞贝古城"遗址，还是"'看见'圆明园"展览复现的"万园之园"的壮丽景观，又或者故宫博物院的"清明上河图3.0"，归根结底都是在创设情境化的叙事空间，建构移情化的叙事性故事力量。在移动数字终端的支持下，未来文物传播的物理空间会不断扩展，也许在智能终端被使用的任一角落，也许在基于混合现实技术进入每个家庭的客厅，事实上今天的全息投影设备已经能够让用户在家中感受丰富的藏品。未来文物影像传播需要思考的问题仍将是如何利用智能技术的发展，更好地实现互动性、参与性及情境化体验。

三　内容生产智能化

伴随着互联网、物联网、大数据和云计算等通信技术及智能技术的发展，数据化、智能化已成为媒介产品生产传播手段创新的新趋势。"在大数据时代，在数据构成的世界，一切社会关系都可以用数据表示，人是相关数据的总和。"② 对用户需求进行了解、对消费偏好进行分析、提升生产质量、反馈传播效果等都有赖于大数据分析。大数据正在冲出传统媒介产品生产传播的瓶颈，重新构建崭新的生产流程和运行机制，

---

① ［英］珍妮·基德：《新媒体环境中的博物馆》，胡芳译，上海科技教育出版社2017年版，第12页。
② 肖擎：《李国杰：大数据促进国家治理体系的现代化》，湖北日报，https://www.cae.cn/cae/html/main/col35/2015-04/10/20150410162207949814243_1.html，2015年3月30日。

传媒产品的生产传播将更精准、更快捷、更智能和更高效。数据的挖掘、分析和整理在这个流程中显得格外重要，经过挖掘、过滤、提炼和图表化后的传媒产品更客观、更真实，和传统的媒介生产相比，更有效率和质量。"信息在爆炸，数据在革命；人们有理由相信，大数据在崛起，数据治国的时代正在来临。"①

和传统创作模式相比，智能化生产模式有哪些不同？有学者建构了"故事智能化叙事创作与传播模式图"，从数据采集、故事创作、故事分发和故事体验四个方面归纳了智能化叙事模式。② 在这个模式图中，数据采集是信息源，是叙事的起点，包括"用户画像数据、故事语料数据、用户内容创作数据及效果反馈数据"等多种类型的数据，这些数据的输入不但有助于精准定位目标用户，还助力寻找优质选题、预设故事要素、提供创作反馈，以及实施全流程的动态调控。在传统模式中，故事创作被认为是一种艺术化表达，因而是机器无法取代人类的领地，但是机器的创意水平正在不断的深度学习中得到提升，而且它还能对用户需求和反馈进行实时回应并纳入内容生产，不论是作为内容生产的辅助者、独立叙事者还是交互式叙事主体，智能化叙事都已经成为传统叙事的有益补充，广泛运用于电影、电子游戏等行业。智能化叙事的故事分发不再沿袭单向、线性的传统传递模式，而是在持续流转、对话与反馈中不断开启意义的交互和故事的再创作，在这一过程中，"场景"的不同成为故事传播实现个性化抵达的重要因素和关键节点。最后，在故事体验这一环节，人工智能通过触控交互、体感交互、3D 投影技术（3D Mapping）、动态投影、VR/AR/MR、全息成像、多通道投影拼接融合技术等，让用户从视觉、听觉和触觉全方位获得沉浸式体验，可以想象这种体验可以极大地提升文物的表现力，将故事景观与叙事融会贯通。有

---

① 刘义昆、赵振宇：《新媒体时代的新闻生产：理念变革、产品创新与流程再造》，《南京社会科学》2015 年第 2 期。

② 周翔、仲建琴：《智能化背景下"中国故事"叙事模式创新研究》，《新闻大学》2020 年第 9 期。

的博物馆围绕"剧本杀"开发新体验项目，将艺术与技术特色、角色扮演、剧情推理等结合，全方位营造具有历史体验感的沉浸式叙事空间。打造沉浸式体验对文物传播而言是一种脱胎换骨式的改变，亦是不可阻挡的趋势。西班牙马德里将于2022年开设欧洲首个常设虚拟现实和数字艺术博物馆，这个基于视听项目、增强现实、虚拟现实和全息技术的沉浸式实验创意空间正是未来文物传播的努力方向之一。① 2021年年底出台的《文化和旅游部关于推动数字文化产业高质量发展的意见》提出，"支持文化文物单位、景区景点、主题公园、园区街区等运用文化资源开发沉浸式体验项目，开展数字展馆、虚拟景区等服务"，这也为博物馆开发沉浸式体验指明了方向，注入了新动力和活力。②

　　智能社会是经济社会发展的新形态，在这个社会，媒介及其他社会要素深度融合、技术全面提升、产业体系升级、经济社会结构也正在经历深刻调整。随着人工智能技术的快速发展，传媒产品的生产与传播格局势必被重塑，人们的观念、思维方式和认知方式也随着大数据和人工智能悄然改变，文物影像传播也应该建立一种新的认知和思维方式，即适应互联网的综合思维和大数据意识，并制定行之有效的对策。③ 在大数据时代，文物影像叙事传播也需要借助大数据和场景链展开智能化叙事，比如使用数据驱动指示和主题选择来提炼文物故事、通过深度数据挖掘进行文物故事扩展、利用数据驱动进行文物可视化叙事，同时将大数据与场景链相结合，在互动中根据场景需要建造多样化的文物故事世界；以及根据不同群体进行定制传播，提高时度效；通过跨媒介传播实现个性化用户场景调配，从而提升"中国文物故事"在"他国"的传播。④

---

　　① 《沉浸式艺术体验！马德里将建立首个永久性虚拟现实博物馆》，参考消息网，http：//expo.ce.cn/gd/202201/18/t20220118_37266971.shtml，2022年1月18日。
　　② 《沉浸式体验彰显博物馆新价值》，https：//baijiahao.baidu.com/s？id=1719192009696272267&wfr=spider&for=pc，2021年12月15日。
　　③ 唐宁、金莉萍：《融媒体时代传媒产品如何创新》，《中国电视》2019年第3期。
　　④ 段淳林、林泽锟：《基于品牌叙事理论的中国故事体系建构与传播》，《新闻与传播评论》2018年第2期。

随着媒体生产智能化程度的提升，智能化叙事将成为重要趋势，不可否认的是人仍将是叙事主体，传统叙事模式不会被放弃与否定，但人机协同会成为常态。尽管智能化叙事模式下内容生产质量可能不断提升，但质地上乘、品质更高的文物影像作品，更有可能来自"算法式互动＋共情式交流"的人机协同集群智能。所以智能化叙事模式的介入并不是为了完全取代人，而是利用机器的高效加工、深度开采和智能整合能力，将人从简单机械的重复叙事中解放出来，使人在创意与技巧的内容生产中大展身手。因此，面对智能技术，人类需要保持自身在感觉领悟、深度洞见等方面之所长，恪守人文关怀与共情交流的品质，使文物影像叙事永葆人性的光泽。

第三节 文物影像叙事内容的延展策略

文物承载着灿烂文明、传承着历史文化、维系着民族精神，是增强文化自信的重要资源。为增强文物价值的挖掘阐释和传播利用，让文物活起来，发挥文物资源独特优势，为推动实现中华民族伟大复兴中国梦提供精神力量，[1] 近年来文物部门积极探索，在陈列展览、影视传播、数字化建设和文创开发等方面都取得了一定成绩，但是也存在目标导向不明确、核心价值导向不清晰、文物利用手段不丰富等问题。[2] 具体而言，文物的作用是"见证历史、以史鉴今、启迪后人"，文物传播是要提炼文物中蕴含的那些"中国智慧、中国精神、中国价值和中国力量"[3]，为人们提供精神指引和启迪教化，但是当前的文物传播更多停留

---

[1] 中共中央办公厅国务院办公厅印发《关于加强文物保护利用改革的若干意见》，http：//www.gov.cn/zhengce/2018－10/08/content_5328558.htm，2018年10月8日。
[2] 陆建松：《如何让文物真正"活起来"：问题与建议》，《博物馆管理》2020年第1期。
[3] 王斯敏：《阐释中国精神 中国价值 中国力量》，光明日报，https：//baijiahao.baidu.com/s?id=1702670622321043756&wfr=spider&for=pc，2021年6月16日。

在关于文物遗存的属性等基本信息上，在对文物历史文化的挖掘、核心价值的揭示、时代内涵的阐释等方面还力不从心，导致文物影像叙事在讲好中国文物故事的征途上还远未能发挥应有的作用。在由人工智能、社交媒体和算法技术等共同形构的媒介化生态中，文物影像叙事内容还可以从以下方面探索和尝试。

一 文物资源的价值凝练与呈现

文化自信的核心是价值观自信，文明之间的千差万别根本上来自价值观的差异。核心价值观是指某一社会群体的是非判断标准和行为准则，是人们行为处世的约定俗成与普遍共识，文物正是"不同时期在核心价值观约束下人们行为处世方式的结果和凝结品"[①]。文物蕴含的核心价值观需要撒播向更广阔的领域和更多的人群，文物需要让更多的人接触、了解与欣赏，其价值才能得到展现与增强，并反哺与回馈人类社会。当我们触摸、赏鉴、品味文物时，会赞叹古人在工艺上的鬼斧神工、创意上的慧心巧思和审美上的妙笔生花，这种欣赏本质上是对人的认识能力、实践能力和创造力的肯定，这些认知与价值判断会不断被赋予新的意义和内涵，用以指引人类社会的发展。比如在欧洲文艺复兴时期，古希腊罗马雕塑和手稿对众多艺术家创作灵感的激发，对人本主义内涵的再认识，引领了当时的社会思潮。

那么中华文物中又有哪些凝结了独特精神气质的当代价值呢？学者段清波以政治体制为核心，探讨我国不同时期的宇宙观、核心文化价值观与政治体制三者之间的互动，他认为管理阶层为维持社会的有序运转，都需要建立一套行之有效的社会治理体系（政治体制），并为之匹配相适应的法理依据（宇宙观），以及构建能约束全员的文化价值体系（核心文化价值观）。他还指出，中国古代宇宙观分别经历了两个主要发展阶段，第一阶段是夏至春秋的"王制"时期，这一时期对应中心四方

[①] 段清波：《考古学要发掘遗产的文化价值》，《光明日报》2015年7月22日第10版。

宇宙观，为分封制提供了法理依据，形成以"礼"为核心的文化价值观，"礼和礼仪"成为行为处世的规范和道德修养的根本；第二阶段是战国至"五四运动"期间的"帝制"时期，这一时期对应的阴阳五行宇宙观，为中央集权的郡县制提供了法理依据，形成了以"规矩"为核心的文化价值观。

文物是族群与国家在漫长的社会变迁中创造的物质与精神财富，它是"人的心思智力运用于自然界的质与力的作品，凝结了一个国家（民族）的聪明才智、感情和理想"①，文物的发展流变也展现了与之对应的政治、经济、社会等领域的变化，因此文物影像传播需要我们以悠久的遗存为起点，去寻找它们背后承载的人的鲜活灵动的文化行为，绚烂绮丽和厚重深邃的文化图景，以及对它们背后的文化价值观给予新的诠释和转化。中华上下五千年文明的核心价值观被凝练为"礼"和"规矩"，"礼"和"规矩"是一种追求、愿景和理念，其目标指向社会治理的有序与规范，因此文物影像要深入挖掘和系统诠释文物承载的这些社会范式的文化价值，隐藏在传统文物背后的这些镌刻着"礼"与"规矩"的规章制度、行为规范、思维方式和生死观等要素，以及公平正义、忠孝思想、魂魄观念等精神价值。

文物影像叙事还需解决这些文物价值精髓的时代化、大众化和世界化转化问题，即要让这些文物精神能与时代发展相呼应，与时代精神同频共振；让这些文物精神能走入普通民众的生活，抚慰大众心灵，化解百姓疑难；让这些文物精神能对接世界文化，与西方文化的合理内核互相吸收借鉴，产生全球性的文化意义。为此需要赋予文物新内涵，或者拓展其外延，比如三星堆遗址中庞大的玉石器和青铜器，基本是用于祭祀的礼器，反映三星堆古蜀国对祭祀的重视，表现万物有灵、人神互通的时代特征，以及古人对宇宙天地斗转星移、自然生命生生不息的认知与敬畏，传达了"天人合一"思想，这些思想与现代生活的嫁接，可以

---

① 胡适：《我们对于西洋近代文明的态度》，《胡适文选》，远东图书公司2000年版，第3页。

延展为对生态环境保护和重视的思想资源。明代玉器青玉质"天地人三连环"是一件巧夺天工、颇含深意的文物,三球铺平的时候像一个圆璧,由里而外划分为三环:里环的纹样为太阳、星辰与云气,象征天;中环琢龙纹,代表人间的帝王;外环则是四方山岳与海波的图像,象征大地;三环也可以展开,天、地、人两两以卡榫相连,形成浑天仪般的立体圆球,这样一件既具机巧结构造型,又蕴含天、地、人三才一体思想体系的文物也可以拓展至现代的人才理念。西藏布达拉宫代表性文物文成公主像、红宫修砌图和《四部医典》都象征着汉、藏两族自古以来的友好情谊,其中《四部医典》可以呼应抗疫主题,呼应藏医的时代价值。《乾隆御定石经初拓本》的发现,引出20世纪初美国华工丁龙在哥伦比亚大学提议成立汉学系的故事,可以表现中华优秀传统文化思想国际化传播的新气象。故宫的"明永乐青花海水江崖纹三足鼎"以中东地区的"苏麻离青"为颜料,展现了中西方经济贸易、文化往来的繁荣和我国自古以来作为礼仪之邦的外交准则,可以由此上升到探讨构建人类命运共同体的高度。①

  文物影像叙事还需要穿过文物的物化外壳和形式,从某个具体的节点和对象出发,去系统关注不同地域文化演变的一般规律,乃至延展到整个社会演变过程中文化与文明的起源、人类获得的文化成就和发展规律等,给参观者、体验者以及用户以文化启迪和思索,为当代以及未来个体的生存和进步,区域、民族及国家发展共识,提供强有力的洞见,以及取之不尽的精神动力和指引。

二 以个体叙事建构集体记忆

  文物具有得天独厚的联结过去、现在与未来的能力,文物影像中那些关于文物或与之相关的叙述、阐释与延展,可以带领人们回到彼

---

① 张鹤炀:《国家宝藏:诠释文物的时代价值》,光明网,https://m.gmw.cn/baijia/2021-01/15/34546251.html,2021年1月15日。

时彼处，开启他们关于文物的个人和集体记忆的探索之路，以及在此基础上进行再加工，从而形塑个体及国家认同，起到建构文化归属感和文化自信心的重要作用。"任何个人或群体随着时间和空间的推移而产生的认同感，都是通过记忆来维持的。"[①] 因此，文物影像作为形式记忆的载体，只有为用户架起个体记忆与历史事实的桥梁，将个体生活与文化价值关联，将个性意义与文化意义衔接，才更有可能产生个体归属感，进而形构文化认同与国家认同。如何建构这个文物影像的个体叙事与集体记忆，以下3个数字叙事案例或许可以作为有益的参考。这3个案例分别是英国泰恩—威尔郡档案馆和博物馆的"文化冲击！自传体记忆的数字叙事"，澳大利亚动态影像中心的"'15秒地点'地形记忆"项目和美国911纪念馆"'创造历史'的闪光灯记忆"项目。

"文化冲击！自传体记忆的数字叙事项目"于2008年在英国东北部启动，这个项目的目标是收集1000个故事，以数字形式永久保存，并在网络上传播。这些故事大多是时长3分钟左右的数字短片，由解说、画面（照片、剪报、扫描图像、家庭录像）和背景音乐等构成，多带有自传体元素，讲述个人故事，大多是关于平常的家庭、旅行、住所、疾病与创伤，当然也强调个人关于持有的物品与藏品的记忆追溯，而且大多数故事中个人物品扮演了关键的角色。关于这个项目，有学者评价"我相信叙事的过程常常被可供分享的视频所激发，它指引人们强烈的自我反思"[②]。这是一个典型的通过个体叙事建构集体记忆的案例，虽然它主要通过收集国外个人物品与藏品展开叙事，但对我国文物传播中个体记忆的征集与展开无疑是具有借鉴意义的。

---

① Gillis, J. R., "Memory and Identity: The History of a Relationship", in Gillis, J. R., ed., *Commemorations: The Politics of National Identity*, Princeton, New Jersey: Princeton University Press, 1994, pp. 3–24.

② ［英］珍妮·基德：《新媒体环境中的博物馆》，胡芳译，上海科技教育出版社2017年版，第46页。

"'15秒地点'地形记忆"项目是澳大利亚动态影像中心（ACNM）在2011年启动的，这个项目旨在让年轻人参与基于探究的、聚焦于地点的创新过程。这个项目的口号是"捕捉你所在地点的情绪"，拍摄者只需要选择某个对他们来说很重要的地点，比如咖啡馆、公园、车站、废弃的建筑物，拍摄15秒的视频上传即可，虽然拍摄者不需要出镜，但是视频中除了地点的景观呈现，还可以有其他声音等元素，比如某个城市的噪声，因此这是一个关于环境气氛、人与地点关系的项目，起源于对"地形记忆"的探究，即"如果我们对空间的理解来自我们的记忆，而我们的记忆形成于场所"[①]。这个项目发起后获得了600多个关于地点的视频，大多数是发生在澳大利亚本土，视频中的地点有些让人不能明确，有些因为向着天空拍摄让人无法分辨，还有一些则让访问者产生"更长时间的想象"。文物传播离不开其所存在的场所，如何依托广袤的文物场所、城市景观展开文物影像的个人叙事，这个案例无疑也是能给人启发的。

美国911纪念馆"'创造历史'的闪光灯记忆"项目被认为是"911故事的一个集体地图"，截至2013年6月共收到与9·11事件相关的1000多张照片、17个视频以及524个文字故事。闪光灯记忆是指由于周围环境中发生引人注目的重大事件而产生非常生动的记忆，这些记忆的细节丰富并且保持时间很长，正如闪光灯一样，带给人强烈的感受。"创造历史"项目既是闪光灯记忆，也是地形记忆（很多故事包含在9·11那天讲述者所在的地点，这些故事可以放在谷歌地图上，让人们通过空间访问，它通过个体叙事建构了"对9·11事件反应组成的充满感情的公共领域"和生动的集体记忆。

这3个案例给我们的启示是，除了主流叙事，文物传播还可以通过多种方式接收、展示参与者的声音。参与者基于这些经过精心设计项目

[①] Bruce Lindsey, "Topographic Memory", in Catherine Spellman, ed., Re-Envisioning Landscape/Architecture, Barcelona, Actar, 2003, p.41.

的召唤调动个体记忆，通过展现独特的视角，分享个体感受，产生个体归属感；当感性的个体记忆与理性的历史事实相互碰撞、交织，当这些故事与记忆被社会成员共同分享时，会为群体带来集体归属感和认同感，最终凝塑为集体记忆。文物是历史记忆的载体，文物影像叙事的内容设置需要深入挖掘个体日常生活与文物的关联，在亲历的自我叙事（特别是那些由于身份构建与固化而产生的"生命故事"）与集体历程中建立坚韧的情感联结，这些叙事将跨越时空，形塑个体及国家民族的文化认同，因为"叙事记忆不仅是我们了解自我的一种途径，也是我们了解记忆中的特定社会和文化环境的过程"[1]。

第四节 基于文物 IP 的跨媒介叙事策略

在互联网技术革命和资本力量的共同驱动下，IP 成为全球文化产业领域的热门词汇。当下语境中的 IP 主要指"具有象征价值、符号价值以及品牌价值"[2]的内容产品，作为一种无形智力资产，它不仅包括传统版权时代的游戏、小说、动漫等艺术形态，以及突破艺术和思维边界呈现的开放的互联网思维，也包括连通影视、出版、网游、娱乐及衍生品开发等媒介融合产业链的打造。中国拥有优秀的民族文化资源，其中的文物资源更是构成了一座"IP"的宝库，比如故宫 IP 被认为是全国最大的文化 IP。目前 IP 运营已经成为我国文化产业的"新常态"，围绕 IP 的开发正在逐步向"跨媒介叙事"传播接近。跨媒介叙事由亨利·詹金斯于 2003 年首次提出，他认为跨媒介叙事指"虚构文本中不可或缺的叙事元素被分散在多元的媒介渠道中，并系统性地为受众创造出一种统一而和谐的娱乐体验。理想状态下，每一种媒介都应为故事的完整性

---

[1] ［英］珍妮·基德：《新媒体环境中的博物馆》，胡芳译，上海科技教育出版社 2017 年版，第 41 页。

[2] 陈维超：《情感消费视域下网络文学 IP 热现象研究》，《中国编辑》2019 年第 1 期。

作出独特贡献"①。因此跨媒介叙事的典型特征表现为互文性的文本扩张、激活集体智慧、多元生产实践与连续统一的故事世界。新媒体技术的发展和普及,使跨媒介叙事拥有了更大的施展空间,媒介的丰富性也使叙事日益多中心化,并演变为一个绵延不绝的过程。

近年来中国的 IP 产业化进程通过建构统一世界观、打造系列产品、开辟衍生市场等渠道,开发了一系列兼具经济效益和影响力的文化产品。比如以清朝宫廷为背景的"清宫系列"影视 IP 剧、以《哪吒之魔童降世》和《姜子牙》为基础的"封神系列"、以《唐人街探案》为底本的"唐探系列"等,都基本完成跨媒体产业链的初级组装、IP 品牌的初步确立以及衍生产业链的形构。② 但是相比漫威和迪士尼等 IP,我国 IP 运营一直存在着缺乏内容品质性、跨媒介实践协作性以及用户迁移持续性等问题。③ 具体而言,当下 IP 产业的"跨媒介叙事"往往局限在系列化产品框架下的互文创作,对 IP 的开发过于依赖单个"爆款"的品牌效应。反观那些成熟的超级 IP,从《星球大战》《哈利·波特》《海贼王》到漫威英雄系列,并非简单地积累、连通多个系列产品,而是构思了一个独特而辽阔的奇观世界,完成了世界观的构造和故事世界的完整阐述,形成了有序的跨媒介呈现和超前的商业布局。对于文物影像而言,背靠文物这个大的 IP 宝藏,其"跨媒介叙事"首要解决的问题是一个统一的故事世界。

有学者提出了"故事世界基本要素的洋葱模型"④,认为故事世界包括故事核(核心世界观和核心文本或称元故事)、角色群(代表不同原型,承载不同情感的角色群像)、时空界(精心设计、可以自由遨游的时空场域)、故事流(可自主运行、蓬勃生长的故事情节)和世界入口

---

① Jenkins, H., "Transmedia Storytelling and Entertainment: An Annotated Syllabus", *Continuum: Journal of Media & Cultural Studies*, No. 6, 2010, pp. 943 – 958.
② 尹一伊:《作为文本空间的"电影宇宙":故事世界与跨媒介叙事》,《艺术评论》2021年第6期。
③ 梁媛媛:《跨媒介叙事视域下的 IP 运营模式研究》,博士学位论文,华中科技大学,2017年,第1页。
④ 陈彧:《故事世界的洋葱模型与"中国故事世界"的建构路径》,《当代传播》2021年第2期。

(故事世界与现实世界能量交换与互动的入口与通道)五大要素,形成从里到外生成、又从外到里感知与体验的洋葱模型。依据这个洋葱模型,可以提出基于文物资源的"故事世界"建构策略。

一 挖掘联结文物精髓和当代人共鸣的故事核

故事世界的建构最首要和最基础的元素是故事核,这个故事核至少包括两部分,分别是核心世界观和核心文本(元故事)。核心世界观被认为是故事世界运行的一系列价值法则或"预设结构"[1],包括故事世界秉持的核心价值观、穿梭的时空场域、搭建的叙事逻辑、设立的运行准则等。[2] 如"黑客帝国"系列中,若干真人电影、动画短片、漫画和电子游戏被分散到多个渠道上,创造了统一和协调的娱乐体验,但却统摄在一个统一的黑客帝国世界观之下。同样,漫威世界中众多的超级英雄和他们的故事横跨电影、电视、漫画和游戏,在数十年的时光里被不断演绎与加工,但是所有的创作都笼罩在迎合粉丝的消费主义漫威宇宙的统一世界观架构之下,它们彼此关联却又不至于凌乱。

文物浓缩了千年文化精髓,蕴含了中华民族特有的精神价值、思维方式和想象力,体现了中华民族的生命力和创造力,但是需要从这些资源中选取那些既富有文化意涵与精神品质,又能开启当代人心灵世界、对接当代人情感价值的文物及其价值观作为 IP 的源头,进而支持起整个文物世界。《哪吒之魔童降世》中"我命由我不由天"背后的价值观不但可以回溯到春秋战国道教思想的启迪,其强烈的生命自主精神等思想也在吸纳和消化了港台电影、日本动漫等不同媒介形态的审美趣味和集体心理后,演变为与社会变迁、时代情绪同频共振的价值理念。[3] 文物

---

[1] Thonjn, "Converging Worlds: From Transmedial Story Worlds to Transmedial Universes", *Story Worlds: A Journal of Narrative Studies*, 2015, p.7.
[2] 陈先红、宋发枝:《跨媒介叙事的互文机理研究》,《新闻界》2019 年第 5 期。
[3] 孙佳山:《"丑哪吒"的形象、类型与价值观——〈哪吒之魔童降世〉的光影逻辑》,《当代电影》2019 年第 9 期。

IP 也需要寻找到对整个故事世界建构最具贡献值和声望值的元故事，并预设相应的故事世界的运行准则等。①

以故宫 IP 为例，其馆藏上百万件文物，有不可胜数的符号元素、取之不尽的内容资源和丰富强大的文化基因，既具备长期吸引用户的影响力、感召力和传播力，也已经建构了跨越多平台的传播体系，现象级的"故宫文化"项目也是层出不穷，但是故宫故事世界是否建构在一个统一的核心世界观之下，还值得仔细探究。故宫文物从根本上代表皇家文化，或者说是皇家文化的物化呈现，皇家文化的核心思想包括天命观（最高权力由天授予，皇家权力合法正当，注重皇帝德行修养，特别是"恤民"）、独尊观（天子最尊贵）和宗法观（以皇帝为中心，按血缘关系分配国家权力），这三者运用到当时的社会治理中，建构了一套庞杂的象征体系，以及各种尊卑明确的权力机制。同时，儒家思想对皇家文化产生了全面而深刻的影响，儒家文化以修身齐家治国平天下为核心思想，这直接指导皇帝的个人修养、家庭关系处理和治国理念。当帝王礼法被否定与批判，皇家藏品演变为博物馆文物，这些文物珍品也由最高权力、礼法禁忌和天命流转的象征转变为民主革命的成果、中华文化精华的代表，同时也和自由、民主、平等思想紧密相连，以及开启民智、救亡图存等现代文化理念贯通。所以故宫文物的核心价值理念仍然是现代社会的进步与理性、自由与平等。② 另外故宫文物中蕴涵的阴阳平衡理念、匠人精神、东方美学等也都是故宫精神的精髓，故宫 IP 蕴含的厚重的民族情感、中国精神和文化价值也需要挖掘，当然如何从这些价值理念中挑选那些具备"元故事"功能，能承受在多种媒介形态上的构造、延伸和创作的核心世界观，还需要不断考量，以及不断丰富和拓展其内涵与外延。因此这个"元故事"的形构一定是在动态的探索中逐渐显现的，它不一定是最早现世的，也不拘泥于某个具体的媒介形态，它

---

① 陈先红、宋发枝：《跨媒介叙事的互文机理研究》，《新闻界》2019 年第 5 期。
② 赵冠群：《故宫博物院中的皇家文化与博物馆文化》，博士学位论文，中国艺术研究院，2014 年，第 6 页。

是由产品本身的叙事与用户的回应双向选择的结果,那些最具影响力、声望值和贡献价值的更可能成为核心文本。因此今天故宫故事世界的建构与演绎是否统摄在一个统一的核心世界观之下还很难言说,毕竟当下的故宫文化产品中的确存在一些被戏说、被娱乐化和被随意消费的现象,而故宫故事世界的非常有影响力的核心文本似乎若隐若现。

二 塑造既有传统特色又有当代气质的角色群

IP故事世界往往体现为一种多元生产的奇观化"新巴洛克"叙事美学[①],这个繁复层叠的超级世界需要不同的角色群像共同支撑,正如漫威世界里的英雄联盟,既有大家耳熟能详的美国队长、钢铁侠、蜘蛛侠和绿巨人等,也有银河护卫队、X战警、神奇四侠和复仇者联盟,各自精彩熠熠生辉,聚合起来则编织出超级大网。当前文物的影像叙事中已经塑造了许多既彰显民族特色,又具备人格化,且能契合当代审美情趣的文化符号。在影视作品方面,既有《康熙王朝》《雍正王朝》《末代皇帝》等正史,也有《还珠格格》这类宫廷喜剧,还有《宫》《步步惊心》等清宫穿越剧,以及近年来备受关注的《甄嬛传》《如懿传》《延禧攻略》等清宫言情剧,这些作品都以紫禁城为地点,讲述帝王将相恩怨情仇和爱恨纠葛,也诞生了如康熙、乾隆、雍正等深入人心的帝王形象,以及小燕子、马尔泰·若曦、甄嬛及如懿等让人过目难忘的角色形象。此外,文化综艺类节目、纪录片以及微博、微信、电子游戏和各类短视频平台也围绕故宫IP,打造了一系列鲜活的角色群像。比如早期的《康熙王朝》呈现的是骄傲浮躁又雄才大略、复杂又纠结的康熙形象;《上新了,故宫》中则呈现其勤勉好学、积极进取,很接地气的一面;《故宫·皇帝的一天》展现康熙的生活日常;《国家宝藏》中金嵌珍珠天球仪代表了康熙对天文的爱好和广博的兴趣;故宫淘宝中康熙戴眼镜手拿玫瑰,摆

---

① Angela Ndalianis, *Neo-baroque Aesthetics and Contemporary Entertainment*, Massachusetts: The MIT Press, 2004, p. 61.

出花朵、剪刀手等经典自拍姿势，更使康熙形象名噪一时。康熙文创还开发了"故宫卿乃旷世奇才单肩包""宫廷风康熙文创学生文艺帆布包"等相关周边产品，以对应其在各种媒介形态打造的"终极学霸"特质，可见在故宫故事世界里，康熙从最初高高在上的帝王，经过反复迭代，已经抵达了勤奋饱学、积极探索、中西贯通、志存高远的精英人设，这一角色所蕴含的历史内涵、民族自豪感、价值认同与现代表达，都在呼应年轻粉丝的情感诉求，成为极富存在感的个人IP。

另外故宫同样卖萌耍酷的雍正、乾隆形象，也在二次元审美盛行的语境和清宫剧的裹挟下成功"出圈"；《我在故宫修文物》钟表修复匠人王津亦成为"故宫男神"般的网红，汇入故宫绵绵不断的故事流；故宫猫"白点儿"也在故宫的大IP下势头强劲，跃身成为火爆的二级IP，故宫猫"白点儿"在微博上拥有11万粉丝，它的关注度、评论、转发度超过百万级，"白点儿"参与世界杯猜球活动会上热点，生病备受关注，深度服务已经涉及电商、儿童类产品、新媒体产品等多个品类。同样，《千里江山图》《清明上河图》等作为极具知名度的文物珍宝，已经辗转于各种媒介形态，成为相当有延展性的"角色"类型。比如《哈利·波特》《仙剑奇侠传》和《盗墓笔记》三部作品中，就分别选择了三样有代表性的符号"角色"。《哈利·波特》中的"汤姆·里德尔日记本"跨越了电影、主题公园和周边产品，一直以"魂器"的身份暗藏在诸多媒介中；《仙剑奇侠传》中李逍遥的"铁剑"、《盗墓笔记》中的"青铜铃铛"都作为有标志性意义的符号在跨媒介叙事中发挥重要作用。因此选择文物打造独有的IP使其形成有辨识度、有分量的符号"角色"是相当可行的，而且目前故宫IP中这样的符号"角色"显然是匮乏的，能够支撑起一个庞大的故事世界的角色群像尚在构建中，还需要研发一系列的角色群像，搭建起多声部的分支和多线的轨迹，在错综复杂的互动中生产更丰富的副文本与世界观素材，才能缝合出故宫超级大IP的叙事网络。

中国文物的故事世界仅有故宫角色群显然是不够的，还需要寻找、创生更多的角色形象。比如河南博物馆的"唐宫小姐姐"就是近两年让人印象深刻的角色形象，亦有潜质成为文物故事世界值得重点培养的角色。"唐宫小姐姐"最早是来自2021河南春晚节目《唐宫夜宴》的主要人物形象，取自藏于河南博物院的乐舞俑造型，一共是8件乐俑和5件舞俑。在《唐宫夜宴》中，时光回到一千三百多年前的一个晚上，唐高宗李治和武则天在洛阳上阳宫设宴，这群体态丰腴的"唐宫小姐姐"叽叽喳喳地去赴宴表演，途中碰到了许多的趣事。之后，这群"小姐姐"来到《元宵奇妙夜》晚会，穿越到了洛阳应天门，一睹唐朝时期洛阳的繁盛，往后她们又走过《端午奇妙游》，踏进《中秋奇妙游》，总能以诙谐幽默，又不失文化底蕴的特质展现中国古风之美，以及中华上下五千年延续至今的社会风貌、审美意趣与文化自信。"唐宫小姐姐"虽然是一组群像角色，但已经成长为引人注目的IP，并且在教育娱乐、影视文化等多个领域展开延伸拓展，就连唐宫小姐姐"考古盲盒""瑜伽盲盒"也从舞台融入现实生活，围绕这一形象的跨媒体叙事还将不断展开。

三 建构宏大辽阔又充满细节真实的时空场景

人物、情节、环境是故事的三大要素，人物的行为、情节的发展都离不开环境，在跨媒介叙事的故事世界中，首先需要建构一个"可供角色纵横驰骋、可供故事生长的时空场域"[1]，因为在故事世界里先有世界，后有叙事。这个时空场域要有清晰的时间横轴和空间纵轴，有源远流长的历史，有明确可见的疆域，以及其他类似于气候、日历、器物、地形等证明时空真实的"语境工具"[2]。在这个无限深远的故事时空和可能世界中，所有参与者，无论故事之中的角色还是之外的用户都可以尽情翱翔。正如《魔兽世界》为自己预设了极为壮观的不同次元异世界的

---

[1] 陈彧：《故事世界的洋葱模型与"中国故事世界"的建构路径》，《当代传播》2021年第2期。

[2] Murray, J. H., *Hamlet on the Holodeck: The Future of Narrative in Cyberspace*, New York: The Free Press, 1997, p.236.

编年史，去铺垫之后拥有无数分支的扑朔迷离的故事。托尔金在开创他的中土世界时，在《魔戒全传》初传《精灵宝钻》中建构了一个赖以承托整个庞杂故事的时空场域，在这里有地图与史纲为佐证，托尔金甚至根据古英语、冰岛、如尼文字等创造了包含精灵语在内的数种中土世界语言，从词根到语法到发音一应俱全，这个中土世界是如此完整，仿佛它真实存在过一般，只是在现世的文明中它和许多远古文明一样被遗忘和隐没了。① 美剧《权力的游戏》凭借精良的制作，宏大的历史观，勾勒了一个中世纪的魔幻世界，《权力的游戏》中的大部分冲突都是由不同的地区以及一些地区之间长期存在的争端所决定的，因此这部剧每集的片头都以地图动画开头，以暗示是发生在这片虚构的中世纪大陆上相互联系的宫廷斗争、疆场厮杀、游历冒险和魔法抗衡的故事。这部剧也专门聘请专家创造了虚构的语言，包括系统的语法、语音和大量的词汇等，都是为了营造真假难辨而又可以纵横捭阖的故事时空。

文物游戏《绘真·妙笔千山》中五个故事时空跨度巨大，既有浩瀚的江河，雄壮的群山，也有美妙的江南山水；既有《山海经》中的远古大荒，也有《镜花缘》中的海外仙境；既有上古战神，也有唐时美女，主人公穿行其间畅通无阻，这正是世界先于故事的生成策略。在文物的影像叙事中，除了漫长而厚重的时空背景，同样呼唤那些渗透细节的语境呈现和诗意想象。《大鱼海棠》技术精良，所有的人设都来自《山海经》《搜神记》等神怪故事里的人物，整体语境的营造也借用了很多典故与传说，但是因为缺少绵密的细节填充，整部作品虽然瑰丽华美，却总觉得失之苍白。相反，《我在故宫修文物》的时空语境朴素简单，却好评如潮，是在细节真实与时空场景的打磨上着力点不同。虽然这两者因为类型、题材和表现方式的不同，完全不能相提并论，但的确说明故事时空的打造不是空中楼阁，不管是真实时空还是虚构世

---

① 《〈精灵宝钻〉和托尔金的中土世界》，http://www.360doc.com/content/21/0904/14/47758239_994063438.shtml，2021年9月4日。

第五章 移动新媒体时代文物影像叙事策略

界,都需要丰厚饱满的细节填充。在这一点上,日本的《海贼王》或许可以给我们一定的启发。海贼王哥尔·D.罗杰在临死前曾留下了关于其毕生的财富"One Piece"的消息,由此引发群雄并起,众海盗们为了这笔传说中的巨额财富展开争夺,各种势力、政权不断交替,整个世界进入了动荡混乱的"大海贼时代"。尾田荣一郎在《海贼王》中难能可贵的是,他不但架空创造出一个世界,还把真实世界中各类民族,包括中华民族的大量文化,都融合进他所创造的世界里,但又不让人感觉异类和不妥,正因为这些异质文化细节的大量渗透,让"大海贼时代"引发了普遍的共鸣。在中国文物世界里,充斥着大量幅员辽阔、恢宏壮美的可能时空,需要创作者展开想象的翅膀,不断推陈出新,建构新奇华丽、引人入胜的时空场域和融会中华文化的细节渗透。

四 编织传统与现代叙事交织的故事流

在 IP 的故事世界里,当肩负着一定价值观的角色群进入那些充溢着细节真实的时空场域开始故事的旅程后,每条轨迹都成为浩瀚时空中的一股流,它们经过交叉、重合与离散形成一张跨媒介的互文意义网。IP 的跨媒介叙事设计就是对这些生生不息的"故事流"进行甄别、挑选和培育,并造就一条条充满悬念、惊喜不断的游历线路。2019 年 4 月,漫威系列电影的终极之作《复仇者联盟 4:终局之战》在中国内地上映,共斩获约 42 亿元票房,至此漫威故事世界已经有超过 24 部的电影,还有诸多的电视剧、网络剧、短视频、游戏与动画,共同构成超级英雄的故事矩阵。每一部作品都形成时空坐标中的一股流,每一个角色的叙事轨迹亦是一股流,无论是"钢铁侠"系列,还是"美国队长"系列,抑或是"雷神"系列,都互文融通,共同编织漫威世界巨大的故事之网。这些支流既有自己单独合成的主要脉络,也有与其他支流牵连的旁逸斜出,彼此通过前情铺垫、细节指引,伏笔埋设等方式牵线搭桥,有的还通过"彩蛋"等环节进行巧妙的文本串联引流,勾连起漫威世界的无数经纬。而当粉丝汇入这张叙事之网后,沿着各种主干支流探访寻觅，同时也会围绕这些故事展开二度创作、加工与解读，不但丰富了故事的内涵，提升了故事的体验度，也使故事支流获得不可胜数的衍生。

　　国内部分IP建构的故事世界也有可圈可点的表现。国产游戏IP《阴阳师》是由网易公司开发的角色扮演游戏RPG手游，从2016年推出至2020年，《阴阳师》游戏总用户规模达1.6亿人，虽然从2020年至今玩家有所流失，但仍然占据国产手游领域的头部。《阴阳师》游戏以日本家喻户晓的阴阳师IP为背景，沿用经典人设，讲述了在人鬼共生的平安时代，阴阳师安倍晴明于阴阳两界中探寻自身记忆的故事。《阴阳师》IP的核心文本首先拥有包容性极强的故事背景，虽然是一个架空的世界，但在日本的确流传着关于安倍晴明的大量传说，关于其真实的记录又语焉不详，留下许多想象的空间，因此故事设定的人鬼共生的时空具有很强的弹性和延展性。其次，《阴阳师》核心文本建构了一个具有普适性和共享性的世界观，如勇敢无畏、公平正义、坚韧不拔等，在这个统一的价值体系之下，《阴阳师》又创设了除晴明外的"不知火""泷夜叉姬"等一系列个性鲜明的角色形象，围绕"元故事"推出了主线剧情共28章，支线剧情共12章，同时还附带有大量的剧情活动。随着游戏剧情的不断刷新，主流与支流之间的协作叙事也在增强，平安时代的故事世界愈加丰厚。同时，《阴阳师》在漫画、动画、游戏、电影、广播、音乐剧等形态的IP衍生产品也在不断开辟新的剧情，汇集成新的故事流。可见，当一个IP确立了具有普适性的世界观，塑造了特色鲜明的角色群，搭建了浩瀚辽阔的时空场景，拥有万千支干的故事流也就水到渠成了。

　　以《盗墓笔记》为例，虽然有许多不完善之处，但是它还是构建了一个完整的盗墓世界体系，这个体量庞大、角色繁多的故事世界既吸取了西方经典虚构叙事理论，也综合了当代流行叙事策略、商业化故事艺术和各种新媒体叙事模式，最终打造出兼具饱满国风和流行品位的故事之网。对故宫IP来说，其故事世界从影像作品《故宫》《我在故宫修文物》《国家宝藏》《上新了，故宫》，到各类新媒体影像如微纪录片《此画怎讲》、文物游戏《绘真·妙笔千山》、文物抖音短视频"带你看故宫"等,已经生成蓬勃强劲的故事流。中国文物IP的还需要着眼于培育、梳理那些具有自我生长和繁殖能力的"故事流",共同组成气势磅礴的文物故事世界。

五 打造虚实互动多维界面的故事世界通道

成功的跨媒介叙事不仅是IP在媒介语境之内的流转,更重要的是成功地跨越虚实的界限达到互融共通。因此当下文物IP的跨媒介叙事,不仅需要综合新闻、文艺、广告、公关、营销等手段,将广播电视技术、电子出版技术、流媒体技术、电信技术等技术充分融合,还要将传统的文本、视音频以及网页、微信小程序等互动叙事方式链接大数据、人工智能、VR等手段,完成在不同媒介载体上的互文性、互补式的延伸,建立进入故事世界的屏幕触面;而且要将这些具有吸引力和影响力的媒介故事转化为文创产品、旅游项目、主题公园、文化空间等体验场景,并通过与日常生活和消费场景的贯通,完成与故事世界场景入口的链接。通过交换与互动频繁的多维接入,这个文物IP的故事世界才可能有与受众建立持久的情感连接,并最终实现全产业链的延伸。

故宫作为极具代表性的传统文化符号,已经探索出新媒体背景下的跨媒介叙事体系,它在各大媒介平台上都建构了相对独立又彼此交织的叙事内容,电影电视剧主打历史人物,纪录片和文化综艺着力开发文物藏品,微博、微信阐释历史小故事,电子游戏则聚焦于服饰、建筑与工艺等。从传统媒体到社交媒体,从影像作品到文创产品,从真实领略到虚拟遨游,故宫品牌形象逐渐深入人心。但是故宫IP和其他文物IP的开发都要防止过度、过多和过滥的现象发生,特别要防止在过热资本的裹挟下,影视产品和文创开发的急功近利。比如故宫火锅的仓促上马,火速下线;故宫彩妆的昙花一现、差强人意;"上元之夜"的灯光秀让人一言难尽,这些都是在故宫IP开发中暴露出的各种问题。因此文物IP的跨媒体叙事归根结底还是要立足优质的叙事内容,才能真正建立完整的产业链,最终缔造文物世界的繁荣。

六 结语

受制于文物保护等诸多因素,"绝大多数文物人们一辈子都见不上一面"。例如敦煌莫高窟的许多窟都已经停止接待参观者,因过多的游人参观导致窟内气温环境等变化,对壁画文物造成不可逆转的损伤。封窟后,上千幅的壁画都无法展出,再次面世将不知何年何月。对《清明上河图》的真迹来说,其展出机会更是极为有限。每五年才能展出一次,每次展出不能超过一个月。观众排队数小时,也只能近距离欣赏数分钟而已。且布展要求严格,玻璃窗里需充上氮气,光线不能太强,否则对文物也会有损。以现实条件来说,《清明上河图》这样的重量级国宝很难"走出去",在故宫展览就已经很不易了。①

但是21世纪数字传播技术的发展,使文物的传播方式发生了颠覆性改变,大多数人可以通过画册、照片、影像作品等各种媒介来欣赏文物,这些媒介不但使文物传播范围变得更加广泛,也在某种程度上改变了人们的感知模式和观赏体验。尽管对这种改变的认知与评价是多元的,但是文物影像传播需要采用多维度的叙事策略与手法却是不争的事实。如何利用飞速发展的现代技术为文物的保护、传承与传播提供更加与时俱进的数字化解决方案,如何在移动新媒体背景下利用科技赋能文物的影像传播,让收藏在博物馆里的文物、陈列在广阔大地上的遗产、书写在古籍里的文字"走出去"以及"活起来",仍任重道远。

---

① 黑科技版《清明上河图3.0》现身故宫"文化+科技"让传统文化活起来,中国新闻周刊,https://www.sohu.com/a/239557441_220095?_f=index_pagerecom_16,2018年7月6日。

参考文献

一 中文著作

包亚明主编：《现代性与空间的生产》，上海教育出版社2003年版。

黄旦：《传者图像：新闻专业主义的建构与消解》，复旦大学出版社2005年版。

黎明洁：《新闻写作与新闻叙述：视角·主体·结构》，复旦大学出版社2008年版。

李沁：《沉浸传播：第三媒介时代的传播范式》，清华大学出版社2013年版。

李胜利：《电视剧叙事情节》，中国广播电视出版社2006年版。

李玉平：《互文性：文学理论研究的新视野》，商务印书馆2014年版。

冉欲达：《论情节》，新华出版社1982年版。

单霁翔：《从"文物保护"走向"文化遗产保护"》，天津大学出版社2008年版。

申丹、王丽亚：《西方叙事学：经典与后经典》，北京大学出版社2010年版。

束定芳主编：《隐喻与转喻研究》，上海外语教育出版社2011年版。

宋家玲编著：《影视叙事学》，中国传媒大学出版社2007年版。

谭霈生：《电影美学基础》，江苏人民出版社1984年版。

王寅：《认知语言学》，上海外语教育出版社 2007 年版。

恽如伟主编：《数字游戏概论》，高等教育出版社 2012 年版。

曾耀农：《中国近期电影后现代性批判》，华中师范大学出版社 2004 年版。

张新军：《数字时代的叙事学——玛丽-劳尔·瑞安叙事理论研究》，四川大学出版社 2017 年版。

二　中文论文

鲍远福：《网络游戏与新媒体时代的文艺理论》，《内蒙古社会科学》（汉文版）2019 年第 6 期。

常江、徐帅：《亨利·詹金斯：社会的发展最终落脚于人民的选择——数字时代的叙事、文化与社会变革》，《新闻界》2018 年第 12 期。

陈述侃：《浅谈如何运用新媒体强化博物馆宣传工作》，《大众文艺》2020 年第 18 期。

陈伟军：《网络游戏的艺术表征与叙事路径》，《现代传播（中国传媒大学学报）》2015 年第 11 期。

陈先红：《中华文化的格局与气度——讲好中国故事的元话语体系建构》，《人民论坛》2021 年第 31 期。

陈先红、宋发枝：《跨媒介叙事的互文机理研究》，《新闻界》2019 年第 5 期。

陈小娟：《政务短视频内容生产的连接逻辑与策略》，《江汉大学学报》（社会科学版）2021 年第 3 期。

陈彧：《故事世界的洋葱模型与"中国故事世界"的建构路径》，《当代传播》2021 年第 2 期。

崔俊俊：《新媒体与公众考古传播》，《大众考古》2015 年第 4 期。

但午剑、焦道利：《移动互联网时代人文纪录片的创新与发展——以〈如果国宝会说话〉为例》，《中国电视》2019 年第 3 期。

段淳林、林泽锟：《基于品牌叙事理论的中国故事体系建构与传播》，《新闻与传播评论》2018 年第 2 期。

付春苗、李超：《浅析电视纪录片叙事艺术的"故事化"理念》，《新闻界》2010年第1期。

高天：《技术及真实：VR纪录片的身份探讨》，《当代电视》2020年第2期。

郭张彦：《用日常承载厚重——纪录片〈我在故宫修文物〉的叙事表达》，《中国电视》2016年第9期。

韩士皓、彭兰：《融合新闻里程碑之作——普利策新闻奖作品〈雪崩〉解析》，《新闻界》2014年第3期。

何苑、张洪忠：《"内容+科技"：智能传播时代媒体融合的路径选择》，《青年记者》2020年第24期。

贺艳：《媒介技术视角下的互动剧特征研究》，《中国电视》2019年第8期。

亨利·詹金斯、吴萌：《作为叙事建筑的游戏设计》，《电影艺术》2017年第6期。

胡百精：《故事的要素、结构与讲故事的策略模式》，《对外传播》2017年第1期。

胡奇军：《〈国家宝藏〉：传统文化的现代性表达》，《电影评介》2018年第1期。

胡翼青：《显现的实体抑或关系的隐喻：传播学媒介观的两条脉络》，《中国地质大学学报》（社会科学版）2018年第2期。

黄典林：《话语范式转型：非虚构新闻叙事兴起的中国语境》，《新闻记者》2018年第5期。

Jesper Juul：《游戏、玩家、世界：对游戏本质的探讨》，关萍萍译，《文化艺术研究》2009年第3期。

李法宝：《试论虚构性叙事与非虚构性叙事的差异性》，《华南师范大学学报》（社会科学版）2007年第3期。

李凤亮、古珍晶：《新时代中华优秀传统文化现代化转换的价值、路径及原则》，《东岳论丛》2020年第11期。

李国强、宋巧玲：《作为新型艺术形态的电子游戏：科技、审美与跨界》，《中国文艺评论》2018年第1期。

李琳、贾毅：《网络主播、电视节目主持人的比较研究》，《新闻爱好者》2019年第2期。

李宁：《增殖的美学：论文艺高峰的文本世界》，《中国文艺评论》2021年第10期。

李沁：《泛在时代的"传播的偏向"及其文明特征》，《国际新闻界》2015年第5期。

李琼、刘颖异：《数字〈清明上河图〉研究》，《南京艺术学院学报（美术与设计）》2020年第2期。

李荣荣等：《具身的情绪：情绪研究的新范式》，《心理科学》2012年第3期。

李诗语：《从跨文本改编到跨媒介叙事：互文性视角下的故事世界建构》，《北京电影学院学报》2016年第6期。

李战子、陆丹云：《多模态符号学：理论基础，研究途径与发展前景》，《外语研究》2012年第2期。

李壮：《论电子游戏的叙事和文化逻辑》，《南方文坛》2019年第1期。

梁君健：《物质性与个体化：网络热播纪录片中传统文化的话语机制及当代转化》，《南京社会科学》2019年第11期。

刘炳元：《文化遗产内涵的本质属性探究》，《中国文物科学研究》2010年第1期。

刘建勋：《主流媒体网络直播的传播机理与提升路径》，《学习与实践》2020年第7期。

刘静：《〈国家宝藏〉的媒介仪式建构与文化认同动员》，《中国广播电视学刊》2018年第9期。

刘康琳：《博物馆传统文化艺术资源与游戏的跨界——从〈绘真·妙笔千山〉手游说起》，《博物院》2020年第5期。

刘蒙之：《从宏大叙事到微末叙事——纪录片〈我在故宫修文物〉的创

作理念创新》，《现代传播（中国传媒大学学报）》2016 年第 9 期。

刘梦霏：《叙事 VS 互动：影游融合的叙事问题》，《当代电影》2020 年第 10 期。

刘琼：《中国文化遗产传播曲线变化：由被动传播到主动传播》，《艺术评论》2012 年第 8 期。

刘涛：《隐喻与转喻的互动模型：从语言到图像》，《新闻界》2018 年第 12 期。

刘涛：《转喻论：图像指代与视觉修辞分析》，《南京社会科学》2018 年第 10 期。

刘涛、曹锐：《程序修辞：游戏研究的修辞学范式》，《新闻界》2021 年第 1 期。

刘义昆、赵振宇：《新媒体时代的新闻生产：理念变革、产品创新与流程再造》，《南京社会科学》2015 年第 2 期。

刘煜、张红军：《政论纪录片塑造国家形象的多模态话语分析》，《现代传播（中国传媒大学学报）》2018 年第 9 期。

陆建松：《如何讲好中国文物的故事——论中国文物故事传播体系建设》，《东南文化》2018 年第 6 期。

陆建松：《如何让文物真正"活起来"：问题与建议》，《博物馆管理》2020 年第 1 期。

吕永峰、何志武：《逻辑、困境及其消解：移动短视频生产的空间实践》，《编辑之友》2019 年第 2 期。

栾轶玫、杨宏生：《从全媒体到融媒体：媒介融合理念嬗变研究》，《新闻爱好者》2017 年第 9 期。

孟威：《构建全球视野下中国话语体系》，《光明日报》2014 年 9 月 24 日第 16 版。

聂艳梅：《深化文博类电视节目创新与品牌建设》，《中国广播电视学刊》2018 年第 10 期。

潘兆业：《VR 纪录片沉浸式传播的构建》，《传媒》2019 年第 22 期。

潘志庚等：《文化遗产数字化展示与互动技术研究与进展》，《浙江大学学报》（理学版）2020年第3期。

彭程：《网络治理视域下大众直播文化传播的媒介治理》，《社会科学战线》2020年第10期。

彭兰：《智媒趋势下内容生产中的人机关系》，《上海交通大学学报》（哲学社会科学版）2020年第1期。

齐欣：《文化遗产价值传播的"时空联系"与公众参与体系》，《建筑创作》2018年第2期。

秦宗财、杨郑一：《论文化遗产创造性转化的逻辑与路径》，《中原文化研究》2019年第5期。

沈豪、刘珂艳：《浅析基于符号学的博物馆文化衍生产品设计》，《大众文艺》2018年第21期。

沈毅玲：《人·技术·生活：〈我在故宫修文物〉叙事策略分析》，《电视研究》2016年第9期。

孙海龙：《文化类综艺节目热播的思考——以〈国家宝藏〉为例》，《青年记者》2018年第11期。

孙珉等：《浸入式体验：用非虚构叙事讲好中国故事》，《当代传播》2018年第6期。

孙玮：《交流者的身体：传播与在场——意识主体、身体——主体、智能主体的演变》，《国际新闻界》2018年第12期。

孙杨：《融媒体背景下传统文化节目的焕新之道——以〈上新了，故宫〉为例》，《传媒》2019年第8期。

索燕华、杨传婷：《新媒体时代文物遗产的媒介化重现》，《华侨大学学报》（哲学社会科学版）2020年第4期。

索宇环：《后现代叙事理论的新视野》，《内蒙古社会科学》（汉文版）2008年第5期。

谭宇菲：《新媒体场域中传统文化传播仪式建构研究——以〈我在故宫修文物〉为例》，《中国广播电视学刊》2017年第9期。

汤浩：《寓教于乐的艺术表达——〈国家宝藏〉栏目历史题材戏剧的创意策划》，《电视研究》2018 年第 2 期。

唐海江、陈佳丽：《话语体系：概念解析与中国命题之反思》，《现代传播（中国传媒大学学报）》2015 年第 7 期。

唐俊：《对 VR 纪录片"互动叙事"的冷思考——基于互动叙事学和媒介伦理视角》，《中国电视》2021 年第 6 期。

唐宁、金莉萍：《融媒体时代传媒产品如何创新》，《中国电视》2019 年第 3 期。

田卉：《移动社交媒体讲好中国文物故事研究：以新浪微博为例》，《现代传播（中国传媒大学学报）》2019 年第 5 期。

王丹谊：《文化类纪录片的现代表达与文化品牌构建——以〈如果国宝会说话〉为例》，《中国电视》2019 年第 7 期。

王红、刘素仁：《沉浸与叙事：新媒体影像技术下的博物馆文化沉浸式体验设计研究》，《艺术百家》2018 年第 4 期。

王菁、李妍星：《在线顾客体验的形成路径：基于沉浸理论的实证研究》，《中国地质大学学报》（社会科学版）2015 年第 2 期。

王沛、高蒙河：《中国考古纪录片的发展过程》，《东南文化》2016 年第 1 期。

王文心：《文博类节目的创新性表达——以〈博物馆里的海洋〉为例》，《中国广播电视学刊》2019 年第 6 期。

翁冬冬：《虚拟现实叙事影像的概念及挑战》，《电影艺术》2016 年第 5 期。

吴静：《〈国家宝藏〉：基于媒介的新故事化策略》，《艺术评论》2018 年第 5 期。

吴兰：《新媒体编辑多模态话语的研究范畴与理论框架》，《中国编辑》2021 年第 1 期。

夏语檬：《历史、记忆与认同——仪式传播视角下的〈国家宝藏〉解读》，《新闻爱好者》2018 年第 4 期。

肖珺：《多模态话语分析：理论模型及其对新媒体跨文化传播研究的方法论意义》，《武汉大学学报》（人文科学版）2017年第6期。

肖小亮、何纯：《论后现代语境下我国微电影广告的叙事特征》，《编辑之友》2018年第10期。

谢新洲、赵珞琳：《网络参与式文化研究进展综述》，《新闻与写作》2017年第5期。

熊立文：《人工智能、哲学与逻辑》，《中山大学学报》（社会科学版）2003年第S1期。

徐立虹：《从Cinema 3.0到VR时代的影像叙事理论》，《北京电影学院学报》2017年第5期。

徐利兰、肖月：《新媒体助力下的博物馆传播：内容与渠道分析》，《四川省社会主义学院学报》2020年第1期。

薛岚等：《中国世界遗产的价值转变和传播理念的引出》，《经济地理》2010年第5期。

严丽凰：《动画电影中的后现代主义特性浅析》，《当代电影》2018年第2期。

杨荣誉、王东昇：《英国文博类电视节目的创作启示》，《中国电视》2018年第11期。

尹一伊：《作为文本空间的"电影宇宙"：故事世界与跨媒介叙事》，《艺术评论》2021年第6期。

于莉莉：《新技术影像与博物馆集体记忆的多重建构》，《东南文化》2020年第4期。

臧国仁、蔡琰：《叙事传播：元理论思路和研究架构》，载史安斌编著《全球传播与新闻教育的未来》，清华大学出版社2014年版。

张斌、马梦迪：《当传统撞上二次元——〈我在故宫修文物〉的文本再生产》，《电视研究》2018年第7期。

张德禄、郭恩华：《多模态话语分析的双重视角——社会符号观与概念隐喻观的连接与互补》，《外国语》（上海外国语大学学报）2013年第 3 期。

张健、沈荟：《信息模式与故事模式背后的异同分析——对迈克尔·舒德森"新闻客观性"解释的再解释》，《新闻大学》2013 年第 6 期。

张净雨：《空间叙事思维与叙事空间特色——近年中国奇幻片的空间叙事研究》，《当代电影》2016 年第 11 期。

张丽、刘念：《互文叙事与感官重塑：融媒体时代的新闻文本特征》，《现代传播（中国传媒大学学报）》2021 年第 9 期。

张宁、郭艳民：《从 360 全景到 CGI 情境再建构：VR 纪录片创作源流论》，《现代传播（中国传媒大学学报）》2020 年第 1 期。

张平：《中国语言与社会互构思考：基于官微多模态"萌"话语的分析》，《湖南师范大学社会科学学报》2020 年第 2 期。

张青妹：《新媒体语境下知识类短视频的话语与叙事研究》，《中国广播电视学刊》2021 年第 8 期。

张雨萌：《基于沉浸理论的博物馆互动影像建设研究》，《文博学刊》2018 年第 4 期。

张志安、彭璐：《混合情感传播模式：主流媒体短视频内容生产研究——以人民日报抖音号为例》，《新闻与写作》2019 年第 7 期。

张紫媛：《博物馆+数字游戏：跨界的话语和实践》，《中国博物馆》2021 年第 2 期。

赵琳：《网络节目"小叙事"：叙事差异、话语表征与价值取向》，《电影评介》2019 年第 13 期。

赵琳、柴如瑾：《文化类综艺节目的创作意识与策划路径——以〈国家宝藏〉为例》，《电视研究》2019 年第 3 期。

郑焕钊：《从媒介融合到文化融合：网络文艺的发展路径》，《中国文艺评论》2020 年第 4 期。

周兵：《创新、实验、传承——〈故宫〉创作构想和反思》，《现代传播》（中国传媒大学学报）2006 年第 1 期。

周逵、顾小雨：《非虚构写作的新闻实践与叙事特点》，《新闻与写作》

2016 年第 12 期。

周夏宇：《传播学视域下的博物馆研究——基于 CiteSpace 的数据挖掘与对比分析》，《新闻与传播评论》2021 年第 3 期。

周翔、李镓：《网络社会中的"媒介化"问题：理论、实践与展望》，《国际新闻界》2017 年第 4 期。

周翔、仲建琴：《智能化背景下"中国故事"叙事模式创新研究》，《新闻大学》2020 年第 9 期。

朱杰：《如何让文物活起来？——央视〈国家宝藏〉节目成功要素分析》，《当代电视》2019 年第 1 期。

朱永生：《多模态话语分析的理论基础与研究方法》，《外语学刊》2007 年第 5 期。

三　学位论文

丁子佳：《网络游戏叙事研究》，硕士学位论文，南京艺术学院，2018 年。

都江：《基于交互关系的馆藏文物信息传播研究》，博士学位论文，武汉理工大学，2016 年。

高晓芳：《物质文化遗产的电视传播研究》，博士学位论文，吉林大学，2012 年。

关萍萍：《互动媒介论——电子游戏多重互动与叙事模式》，博士学位论文，浙江大学，2010 年。

郭云菁：《公众考古传播研究》，硕士学位论文，复旦大学，2012 年。

李梦瑜：《文化遗产传播现状及有效性研究》，硕士学位论文，厦门大学，2014 年。

李显杰：《镜像"话语"——电影修辞格研究》，博士学位论文，华中师范大学，2004 年。

梁媛媛：《跨媒介叙事视域下的 IP 运营模式研究》，博士学位论文，华中科技大学，2017 年。

孟庆艳：《文化符号与人的创造本性》，博士学位论文，吉林大学，2006 年。

彭传新：《品牌叙事理论研究：品牌故事的建构和传播》，博士学位论文，武汉大学，2011年。

宋雨秋：《社交媒体背景下的博物馆影像传播》，硕士学位论文，中国社会科学院研究生院，2018年。

唐秋彤：《微纪录片的后现代叙事研究》，硕士学位论文，华中科技大学，2019年。

王晓晖：《文化遗产保护视域下文博类电视节目研究——以河南〈文物宝库〉频道为例》，硕士学位论文，郑州大学，2014年。

赵冠群：《故宫博物院中的皇家文化与博物馆文化》，博士学位论文，中国艺术研究院，2014年。

四 中译著作

［美］M. H. 艾布拉姆斯：《镜与灯——浪漫主义文论及批评传统》，郦稚牛等译，北京大学出版社1989年版。

［美］保罗·康纳顿：《社会如何记忆》，纳日碧力戈译，上海人民出版社2000年版。

［智］F. 瓦拉雷等：《具身心智：认知科学与人类经验》，李恒威等译，浙江大学出版社2010年版。

［美］弗雷德里克·杰姆逊：《后现代主义与文化理论》，唐小滨译，陕西师范大学出版社1986年版。

［美］亨利·詹金斯：《融合文化：新媒体和旧媒体的冲突地带》，杜永明译，商务印书馆2012年版。

［美］乔治·莱考夫、马克·约翰逊：《我们赖以生存的隐喻》，何文忠译，浙江大学出版社2015年版。

［美］兰德尔·柯林斯：《互动仪式链》，林聚任等译，商务印书馆2012年版。

［美］鲁道夫·阿恩海姆：《艺术与视知觉》，滕守尧、朱疆源译，四川人民出版社1998年版。

［美］罗伯特·艾伦：《重组话语频道：电视与当代批评理论》，牟岭译，北京大学出版社 2008 年版。

［美］罗伯特·麦基：《故事》，周铁东译，天津人民出版社 2014 年版。

［法］罗兰·巴特：《文本意趣》，载［法］蒂费纳·萨莫瓦约《互文性研究》，邵炜译，天津人民出版社 2003 年版。

［美］弗里德里：《在线游戏互动性理论》，陈宗斌译，清华大学出版社 2006 年版。

［英］马克·柯里：《后现代叙事理论》，宁一中译，北京大学出版社 2003 年版。

［美］玛丽-劳尔·瑞安：《故事的变身》，张新军译，译林出版社 2014 年版。

［美］曼纽尔·卡斯特：《网络社会的崛起》，夏铸九等译，社会科学文献出版社 2006 年版。

［荷］米克·巴尔：《叙述学》，谭君强译，北京师范大学出版社 2015 年版。

［美］乔纳森·特纳、简·斯戴兹：《情感社会学》，孙俊才等译，上海人民出版社 2007 年版。

［法］让-弗朗索瓦·利奥塔尔：《后现代状态：关于知识的报告》，车槿山译，生活·读书·新知三联书店 1997 年版。

［法］热拉尔·热奈特等：《热奈特论文选》，史忠义译，河南大学出版社 2009 年版。

［法］热拉尔·热奈特：《叙事话语 新叙事话语》，王文融译，中国社会科学出版社 1990 年版。

［英］特雷·伊格尔顿：《二十世纪西方文学理论》，伍晓明译，陕西师范大学出版社 1987 年版。

［德］沃尔夫冈·韦尔施：《重构美学》，陆扬、张岩冰译，上海译文出版社 2002 年版。

［美］安妮特·西蒙斯：《说故事的力量：激励、影响与说服的最佳工具》，

吕国燕译，化学工业出版社2009年版。

［美］西摩·查特曼：《故事与话语：小说和电影的叙事结构》，徐强译，中国人民大学出版社2013年版。

［美］伊哈布·哈桑：《后现代转向：后现代理论与文化论文集》，刘象愚译，上海人民出版社2015年版。

［美］詹姆斯·W. 凯瑞：《作为文化的传播——"媒介与社会"论文集》，丁未译，华夏出版社2005年版。

［英］珍妮·基德：《新媒体环境中的博物馆》，胡芳译，上海科技教育出版社2017年版。

［美］朱莉·德克尔：《技术与数字化创举：博物馆的创新之道》，余征译，上海科技教育出版社2016年版。

五 外文著作

Angela Ndalianis, *Neo-baroque Aesthetics and Contemporary Entertainment*, Massachusetts: The MIT Press, 2004.

Baoman, Z., *Liquidmodernity*, Oxford: Blackwell, 2000.

Bogost, I., *Persuasive Games: The Expressive Power of Videogames*, Cambridge: The MIT Press, 2007.

Brenda Laurel, *Computer as Theatre*, Boston: Addison-Wesley, 2014.

Espen J. Aarseth, *Cybertext: Perspectiveson Ergodic Literature*, Baltimore and London: The Johns Hopking University Press, 1997.

Falk, J. H. and Dierking, L. D., *Learning from Museums: Visited Experience and the Making of Meaning*, New York: Alta Mira Press, 2000.

Fisher, W. R., *Human Communication as Narration: Toward a Philosophy of Reason, Value and Action*, Columbia: University of South California Press, 1987.

Fivush, R. and Haden, C. A., eds., *Autobiographical Memory and the Construction of a Narrative Self: Developmental and Cultural Perspectives*, Mahwah: Lawrence Erlbaum Associates, 2003.

George Lakoff and Mark Johnsen, *Metaphors We Live By*, Chicago: University of Chicago Press, 1980.

Gerald Prince, *Dictionary of Narratology*, Lincoln & London: University of Nebraska Press, 2003.

Gitlin, T., *The Whole World is Watching: Mass Media in the Making and Unmaking of the New Left*, Berkeley: University of California Press, 1980.

Goffman, E., *Frame Analysis, An Essay on the Organization of Experience*, Boston: Northeastern University Press, 1986.

Hartmut Koenitz, "Towards a Specific Theory of Interactive Digital Narrative", in Hartmut Koenitz and Gabriele Ferri, eds., *Interactive Digital Narrative: Theory and Practice*, New York and London: Routlege, 2015.

Juul, J., *Half-real: Video Games between Real Rules and Fictional Worlds*, Cambridge: The MIT press, 2005.

Murray, J. H., *Hamlet on the Holodeck: The Future of Narrative in Cyberspace*, New York: The Free Press, 1997.

Nielsen, S. E., Smith, J. H. and Tosca, S. P., *Understanding Video Games: the Essential Introduction*, New York and London: Routledge, 2016.

Sobrino, P. P., *Multimodal Metaphor and Metonymy in Advertising*, Amsterdam: John Benjamins Publishing Company, Vol. 2, 2017.

Stephan Günzel, "The Space-Image, Interactivity and Spatiality of Computer Games", *Procee-dings of the Philosophy of Computer Games*, Potsdam: Potsdam University Press, 2008.

Tallis, I. and Mytilinaiou, S., "New Technology in Modern Museum Policy", World Summit on Knowledge Society, Springer, Berlin, Heidelberg, 2008.

六　外文论文

Brown, J. P., Dahmen, N. S. and Jones, E., "Instagram and the Science Museum: A Missed Opportunity for Public Engagement", *Journal of Science Communication*, Vol. 18, No. 2, 2019.

Camarero, C., Garrido, M. J. and San Jose, R., "What Works in Facebook Content Versus Relational Communication: A Study of Their Effectiveness in the Context of Museums", *International Journal of Human Computer Interaction*, Vol. 34, No. 12, 2018.

Denning, S., "Telling Tales", *Harvard Business Review*, No. 6, 2004.

Escalas, J. E., "Stern B B. Sympathy and Empathy: Emotional Responses to Advertising Dramas", *Journal of Consumer Research*, No. 2, 2003.

Forceville, C., "Non-verbal and Multimodal Metaphor in a Cognitivist Framework: Agendas for Research", In Forceville, C. and Urios-Aparisi, E., eds., *Multimodal Metaphor*, Berlin: Mouton de Gruyter, 2009.

Griffiths, A., "Media Technology and Museum Display: A Century of Accommodation and Connect", *Paper presented at the MIT Communications Forum*, 2018.

Jenkins, H., "Transmedia Storytelling and Entertainment: An Annotated Syllabus", *Continuum: Journal of Media & Cultural Studies*, No. 6, 2010.

McKee, R., "Storytelling that Moves People: A Conversation with Screenwriting Coach Robert McKee", *Harvard Business Review*, Vol. 81, 2003.

Noort, G. Hoorveld and Reijmersdal, E. V., "Interactivity in Brand Web Sites: Cognitive, Affective and Behavioral Responses Explained by Consumers' Online Flow experience", *Journal of Interactive Marketing*, No. 4, 2012.

Novak, T. P., Hoffman, D. L. and Yung, Y. F., "Measuring the Customer Experience in Online Enviroments: A Structural Modeling Approach", *Marketing Science*, No. 1, 2000.

Olli Leino, "Untangling Gameplay: An Account of Experience, Activity and Materiality within Computer Game Play", *The Philosophy of Computer Games*, Dordrecht: Springer, 2012.

Radden, G. and Kövecses, Z., "Towards a Theory of Metonymy", in Panther, K. U. and Radden, G., eds., *Metonymy in language and thought*, Amsterdam: John Benjamins Publishing Company, Vol. 4, 1999.

Thonjn, "Converging Worlds: From Transmedial Story Worlds to Transmedial Universes", *Story Worlds: A Journal of Narrative Studies*, 2015.

Vincenzo, L. and Rossana, D., "Storytelling on Mobile Devices for Cultural Heritage", *New Review of Hypermedia and Multimedias*, Vol. 18, 2012.